伊斯兰金融与伊斯兰银行业概述

黄平 著

HUANG PING

OVERVIEW OF ISLAMIC FINANCE AND ISLAMIC BANKING

上海三联书店

目　录

致敬 1

前言代序 1

第一章　伊斯兰金融体系及伊斯兰金融机构的发展概况 1

　　1.1　伊斯兰金融概述 1

　　1.2　伊斯兰金融体系的历史沿革 7

　　1.3　伊斯兰金融体系的特点与架构 23

　　1.4　伊斯兰金融机构如何运作 26

　　1.5　伊斯兰金融国际化进程 28

第二章　伊斯兰资本市场体系 31

　　2.1　伊斯兰资本市场体系 31

　　2.2　伊斯兰债券(Sukuk)市场 34

　　2.3　伊斯兰基金市场 40

　　2.4　伊斯兰股票市场 41

　　2.5　伊斯兰保险(Takaful)市场 42

　　2.6　伊斯兰货币市场 45

　　2.7　伊斯兰金融衍生品市场 46

　　2.8　伊斯兰银行支付清算体系 50

　　2.9　全球伊斯兰金融中心,花落谁家 52

1

第三章　伊斯兰银行体系及监管概述　57

3.1　全球伊斯兰银行发展之重大事件 　57

3.2　伊斯兰银行之市场现状 　58

3.3　伊斯兰银行监管之法律框架 　59

3.4　伊斯兰银行监管之公司治理 　64

3.5　伊斯兰银行监管之风险管控 　66

3.6　伊斯兰银行监管之标准设计 　67

3.7　伊斯兰金融风险类别与特点 　69

3.8　伊斯兰信用风险管理工具 　74

第四章　伊斯兰监管合规性监管要求及方法　82

4.1　全球伊斯兰银行业发展的主要推手 　82

4.2　国际性伊斯兰金融机构对伊斯兰银行业发展的影响 　84

4.3　伊斯兰银行合规性监管要求及监管架构 　88

4.4　伊斯兰银行业监管方法及客户选择标准 　92

第五章　"一带一路"沿线主要伊斯兰国家伊斯兰银行业发展现状　97

5.1　全球伊斯兰银行业发展现状 　99

5.2　"一带一路"沿线主要伊斯兰国家伊斯兰银行业发展现状 　104

第六章　伊斯兰银行业金融产品及服务(1)存款及投资账户　159

6.1　伊斯兰存款资金的性质 　159

6.2　伊斯兰存款账户的类别 　160

6.3　伊斯兰银行收费服务项目 　166

6.4　储户存款安全及投资者保护 　167

第七章　伊斯兰银行业金融产品及服务(2)投资、融资合同类型及其特点　173

7.1　伊斯兰银行投资、融资合同的基本类型 　173

7.2　伊斯兰合同的基本要求 　176

7.3　权益类合同(Equity contract)：MUDARABAH，
MUSHARAKAH 　176

7.4　资产支持类或债务金融化类合同(Asset based/Debt financing

contract)：MURABAHAH，SALAM and ISTISNA' 189

7.5　IJARA 租赁融资合同 196

7.6　伊斯兰保险（TAKAFUL） 203

第八章　伊斯兰银行业金融产品及服务(3)贸易融资及财资类产品 207

8.1　伊斯兰贸易融资及伊斯兰会议组织成员国(OIC)间贸易现状 207

8.2　伊斯兰贸易融资合规性要求和监管原则 210

8.3　伊斯兰信用证(Islamic Letter of Credit) 213

8.4　伊斯兰保函(Islamic Letter of Guarantee) 219

8.5　伊斯兰财资类产品和市场(Islamic Treasury Products and Market) 220

第九章　伊斯兰银行业金融产品及服务(4)伊斯兰保险 228

9.1　伊斯兰保险概况 228

9.2　伊斯兰保险之运作模式 233

9.3　伊斯兰再保险 240

9.4　伊斯兰保险监管 247

9.5　伊斯兰保险面临的挑战 252

第十章　《巴塞尔协议Ⅲ》对伊斯兰银行业的影响 256

10.1　《巴塞尔协议Ⅲ》的出台背景及最新要求 256

10.2　《巴塞尔协议Ⅲ》对伊斯兰金融体系的影响 260

10.3　《巴塞尔协议Ⅲ》合规性伊斯兰债券 264

10.4　《巴塞尔协议Ⅲ》合规性伊斯兰债券发行所面临的问题 271

伊斯兰金融术语中英文参考(A-Z) 273

参考文献 333

参考网站 335

Contents

Acknowledgements *1*

Preface: What can we learn from Islamic Finance? *1*

Chapter 1   Islamic Finance System and Its Development *1*

Chapter 2   Islamic Capital Market and Its Development *31*

Chapter 3   Islamic Banking Industry and its supervision *57*

Chapter 4   Regulations and Compliance Requirements of Islamic Banking
            Industry *82*

Chapter 5   "Belt-and-Road Initiatives"(BRI) Nations'Islamic Banking
            Industry Status *97*

Chapter 6   Services and Products of Islamic Banking Industry Ⅰ Deposit and
            Investment Accounts *159*

Chapter 7   Services and Products of Islamic Banking Industry Ⅱ Investment,
            Credit Facility Contracts and Their Characteristics *173*

Chapter 8   Services and Products of Islamic Banking Industry Ⅲ Supply
            Chain Finance and Treasury Products 207

Chapter 9   Services and Products of Islamic Banking Industry Ⅳ
            Insurance 228

Chapter 10   BASEL III and Its Impact on Islamic Banking Industry 256

Islamic Finance Glossary (A-Z) and Chinese Illustration 273

Reference and websites 333

致敬

感谢中华人民共和国驻沙特阿拉伯王国特命全权大使陈伟庆先生的鼓励与指导。

感谢中华人民共和国驻沙特阿拉伯王国前特命全权大使李华新先生的鼓励与指导。

感谢中华人民共和国驻沙特阿拉伯王国使馆经济商务参赞谢秦生先生的鼓励与指导。

感谢中华人民共和国驻沙特阿拉伯王国使馆前经济商务参赞赵刘庆先生的鼓励与指导。

感谢黄金春老师、郑摘花老师、黄文红老师的指导。

感谢沈祥来老师、曾春娥老师、沈兴萍老师、沈贤胜老师、沈兴和老师、游锦仙老师、沈兴明老师、杨崇爱老师、任俊伟老师、唐玉婷老师的指导。

感谢我的家人在过去几年对我的耐心和迁就。

感谢我的好朋友蒋冰兵、李虹、庄林、许立炘、范明峰、许峰、翁健德、苏葆葆、陈庄庄、陈斌的鼓励与支持，谨以此书纪念咱们三十年的友谊。

感谢黄碧娟女士的鼓励与支持。

感谢林金翔老师的鼓励与指导。

感谢儒毅律师事务所蒋慧青主任和孙黎律师的鼎力支持。

感谢聂骄阳老师、曾静老师的鼎力支持。

感谢张唤同学的鼎力支持。

感谢中国(厦门、重庆、杭州、北京、天津、青岛、济南、上海、广州、香港、台湾、澳门)、斯里兰卡、印尼、英国、德国、马来西亚、沙特、阿联酋以及中东北非地区的朋友们和小伙伴们的鼓励和支持。

黄怀德负责本书的插图设计,在此特别致谢。(Special thanks to Huaide Huang of McGill University, who has illustrated graphs of this book.)

I would like to express my deep appreciation to my following dear friends:

Mr David Liao and Mr Mark Wang of HSBC;

Ms Lubna Suliman Olayan, Mr Tony Cripps, Mr David Dew, Mr Majed Kamal Najm, Mr Richard T Hinchley, Mr Tameem S Alshubaily, Mr Robin Jones, Mr Yasser Ali Al Barrak, Mr Nuwan M Perera, Mr Mohammed A ALMOHSIN, Mr Tawfeeq A ALBRAHIM and Mr Waseem J BUKHAMSIN of The Saudi British Bank;

Mr Arun Hari of Gulf International Bank;

Mr Fahad Al-Saif of Ministry of Finance of Saudi Arabia.

I am indebted to my dear Sri Lankan friends-Mr Inoka, Mrs Ajatha and Ms Aveesha for their kind encouragement and great support over the years.

特别感谢:
本书的完成特别感谢我的挚爱任思维这些年来默默而坚定的鼓励和支持。(Special thanks to my love-Siwei Ren, the Chief Editor of this book, without her strong commitment and great support, the book could not have been completed.)

前言代序

——伊斯兰金融的启示

2008 年的全球金融危机是根源于美国的次贷危机，它充分暴露了全球金融体系的脆弱性和不稳定性。经过近几十年来的变迁，全球金融体系经历了自由化、全球化、创新、杠杆化以及激励机制等历史演化，却始终未能解决一个基本问题，即错配，特别是银行短期负债和长期资产的期限错配问题。

自由化与全球化使全球金融风险溢出效应日趋突出；创新，特别是金融衍生品的创新，因其与基础资产或实体经济并无直接的联系，而大部分金融衍生产品则是纯粹建立在数学模型基础上，使其已蜕变成一种"钱生钱"的金融游戏工具；20 世纪 80—90 年代以后，公司激励机制出现创新，股票期权受到特别推崇，但事与愿违，公司激励机制总体是朝着更加鼓励公司管理层冒险的方向转变，奖金支付与公司单一年份业绩表现挂钩而很少甚至不考虑其事后影响，因此公司管理层损害投资者和纳税人的利益以自肥的现象屡见不鲜。与此同时，影子银行的冒进及其不透明性与内部风险相关性都放大了金融体系的脆弱性，而在新金融体系下史无前例的高杠杆率又进一步加剧了金融体系的不稳定性。

早在 2008 年金融危机爆发前，当时西方发达资本市场正值信贷泡沫的最高潮时期，曾有伊斯兰金融专家对西方金融运转方式提出过措辞严厉的强烈批评。他们认为，西方金融类似于一个巨大的棉花糖球：一个黏黏的棉花状泡沫，仅有少量"实际"资产或经济活动围绕着这个泡沫被旋转、再旋转，以支撑大量短期金融交易，就好像可以用一小块糖调制出一大个棉花糖球一样。其本质就是"西方银行在用钱生钱"，这与伊斯兰金融形成鲜明对比，在伊斯兰金融业，金钱永远有资产的支持,而且主要依赖于股权融资而非债务融资。

如今,这些批评看上去不再显得那么激进或不同寻常。相反,在信贷泡沫破裂后,就连美联储(FED)前主席艾伦·格林斯潘(Alan Greenspan)也在担心西方金融的无情扩张,他指出,2008年金融危机暴露了支撑高杠杆金融体系的基础是脆弱的;而如果相关银行资本金充足率及惩戒金融欺诈的法律法规得到监管当局更严格执行的话,这场危机本是可以避免的。

在现实经济生活中,信贷相对于GDP增加,在最初阶段有助于经济增长。但是,一旦信贷与GDP之比超过100%左右,这种关系似乎就会逆转。其他研究已经表明,信贷快速增长是重要的危机前兆。国际货币基金组织(IMF)在近期一份报告中采用了技术含量高于信贷比率的金融发展指标。该指标表明,金融发展确实在加快,特别是在发达国家。它还显示,在触及某个关键点后,金融将损害经济增长。进一步的调查表明,这种负面影响集中在"全要素生产率"的增长上。该指标衡量创新速度以及劳动力和资本利用效率的提高速度。IMF特别提出,在触及某个关键点后,资本配置和企业控制的有效性将出现偏差。因此,金融影响对企业治理质量的冲击是一个重要挑战。这份报告表明,金融过度发达未必是件好事。正是因为金融非常重要,金融业的不当行为才如此危险。

当西方(传统)金融狂飙突进的时候,伊斯兰金融也在悄然崛起,并赢得全球金融业越来越广泛的关注。

2014年6月,英国政府财政部成功发行了2亿英镑、5年期、回报率为2.036%的伊斯兰债券。此次发行的伊斯兰债券以英国政府持有的3个地产项目为标的物,为投资者提供资产收益。市场反应踊跃,认购资金超过10倍。英国发行首笔伊斯兰债券向外界传递出英国政府要把伦敦打造成为西方伊斯兰金融中心的决心。不幸的是,英国脱欧已浇灭了这份雄心。

中国香港特区政府继2014年9月、2015年6月、2017年2月先后发行了三批10亿美元伊斯兰债券,其中前两期均为5年期(收益率分别为2.005%、1.894%)、第三期为10年期(收益率为3.132%)。这三批伊斯兰债券以代理安排(Wakalah)为结构,其资产的三分之一以部分香港写字楼物业内的单位作为支持,另外三分之二则以符合伊斯兰律法的商品作为支持载体。这三批伊斯兰债券均是通过香港特区政府成立及全资拥有的特殊目的公司——Hong Kong Sukuk Limited——发行,并分别于香港交易所、马来西亚的Bursa Malaysia (Exempt Regime)及迪拜的Nasdaq Dubai上市。这是环球伊斯兰金融市场上首批由获得标准普尔AAA评级的政府推出的美元伊斯兰债券,也标志着香港伊斯兰资本市场发展的一个重要里程碑。香港特区是继马来西亚、印尼和巴基斯坦之后亚洲第四个政府伊斯兰债券发行机构,而之后非洲国家如南非、塞内加尔、科特迪瓦、冈比亚、尼日利亚、多哥、马尔代夫、苏丹等国,亚洲国家阿曼、约旦、孟加拉、文莱、新加坡、斯里兰卡、巴基斯坦,欧洲的卢森堡、德国、土耳其等国也都先后发行了伊斯兰债券。伊斯兰债券市场的蓬勃发展同时也促使更多人关注伊斯兰金融背后的原则,它们展现的金融观念迥异于 21 世纪西方金融家和消费者想当然的观念,令人耳目一新。

那么,伊斯兰金融的核心原则是什么呢?首先,伊斯兰金融认为利息是错误的。其次,伊斯兰金融的另一个关键要点是从总体上不鼓励债务,伊斯兰金融更倾向于通过让愿意分担风险(即以投资入股的方式提供融资)的投资者为企业和政府融资。第三,伊斯兰金融不鼓励以钱生钱的游戏观念。相反,他们认为,金融活动应当与有形的生产性企业或真实贸易挂钩,因为金钱应当服务于实体经济。这与 21 世纪西方金融和前几个世纪传统银行业根深蒂固的观念截然不同。毕竟,认为我们的金融体系应当与"实体"经济和有形生产性企业更紧密挂钩的观念,如今似乎很有吸引力。围绕股权(而非债务)建立一个合理的金融体系和资本市场,让金融棉花糖变小一点也是如此。

国际货币基金组织(IMF)总裁 Christine Lagarde 在 2015 年 11 月 15 日伊斯兰金融年会致辞中说:"伊斯兰金融有关公平、共同参与的原则实际是一个普世价值观……伊斯兰金融有关风险共担的原则更为中小企业和初创企业融资开启了方便之门,这对于和谐社会、共同发展尤为重要。"[1]

无独有偶,放眼中国,从 2008 年起,金融机构应专注服务实体经济的呼声日渐高涨,而作为其监管机构的中国银行业监督管理委员会亦在其 2008 年后历次年度工作会议反复强调:"坚持服务实体经济、增强金融创新监管有效性,走可持续发展之路。"中国银行业监督管理委员会 2013 年 4 月推出了《关于银行业服务实体经济的指导意见》。而中国人民银行也反复强调说:"金融业主要服务实体经济,不要搞自我发财"。(《财经》杂志,第 378 期,2013 年第 36 期,出版日期:2013 年 12 月 16 日)2016 年 2 月中国人民银行、银监会、证监会、保监会、发改委、工业和信息化部、财政部、商务部等八部委联合印发了《关于金融支持工业稳增长调结构增效益的若干意见》,坚持服务实体经济的根本目标。[2]

---

[1]　https://www.imf.org/en/News/Articles/2015/09/28/04/53/sp111115

[2]　http://guiyang.pbc.gov.cn/guiyang/113288/113303/113277/3019651/index.html

　　2015—2016 年的全球金融动荡再一次警示世人，一个国家和地区的金融稳定和发展必须有强大的经济基础为保障；对大多数新兴市场（包括中国）而言，滥用金融杠杆和过量举债（如地方政府的高负债率发展模式）的危害已产生明显的溢出效应，并对实体经济造成了巨大的伤害。2015 年，全球各大央行的货币政策大相径庭，美国向左，欧日向右，同样的 QE，不同的方向，结果却迥然相异，美国复苏基调被确定，欧日还徘徊在通缩边缘，而中国还在停滞中挣扎。事实再一次证明，决定货币政策成败的关键是金融和实体的距离。金融必须服务实体经济。

　　从目前来看，在可预见的未来，新兴经济体至少面临着以下几个互相关联的挑战：首先是"美国优先"对全球化和全球贸易规则的冲击以及美联储（FED）对其资产负债表的管理政策变动对全球流动性的影响。其次是世界两大经济体美、中两国贸易摩擦可能演变为"持久战"及其对全球供应链及产业分布的影响。第三是中国的经济减速、升级转型及去杠杆对全球经济特别是新兴经济体的影响。第四是英国脱欧、德法两国国内政坛动荡及欧洲一体化逐渐退化可能导致新一轮欧债危机。第五是地区冲突（特别是中东地区）外溢风险（如海合会——GCC 分裂）。第六是全球大宗商品（特别是石油）价格大幅波动对区域性国家（如 GCC）经济和地缘政治的影响。值得注意的是，世界上大部分人口（包括近 14 亿中国人、13 亿印度人以及 21 亿伊斯兰穆斯林的大多数等）都生活在新兴经济体内。

　　而中国从 2013 年起推行的"一带一路"战略，其范围涵盖了主要伊斯兰国家和地区。据 2017 年中国商务部统计数据显示，"一带一路"共覆盖 71 个国家和地区，GDP 之和预测为 14.5 万亿美元，占全球 GDP 的 18.4％；人口总数预测为 34.4 亿人，占全球人口的 47.6％；对外贸易总额为 9.3 万亿美元，占全球贸易总额的 27.8％，在全球贸易版图中占据重要地位。2017 年，中国与"一带一路"国家的进出口总额达到 1.44 万亿美元，占中国进出口贸易总额的 36.2％。其中出口额 7742.6 亿美元，占中国出口额的 34.1％；进口额 6660.5 亿美元，占中国进口额的 39.0％。

　　据中国商务部数据显示，2017 年，中国与"一带一路"国家进出口总额达到 1.44 万亿美元，其中排名最高的前 10 位贸易伙伴中的伊斯兰国家分别有马来西亚、印度尼西亚和沙特阿拉伯。2017 年，中国在西亚地区的前十大贸易伙伴分别是沙特阿拉伯、阿联酋、伊朗、伊拉克、土耳其、阿曼、以色列、科威特、卡塔尔、约旦。除以色列外，中国在西亚的九大贸易伙伴均为伊斯兰国家，其中与沙特阿拉伯贸易额达 500.4 亿美元,占中国对西亚地区进出口总额的 21.5%。中国与西亚地区"一带一路"国家的进出口总额为 2330.2 亿美元;其中出口额 1184.1 亿美元,占中国对"一带一路"国家出口额的 15.3%;进口额 1146.1 亿美元,占中国自"一带一路"国家进口额的 17.2%。而全球伊斯兰资产在 2017 年底约为 2.43 万亿美元,其中 90% 集中在以下 10 个伊斯兰金融核心市场,即:马来西亚、阿联酋、沙特阿拉伯、科威特、卡塔尔、土耳其、印度尼西亚、巴基斯坦、巴林和孟加拉,这 10 个国家都坐落在"一带一路"战略圈内。

如何帮助中资企业"走出去",帮助其充分了解"一带一路"战略圈内伊斯兰资本市场和银行业的运作和发展,从而使其能够充分利用国内与国际两个资本市场和银行业服务,实现双赢的发展战略,是本书作者写作的初衷。

笔者曾在沙特阿拉伯一家外资银行——沙英银行(The Saudi British Bank)工作过数年,希望抛砖引玉,通过这本专著,帮助大家对神秘的伊斯兰金融世界有一个基本的了解。本人才疏学浅,错漏之处还请各位读者不吝赐教,以便再版时改进。

本书是《"一带一路"伊斯兰金融丛书》的第二册,与该丛书第一册《伊斯兰金融与伊斯兰资本市场概述》(2018 年出版)互为补充,敬请各位读者比较阅读。

金融也许能成为人们在不同信仰与文明间相互学习的领域。

Preface

What can we learn from Islamic finance?

The 2008 global financial crisis was triggered by the sub-prime debt crisis in the United States, which has fully exposed the vulnerability and instability of global financial system. After a few decades' transition, the system has experienced the evolution of liberalization, globalization, innovation, leveraging and motivation, yet there is no solution to fix a fundamental issue, i. e. funding mismatch, particularly the mismatch between the short term liabilities and long term assets of the banking industry.

Liberalization and globalization have triggered global financial risk spill-out effect. Innovation, financial derivatives innovation particularly, has turned itself into a "money creator" financial game, since most of the derivatives are just built on pure-mathematics-basis without any direct connectivity with real assets or real economies. Since 1980—1990s, with the evolution of motivation and incentive scheme in large corporations, share options particularly have turned out to be the sweetheart of top management teams, whose KPIs have largely tied with one single business year's performance and profitability, instead of taking into account the corporation long term benefits, which unfortunately encourages them to take even more aggressive and riskier growth strategies (so called fat-cat strategy) at the expense of shareholders and tax payers. At the same time, the booming of shadowing finance has clouded the real banking system due to the compliance risk and the lack of transparency in terms of products and risk control mechanism.

Long before the collapse of the credit bubble in 2008 when the western developed financial markets were at their peak time, some Islamic financial scholars had scathed the tendency of western banks to create money untethered from any real assets. They expressed that the western finance was almost akin to a giant ball of candy floss: a bubble of sticky froth, from which a few "real" assets or economic activities had been spun and re-spun to support numerous ephemeral financial deals, much in the way a tiny piece of sugar can be used to concoct a giant puffball. "Western banks create money from money." On the contrary, Islamic finance relies on equity financing not debt, where money is always backed by real assets.

Today, such criticisms no longer sound that scathing or radial. After the credit collapse, even Mr Alan Greenspan (then chairman of FED in the US) also fretted about the inexorable expansion of western finance. He pointed out that the basis of highly leveraged financial system was vulnerable and if the regulations on capital adequacy and the exemplary laws against financial frauds could have been implemented stricter, the 2008 financial crisis could have been avoided.

In real economy, credit increment could be a puller to GDP growth at the early stage. But once credit volume is over 100% of GDP, the puller effect would be gradually reversed. Other researches also deliver the same message that the over-credit-expansion is one of the omens of crisis. IMF (International Monetary Fund) has introduced a new broad-based index of financial development since 2016, which indicates that financial development has been accelerating especially in the developed countries over the past decades; which also indicates that when hitting some critical point, over developed finance will damage real economy growth, particularly on the improvement speed of innovation, productivity and capital utilization efficiency. As such, financial impact will remain a key challenge to corporate governance. Over financing is surly not a good thing. And the misconducts of financial industry will be very dangerous and destructive.

With the inexorable expansion of western finance, Islamic finance has emerged quietly and has attracted more and more attention from global financial industry.

In June 2014, the Ministry of Finance of the UK successfully issued its first Islamic bond (200 million pounds, 5—year tenor with annual return rate of 2. 036%) that complies with Islamic principles, which was backed by three real estate properties owned by the UK government. The issuance recorded a 10 times of over-subscription and delivered a strong message of the UK government's commitment in building London as an Islamic financial hub in the western world. Unfortunately, the Brexit has dampened the ambition.

Looking to the eastern world, the Hong Kong Special Administrative Region of the People's Republic of China has issued three tranches of Wakalah structured Islamic bonds since 2014, which are USD1 billion (5—year tenor, profit return: 2. 005% p. a.) in September 2014, USD1 billion (5—year tenor, profit return: 1. 894% p. a.) in June 2015 and USD1 billion (10—year tenor, profit return: 3. 132% p. a.) in February 2017 respectively. With 1/3 of assets being backed by the office buildings owned by Hong Kong Municipality and 2/3 of assets being backed by the commodities in line with Shariah law, these Islamic bonds are issued by an SPV (special-purpose-vehicle) named Hong Kong Sukuk Limited, wholly owned by the Hong Kong Municipality), and are listed and traded at Hong Kong Stock Exchange, Bursa Malaysia (Exempt Regime) and Nasdaq Dubai of UAE respectively. These Islamic bonds denominated in USD are the first AAA Sovereign Sukuk ranked by S&P in the global Islamic capital market. This is a milestone for Hong Kong capital market, since it is the 4th region following Malaysia, Indonesia and Pakistan in Asia that has successfully issued Islamic bonds (Sukuk).

After that, many countries, such as South Africa, Senegal, Nigeria, Cote d'ivoire, Gambia, Togo, Maldives and Sudan in Africa; Oman, Jordan, Bangladesh, Brunei, Singapore, Sri Lanka, Pakistan in Asia; Luxembourg, Germany and Turkey in Europe have kicked off Islamic bond (Sukuk) issuance.

So, what are the core principles of Islamic finance?

The essence is a belief that usury is morally and religiously wrong (or haram). Another crucial point is that debt as a whole is discouraged: Islamic finance prefers to finance business and government via investors who share risks and returns, i. e. with equity. Thirdly, Islamic finance hates the idea of using money to make more money, as a game in itself. Instead, it believes that financial flows should be tethered to tangible productive enterprises or trade, since money should serve the "real" economy. This is very different from the embedded ideas of 21st-century western finance or banking in previous centuries. The idea of tethering the financial system more closely to the real economy and tangible, productive enterprises seems distinctly appealing these days. Likewise building a system around equity, not debt, with a less financial candy floss.

In her speech-"Unlocking the Promise of Islamic Finance "at the Islamic Finance Conference on 11 November 2015, Ms Christine Lagarde (then Managing Director, International Monetary Fund), expressed that "It is fair to say that Islamic finance's underpinning principles of promoting participation, equity, property rights and ethics are all universal values .... It is easy to see the appeal of Islamic Finance. First, Inclusivity, ... Second, Stability ... Islamic finance has the potential to contribute to higher and more inclusive economic growth by increasing access of banking services to under-served populations ... Islamic finance has, in principle, the potential to promote financial stability because its risk-sharing feature reduces leverage and its financing is asset-backed and thus fully collateralized. "

The idea of financing the real economy has been echoed by Chinese capital and banking industry ever since 2008. Being the supervisory body, China Banking Regulatory Commission (CBRC, renamed as China Banking and Insurance Regulatory Commission-CBIRC since April 2018) has been emphasizing the ideas of "serving the real economy, improving regulatory efficiency on finance innovation, and sticking to sustainable growth model" in every one of its annual meetings. The central bank, People's Bank of China (PBC) also requires all the financial institutions "to serve the real economy instead of making money by yourselves (with depositors' money)". Other governmental bodies also join the line to provide supportive measures to the real economy development.

During 2015 — 2016, the world experienced another financial turmoil, which rang the bell again that a stable financial system is the fundamental basis for a country's sustainable economy development. For most emerging markets (EM, including China), the damages and risks due to abusing of financial leverage and over debt (e. g. over expansion of local governmental entity funding vehicles in China) have spilled out and eroded the real economy. 2015 witnessed the result of a different monetary policy around the world, i. e. on the one hand, US moving forward by deleveraging and distraction of QE (quantitative easing) which brought back economy recovery; on the other hand, EU and Japan moving backward by enlarging the QE, which produced stagnation. And China has been slowing down and struggling ever since. All these facts underpin that the distance between finance and real economy is the key to the success of monetary policy implementation. No doubt, finance should serve the real economy.

In a foreseeable future, EM has to deal with several correlated challenges. Firstly, "America First" strikes to globalization and the rules of World Trade Organization (WTO), and the liquidity impact due to the Federal Reserve of US (FED)'s management approach on its balance sheet. Secondly, the trade war between US and China could be a lasting one and its spill out effect on global supply chain. Thirdly, the slowing-down of China's economy, its industrial integration and upgrading, and its financial deleveraging may have a significant impact on the global economy, especially on EM. Fourthly, Brexit, political turmoil in Germany and France, the gradual split of EU may trigger another round of Euro debt crisis. Fifthly, geopolitical conflicts, particularly Middle East and North Africa (MENA) may have a spill out effect on regional peace and may cause the end of Gulf Corporation Council (GCC). Sixthly, the great volatility of commodities (oil particularly) may revive the geo-political ambitions of some nations in MENA. One thing we have to bear in mind is that major population around the world, including about 1. 4 billion of Chinese, 1. 3 billion of Indian, and 2. 1 billion of Muslims are living in the EM.

China has been implementing Belt-and-Road Initiative (BRI) since 2013. According to the statistics provided by Ministry of Commerce of China in 2017, this state strategy-BRI has covered 71 countries and regions (including many Muslim nations) with a projected GDP of USD14. 5 trillion (around 18. 4% global share), 3. 44 billion population (about 47. 6% of global population size), and USD 9. 3 trillion (around 27. 8% global share) annual trade turnover. By the end of 2017, the trade between China and BRI nations/regions amounted to USD1. 44 trillion (about 36. 2% of China's annual trade), within which, export from China exceeded USD774. 26 billion (about 34. 1% of China's annual export), import by China posted at USD666. 05 billion (around 39. 0% of China's annual import).

Muslim nations such as Malaysia, Indonesia and Saudi Arabia are among top 10 BRI trade partners of China by 2017. Specifically speaking, in the western Asia area, China's top ten trade partners are Saudi Arabia, UAE, Iran, Iraq, Turkey, Oman, Israel, Kuwait, Qatar and Jordan, except Israel, all other 9 are Muslim nations. By the end of 2017, the trade between China and BRI nations in the western Asia amounted to USD233. 2 billion, within which export from China exceeded USD114. 61 billion (about 15. 3% of China's annual export share to BRI nations), and import by China posted at USD114. 61 billion (about 17. 2% of China's annual import share from BRI nations). Take Saudi Arabia for example, China has become the largest trade partner of Saudi Arabia since 2014. By the end of 2018, the bi-lateral trade posted at USD61 billion, within which imports from China hit USD22 billion and exports to China posted at USD39 billion thanks to oil price rebound.

The author's intention of writing this book is to assist Chinese corporations' "going out" and to enhance their appreciation of local situation in BRI nations while leveraging domestic financial market in China and international capital markets (particularly Islamic capital market and Islamic banking industry) to achieve a win-win strategy.

The author has been working in The Saudi British Bank in Saudi Arabia since 2012 and getting opportunities to appreciate the running of local banking industry and capital market in MENA. The book is to introduce the mysterious Islamic finance world to the readers. Should there be any errors and/or omissions, please kindly point it out for correction in the next printing.

This is the second book of the series of Belt-and-Road Initiative Islamic Finance Book, which can be a supplementary one to the first book "Islamic Finance and Overview of Islamic Capital Market" published in 2018.

Finance might just be one area where religions and civilizations could learn from each other.

第一章

伊斯兰金融体系及伊斯兰金融机构发展概况

本章主要介绍

- 伊斯兰金融概述
- 伊斯兰金融体系的历史沿革
- 伊斯兰金融体系的特点及架构
- 伊斯兰金融如何运作
- 伊斯兰金融国际化进程

1.1 伊斯兰金融概述

众所周知,金融业的运作机制可以简单地归纳为一句话,即把资金在其所有者和需求者之间进行重新配置,通过成功的风险管理获取投资回报。

传统金融包含了两个最基本的重要因素,即利息和风险。利息是作为资金使用的成本,而风险则是由各种不确定性(Gharar)构成的。经过漫长的历史发展,传统金融体系为满足个人和企业的不同金融需求衍生出一系列复杂的金融产品,这些产品都在某些程度上涉及到风险或某种不确定性(Gharar);而作为专门经营风险的机构——银行,则是通过支付利息的方式支付其资金使用成本。一般而言,支付的利息水平——利率与资金所承担的风险正相关,即风险越高,利率越高;风险越低,利率越低。

伊斯兰金融活动始于 20 世纪 40 年代的埃及,随后逐渐扩展到信奉伊斯兰教的阿拉伯世界,直至渗透到全球。作为世界金融业的新军,伊斯兰金融兴起的主要原因是传统金融无法在符合伊斯兰监管①的前提下满足伊斯兰教徒——穆斯林不断增长的金融需求。经过近 80 年的发展,当今世界上已经形成了一个与传统金融不同的、相对独立的伊斯兰金融体系,并引起全球金融界越来越密切的关注。

在组织管理上,伊斯兰金融机构与传统金融机构最大的不同点有二:

1) 在管理架构上,伊斯兰金融机构普遍在其内部设立伊斯兰监管委员会;

2) 在伊斯兰监管合规性管理方面,伊斯兰监管委员会负责审查伊斯兰金融机构所提供的产品和服务,以确保其符合伊斯兰监管合规性的要求。

要了解伊斯兰金融及其发展进程,我们首先需要了解伊斯兰教及其基本监管,因为伊斯兰金融的演化与伊斯兰教和伊斯兰监管密不可分。

伊斯兰教

伊斯兰教在中国或称回教,起源于公元 7 世纪初,伊斯兰教迄今已有 1500 年的历史。伊斯兰意为“顺从(真主)”;伊斯兰教信徒被称为穆斯林,意为“顺从者”。伊斯兰教最早兴起于亚洲西部的阿拉伯半岛(即现在的沙特阿拉伯),并被位于沙特阿拉伯西部地区麦加的古莱什部族人穆罕默德(约公元 570~632 年)复兴。从公元 7 世纪至 17 世纪,伊斯兰教被尊为国教,在伊斯兰的名义下,在中东、北非、地中海沿岸及南亚次大陆地区,曾经先后建立了倭马亚、阿拔斯、法蒂玛、印度德里苏丹国、土耳其奥斯曼帝国等一系列大大小小的封建王朝。起初,伊斯兰教作为阿拉伯民族的宗教,继而作为一个个封建帝国的精神支柱,而后又发展成为一种承载世界性宗教、文化和政治力量的综合体。

伊斯兰教是以《古兰经》和《圣训》为教导的一神论宗教。《古兰经》被伊斯兰教信徒视为创造主——安拉命令天使给其使者逐字逐句的启示,而《圣训》则为伊斯兰教先知穆罕默德的言行录(由其同伴们转述收集成册)。

伊斯兰教徒(穆斯林)信仰独一且无与伦比的真主,名曰安拉;人生的唯一目的是崇拜真主;真主派遣了多位先知给人类,包括易卜拉欣(亚伯拉罕)、穆萨(摩西)、尔撒(耶稣)等,但最终讯息是传达给最后的先知穆罕默德,并载于《古兰经》。

---

① 伊斯兰监管主要由三部分组成:

一、本信仰(الايمان 依玛尼):指信真主(安拉)、信天仙、信经典、信使者、信后世、信前定。

二、宗教规务(العبادات 尔巴达特):指穆斯林必须完成的五项宗教功课;简称念、礼、斋、课、朝。

三、善行(الاحسان 以罕萨尼):指穆斯林必须遵守的穆罕默德圣人按《古兰经》指导规定的道德行为规范。承认和虔诚信仰基本信条,身体力行宗教功课和止恶扬善合为一体,构成伊斯兰教的基本教理。

伊斯兰教的宗教习俗包括五功,即"念、礼、斋、课、朝";这是穆斯林需要奉行的五个义务。伊斯兰教还拥有自己一整套独立的伊斯兰法律及伊斯兰监管体系,该体系实际渗透到伊斯兰社会生活及经济活动的每一个层面,穆斯林被要求严格遵守。

伊斯兰教被认为是世界上增长得最快的宗教。据不完全统计,截至2016年底,全球约有21.4亿穆斯林(年均增长率约为1.84%),穆斯林人口占多数的国家有57个,约占穆斯林人口的73%;其中中东和北非有19个伊斯兰国家。拥有穆斯林人口最多的国家是印度尼西亚,有2.22亿,约占全球穆斯林总数的10%。目前,穆斯林分为两大教派,逊尼派和什叶派。逊尼派约占穆斯林人口的85%,什叶派约占穆斯林人口的15%。此外,两派中均有人同时信仰伊斯兰神秘主义。

2016年全球穆斯林人口分布状况

大洲(人口:百万)	总人口	其中穆斯林占比	穆斯林人口数
非洲	1,199.99	53.00%	635.67
亚洲	4,437,00	32.43%	1,438.88
欧洲	737.69	7.66%	56.52
北美洲	488.70	1.80%	8.25
南美洲	508.51	0.42%	2.15
大洋洲	38.04	1.63%	0.66

资料来源:各国中央银行及研究机构不完全统计

穆斯林人口在非洲占比最高,达53%;在亚洲人数最多,达14.38亿。自2010年底爆发阿拉伯之春后,数百万难民从中东、非洲和南亚等地经地中海及巴尔干半岛进入欧盟国家寻求居留而产生了移民潮,并引发了2016年欧盟的难民危机。

全球10大穆斯林人口国家分布(2016年底)

国家	人口(百万)	%所在国	%全球穆斯林人口
印度尼西亚	222	85.1%	10.4%

国家	人口(百万)	%所在国	%全球穆斯林人口
巴基斯坦	195	92.9%	9.1%
印度	183	13.8%	8.5%
孟加拉	149	92.0%	7.0%
尼日利亚	90	48.9%	4.2%
埃及	82	88.2%	3.8%
土耳其	79	98.8%	3.7%
伊朗	78	99.7%	3.6%
阿尔及利亚	40	98.8%	1.9%
苏丹	40	99.9%	1.9%
其它国家	984	9.4%	45.9%
合计	2,142	28.3%	100%

资料来源：各国中央银行及研究机构不完全统计

截至 2016 年底，全球穆斯林人口已达 21.42 亿，占全球总人口的 28.3%，年均增长率约为 1.84%。其中十个穆斯林人口大国主要集中在以下三个区域，东南亚和南亚(印尼、印度、孟加拉、巴基斯坦)、中东北非(埃及、土耳其、伊朗、阿尔及利亚)以及非洲(尼日利亚、苏丹)。

伊斯兰教崇拜独一的最高主宰——即真主安拉，这是信仰的最高原则和总纲，其他一切信仰细则由此派生规定；先知穆罕默德是安拉派遣的使者；穆罕默德是人而不具神性，不是被崇拜的对象，其职责是奉主命向全人类"报喜讯""传警告"，而且他以身作则，因此成为穆斯林仿效的最佳典范。

伊斯兰教要求穆斯林信仰并服从安拉，从心灵深处信仰安拉的存在和伟大，同时要求他们在行为上要表现出服从安拉的意志，力行一定的宗教功修，把信仰和行为的实践结合起来，达到增强信仰、巩固信仰的目的。《圣训》把这些功修称作为信仰赖以建立的基础。

伊斯兰监管的道德和社会信条认为，财富是安拉所赐，穆斯林是安拉的仆人，对这些财富履行代理义务，所有财富的取得和管理必须公正和公平。任何压榨他人的行为，如放高利贷，都是被严格禁止的，而收取利息(Riba)的行为也是不被接受的(请注意,上述监管要求使得伊斯兰金融与传统金融有根本不同)。

《古兰经》

《古兰经》是伊斯兰教的最高经典,也是伊斯兰教信仰和监管的最高准则,同时还是伊斯兰监管的渊源和立法的首要依据。《古兰经》规定人们应该从事合法和对社会有益的活动;而禁止从事非法和对社会有害的活动,其中包括禁止从事猪或猪肉制品交易,禁止毒品交易、赌博、饮酒、色情活动等。《古兰经》是穆斯林社会生活、宗教生活和道德行为的准绳,也是伊斯兰教各学科和各派别学说赖以建立的理论基础。

具体而言,在社会经济活动方面,《古兰经》鼓励公平而真实的贸易活动,但禁止高利贷等盘剥利息的行为。它提倡财富应取之有道;交易应合法,并应建立在各方互相同意和互存善意的基础上;《古兰经》里没有利息的概念,取而代之是交易利润。穆斯林认为交易利润来源于对风险的认识和把控,融资目的应符合伊斯兰监管,合法且有真实贸易背景。

伊斯兰教的先知——穆罕默德及《圣训》

穆罕默德被视为伊斯兰教的先知,他是创立伊斯兰教的宗教、政治及军事领袖。但穆斯林并未将其视为新的宗教的创立者,而将其视为亚当、亚伯拉罕、摩西、耶稣等一神论信仰的复兴者。在伊斯兰传统里,穆罕默德是最后一位及最伟大的先知,又是最接近完美的凡人,集所有美德于一身。在其人生最后的 23 年里,穆罕默德发布真主的启示,这些启示的内容被他的同伴记录下来,成为《古兰经》。

在伊斯兰教里,穆罕默德规范化的生活例子被称为圣行,被记录在《圣训》里,《圣训》记录了他的言行及个性。古典穆斯林法学家们强调圣训在伊斯兰法律里的重要性。穆斯林被鼓励在日常生活里去效仿穆罕默德的言行。《圣训》对辅助解说《古兰经》至关重要。

伊斯兰法律和伊斯兰监管

伊斯兰监管,即沙里亚法规(Shari'ah,字面意思为"前往温泉胜地的道路"),是由传统伊斯兰学术界所建立的伊斯兰法律,大部分的穆斯林都坚守沙里亚法规。他们认为伊斯兰监管是真主意志的言词,并为伊斯兰社会构建起一种责任体制和伊斯兰法律体系,而身在其中的穆斯林必须恪守并履行。

伊斯兰法律和伊斯兰监管包罗万象,从国家大事如政府治理、外交到日常生活的事宜均有涉及。《古兰经》及《圣训》里亦包括了继承法、婚姻法等法律,还有斋戒、施舍、礼拜等律例。由于这些义务及禁止事项众多,在实际应用时各地会有所不同。伊斯兰学者根据这些律例及他们的诠释详细地构建了伊斯兰法律制度。

对伊斯兰监管的解释被称为费格赫(Fiqh),其实质是对伊斯兰监管进行宗教界定而设定的规则。伊斯兰法学家以此衍生出监管渊源学(Usul al-fiqh,"法学理论""法理准则")。根据伊斯兰教的法理,法律根源有四,以优先次序排列为:《古兰经》(Quran)、《圣训》(Hiths,有关先知穆罕默德言行的记录)、穆斯林法学家的共识(Ijma)及类比论证(Qiyas)。在公元 9 世纪,伊斯兰法学家沙斐仪将法律原则(包括四个来源)编成法典,为伊斯兰法律提供了理论性的基础。

为何伊斯兰金融日益重要

截至 2016 年,据不完全统计,全世界信奉伊斯兰教的穆斯林人口约有 21.42 亿人,约占全世界人口的 28.3%,年均增长率约为 1.84%。从平均年龄来看,穆斯林在世界不同宗教族群中,是最年轻的一组,平均年龄为 25 岁以下;由此可以预见,他们在未来的世界舞台上将散发更大活力。同时,穆斯林地域分布极为广泛,全世界有 57 个伊斯兰国家,主要分布在东南亚、南亚、中东、北非地区;其中有超过 30 个国家,伊斯兰教被定为国教。此外,在中东和北非有 19 个伊斯兰国家,其穆斯林人口超过全国人口的 90%;另有 10 个国家的穆斯林人

2007–2017年全球伊斯兰金融资产增长情况(单位:10亿美元)

资料来源:GIFR(Global Islamic Finance Report)

口超过了该国全部人口的三分之二。在过去的 50 年里,随着伊斯兰世界经济的发展以及中东、北非地区伊斯兰国家石油美元收入的快速增加,建立符合伊斯兰监管的伊斯兰金融体系以及发展符合穆斯林需求的金融产品和服务成为伊斯兰国家金融机构的核心任务。

全球伊斯兰金融资产从 2007 年的 6390 亿美元增长到 2017 年的 2.431 万亿美元,增长了约 3.8 倍。但伊斯兰金融的开发程度只有 30% 左右,市场潜力巨大。

伊斯兰金融市场规模与潜力(2009－2017 年)									
单位：万亿美元	2009年	2010年	2011年	2012年	2013年	2014年	2015年	2016年	2017年
伊斯兰金融市场潜在规模	4.000	4.400	4.840	5.324	5.865	6.451	7.096	7.806	8.587
伊斯兰金融资产实际规模	1.036	1.139	1.357	1.631	1.813	1.981	2.143	2.293	2.431
尚未开发的市场规模	2.964	3.261	3.483	3.693	4.052	4.470	4.953	5.513	6.156

资料来源：GIFR (Global Islamic Finance Report)

中国从 2013 年开始推行“一带一路”战略,其范围涵盖了主要伊斯兰国家和地区。而全球伊斯兰资产在 2017 年底约为 2.43 万亿美元,其中 90% 集中在以下 10 个伊斯兰金融核心市场,即：马来西亚、阿联酋、沙特阿拉伯、科威特、卡塔尔、土耳其、印度尼西亚、巴基斯坦、巴林和孟加拉,这 10 个国家都坐落在“一带一路”战略圈内。预计到 2021 年,全球伊斯兰金融市场规模将达到 3.54 万亿美元。如何充分了解并利用好“一带一路”战略圈内伊斯兰资本市场和银行业的运作和发展,是中资企业在“走出去”过程中必须面对的现实课题。

1.2　伊斯兰金融体系的历史沿革

1.2.1　现代伊斯兰金融体系历史

按照伊斯兰监管,在穆斯林社会,所有经济活动都必须符合相关的监管,同时,所有与金融有关的规定和法律都应源于《古兰经》和圣训。

早先的伊斯兰金融机构设立局限于某些特定的地理区域和某些特定的业务领域。因为传统金融无法在符合伊斯兰监管的前提下满足穆斯林信众日益增长的金融需求,现代伊斯兰金融体系萌芽于 20 世纪 40 年代中东地区的埃及。例如,于 1963 年设立的埃及 Mit Ghamr Savings Bank(米特海姆①储蓄银行),其最初目的是为了提高当地穆斯林的福利和为穆斯林提供便利,无利息地吸收公众存款并为当地民众发放无息贷款,同时为穆斯林提供缴交天课②的渠道;此外,它也会以合资入伙的形式将公众存款投资于当地的贸易行和企业,并将投资所获取的利润与存款人进行分享。当时,全埃及境内仅有 9 家类似的银行。经过近 20 年的发展,直到 1981 年后,米特海姆储蓄银行才发展成为一家网点覆盖全埃及的全牌照银行。

而在东南亚地区,伊斯兰金融萌芽最早发端于 1960 年代的马来西亚。1963 年,马来西亚成立了第一家伊斯兰储蓄机构,名为 Tabung Haji(朝圣基金会),其目的是帮助马来西亚当地的穆斯林利用储蓄实现去伊斯兰圣城——麦加朝圣地。当时,根据马来西亚监管当局的要求,该金融机构无权提供其他任何金融产品,而且只能将吸收到的存款投资于符合伊斯兰监管的生意或资产运营中。

在整个 20 世纪 70 年代以前,大多数国家的金融机构所能提供的符合伊斯兰监管的金融产品或服务可以说是相当的匮乏。这种情况直到 1975 年伊斯兰开发银行③正式运作才开始改变。

1.2.2 影响伊斯兰金融体系发展的重要因素

影响伊斯兰金融体系发展的重要因素包括国际油价飙升、伊斯兰经济发展和伊斯兰金融革新、伊斯兰金融立法与监管的演变、伊斯兰金融产品创新及标准的设立、伊斯兰金融人才培养、西方主要金融机构的介入等。

1.2.2.1 国际石油价格的飙升以及伊斯兰经济发展和伊斯兰金融革新

1973 年 10 月,第四次中东战争爆发,交战双方为埃及、叙利亚联军对以色

---

① Mit Ghamr,米特海姆,埃及尼罗河附近一个约十万人口的小城。
② 天课,Zakat(意为"涤净"),是伊斯兰五大宗教信条之一。根据伊斯兰监管规定,凡有合法收入的穆斯林家庭,必须抽取家庭年度纯收入的 2.5% 用于赈济穷人或需要救助的人。又称"济贫税"。
③ 伊斯兰开发银行(IDB, Islamic Development Bank):总部位于沙特阿拉伯西部城市吉达的国际金融机构,由伊斯兰会议组织(Organisation of the Islamic Conference, OIC)第一届财长会议于 1973 年发起成立,并于 1975 年正式运作。伊斯兰开发银行——IDB 通过为伊斯兰会议组织成员国家和穆斯林社区提供符合伊斯兰监管的财政援助,以及为其提供参与符合伊斯兰监管的股票和基金投资的机会,促进其经济发展和社会进步。

列。为了报复美国支援以色列,阿拉伯石油输出国组织(OPEC)[①]里的阿拉伯国家(在石油输出国组织的 12 个成员国中,有 8 个是伊斯兰国家),决定提高石油价格(世界石油交易是以美元计价)。宣布石油价格由每桶 3.01 美元提高至 5.11 美元。稍后,又再度提高到 11.65 美元。1973 年 10 月 17 日,中东阿拉伯产油国进一步决定减少石油生产,并对西方发达资本主义国家实行石油禁运。当时,包括主要资本主义国家特别是西欧和日本用的石油有 80% 来自中东,美国本土用的石油也有很大一部分来自中东。石油提价和禁运立即使西方国家经济出现一片混乱。提价以前,石油价格每桶只有 3.01 美元,到 1973 年底,石油价格达到每桶 11.65 美元,提价近 4 倍。

国际油价上涨扩大了西方大国的国际收支赤字,最终引爆了 1973—1975 年的战后资本主义世界最大的一次经济危机。之后,以美元计价的国际油价一路走高,使得国际收支结构发生深刻的变化。这些变化主要表现在:因石油出口收入大增,石油输出国家的国际收支出现巨额顺差;而石油消费国家的国际收支因石油输入支出剧增,出现了巨额赤字。石油输出国的经常账户则发生巨额的顺差——这就是"石油美元"。据推算,仅 1974 年一年,石油输出国家的石油输出总收入约为 1150 亿美元,扣除经常输入 400 亿美元,石油输出国家实现外贸盈余约 750 亿美元。滚滚而来的石油美元为石油输出国家带来了巨额财富,并对这些国家的社会、经济、政治、金融、外交等方面产生了深远的影响。

总体而言,自 1970—2018 年,国际原油价格波动大致经历了六个不同的历史阶段:

第一阶段:20 世纪 70 年代两次石油危机驱动国际油价从 1970 年的 1.8 美元/桶持续暴涨至 1981 年的 39 美元/桶;之后国际油价逐步滑落。

第二阶段:1982 年至 2003 年,国际油价徘徊在 30 美元/桶;

第三阶段:2003 年至 2008 年,伊拉克战争、第三次石油危机驱动国际油价从 30 美元/桶直达历史高点 147 美元/桶;

第四阶段:2009 年 1 月,受全球金融危机冲击,国际油价大幅回落至 33.2 美元/桶。随后,随着世界经济复苏,2009 年国际三大市场平均油价为 61.7 美

[①] OPEC 石油输出国组织,即 Organization of Petroleum Exporting Countries,成立于 1960 年,总部设在奥地利首都维也纳,其宗旨是协调和统一成员国的石油政策,维护各自和共同的利益。现有 12 个成员国是:沙特阿拉伯、伊拉克、伊朗、科威特、阿拉伯联合酋长国、卡塔尔、利比亚、尼日利亚、阿尔及利亚、安哥拉、厄瓜多尔和委内瑞拉。该组织成员国共控制约全球三分之二的石油贮备,约共占世界石油蕴藏 78% 以上的石油储量并提供 40% 以上的石油消费量。它们占全球产油量的 40% 和出口量的一半。

资料来源：World EconomicForum

元/桶,2012 年国际三大市场平均油价为 77 美元/桶;

第五阶段:2014 年上半年原油价格存在供应忧虑,在伊拉克、伊朗、俄罗斯、乌克兰和利比亚的地缘政治等因素影响下震荡走升,达到本年度最高点,布伦特原油收报每桶 114.81 美元,较年初上涨 6.52%;美国原油收报每桶 107.26 美元,较年初上涨 12.50%。2014 年下半年至 2015 年一季度,世界经济放缓,原油供过于求,特别是美国页岩油的产量大幅增长,使美国从原油进口国转变成原油出口国以及 OPEC 会议不减产以稳固市场份额的决议等因素重压原油价格,原油价格震荡暴跌至每桶 60 美元以下。此外,全球各国为应对气候变化而加强了环境保护的力度,采取更多的措施开发新能源和可再生能源,逐步降低对石油的依赖度,这对国际油价下行带来了持续压力。

第六阶段:经过 2015 年至 2016 年两年调整,国际油价在低位 30 美元企稳,并从 2016 年起连续反弹,逐步走高到 2018 年 9 月的 76 美元,之后又在 2018 年 12 月跌落至 42 美元。

目前,国际油价基本以美元定价。这种巨额的石油美元,无论是对石油输入国还是对石油输出国,甚至对整个世界经济和地缘政治(特别是中东地区),都有很大的影响。对石油输出国家来说,由于石油美元收入庞大,而其国内投资市场狭小,不能完全吸纳这么多美元,必须以资本输出方式在国外运用。对地处中东的伊斯兰国家,同时也是石油输出国组织成员国的沙特阿拉伯、伊拉克、伊朗、科威特、阿拉伯联合酋长国以及卡塔尔来说,石油美元对这些国家的经济、政治、社会、金融、外交、军事等方面所带来的影响是巨大而深远的。

1890年代,Anglo-Egyptian Bank(后为Barclays Bank——巴克莱银行收购)为苏伊士运河项目开发在埃及开罗开设分行,这是穆斯林世界的第一家世俗银行。从此之后,穆斯林世界对世俗银行收取利息(Riba)的批评之声不绝于耳,并开始尝试开发为符合伊斯兰监管的、以合作伙伴关系为基础的伊斯兰金融产品,试图取代世俗金融产品。如,埃及的Mit Ghamr Savings Bank,马来西亚的Tabung Haji等,都推出了不含利息的银行产品,主要基于双层Mudarabah结构(即合作经营合作伙伴关系,当时的伊斯兰银行吸收存款与发放贷款都是基于Mudarabah结构)。之后又衍生出Wakalah(委托)结构。

在这种大背景下,伊斯兰金融革新的萌芽最早出现在1970年代,代表性的事件主要有:

——1974年,伊斯兰开发银行(IDB, Islamic Development Bank)在沙特阿拉伯的西部城市吉达成立,伊斯兰开发银行是伊斯兰会议组织下的政府间金融合作机构,是伊斯兰国家为加强区域经济合作而建立的国际金融机构。IDB于1975年10月开始正式营业,并同联合国建立了系统性合作关系。

——1975年,沙特通过宗教解释,确认Murabahah(成本加价)结构符合伊斯兰监管要求,从而奠定了Murabahah为伊斯兰银行资金投资主流模式的地位。

——1975年,阿联酋迪拜伊斯兰银行成立。

——1976年,第一届伊斯兰国际经济会议在沙特麦加召开。

——1977年,科威特伊斯兰银行成立。

——1978年,第一家伊斯兰专门研究机构伊斯兰经济研究中心在沙特吉达阿卜杜拉阿齐兹国工大学(King Abdul Aziz University)正式成立。

——1979年,第一家伊斯兰保险(Takaful)机构在沙特麦加成立。

——1981年,在伊斯兰会议组织(OIC, Organization of Islamic Conference)第四次会议上,伊斯兰各国央行及监管机构第一次提出加强对伊斯兰金融机构的监管。伊斯兰开发银行下设机构伊斯兰研究与培训机构(IRTI, Islamic Research and Training Institute)正式成立。

——1983年,马来西亚伊斯兰银行成立。

1970—1980年代世界各地成立了近30家伊斯兰银行,其中沙特(4)、马来西亚(2)、埃及(1)、阿联酋(1)、卡塔尔(1)、科威特(1)、巴林(1)、约旦(1)、土耳其(3)、突尼斯(1)、孟加拉(1)、丹麦(1)、瑞士(1),如下表所示:

名称	国家	成立时间
Nasser Social Bank	埃及	1971
Islamic Development Bank	沙特	1975
Dubai Islamic bank	阿联酋	1975
Faisal Islamic Bank of Egypt	埃及	1977
Faisal Islamic Bank of Susan	苏丹	1977
Kuwait Finance House	科威特	1977
Al Baraka Banking Group	巴林	1978
Islamic Banking System International Holdings	埃及	1978
Jordan Islamic Bank	约旦	1978
Bahrain Islamic Bank	巴林	1979
Dar al-Mal al-Islami	瑞士	1981
Bahrain Islamic Inv. Company	巴林	1981
Islamic International Bank for Investment & Development	埃及	1981
Islamic Investment House	约旦	1981
Qatar Islamic Bank	卡塔尔	1982
Al-Baraka Investment and Development Company	沙特	1982
Saudi-Philippine Islamic Development Bank	沙特	1982
Faisal Islamic Bank Kirbis	土耳其	1982
Khazanah Nasional	马来西亚	1983
Bank Islam Malaysia Berhad	马来西亚	1983
Islamic Bank Bangladesh Ltd	孟加拉	1983
Islamic Bank International	丹麦	1983

名称	国家	成立时间
Tamadon Islamic Bank	苏丹	1983
Beit Ettamouil Saudi Tounsi	突尼斯	1984
West Sudan Islamic Bank	苏丹	1985
Albaraka Turkish Finance House	土耳其	1985
Faisal Finance Institution	土耳其	1985
Al Rajhi Company for Currency Exchange and Commerce	沙特	1985
Al-Ameen Islamic & Financial Investment Corp. India Ltd	印度	1985

资料来源：各国中央银行

1990—2006 年这段时间是国际性伊斯兰机构开始设立与发展时期，并且见证了伊斯兰债券(Sukuk)市场的成长。代表性的事件主要有：

——1990 年，马来西亚 Shell MDS Sdn Bhd 公司发行第一个现代意义的伊斯兰债券(金额 1.25 亿林吉特)。

——1991 年，伊斯兰金融机构会计与审计组织(AAOIFI, Accounting and Auditing Organization for Islamic Financial Institutions)成立，总部位于巴林。

——2000 年，巴林中央银行发行 1 亿美元伊斯兰债券，这是伊斯兰债券国际化的标志。

——2001 年，伊斯兰银行与金融机构委员会(CIBAFI, Council for Islamic Banks and Financial Institutions，为 OIC, Organization of Islamic Cooperation 下属机构)成立，总部位于巴林首都麦纳麦。

——2002 年，伊斯兰金融服务委员会(IFSB, Islamic Financial Services Board)成立，总部位于马来西亚吉隆坡。

——2002 年，伊斯兰金融机构仲裁与调解中心(ARCIFI, Arbitration and Reconciliation Centre for Islamic Financial Institutions)成立，后更名为国际伊斯兰仲裁与调解中心(IICRA, The International Islamic Centre for Reconciliation and Arbitration)，总部位于阿联酋迪拜。

——2002 年，国际伊斯兰金融市场(IIFM, International Islamic Financial Market)成立，总部位于巴林。

——2002 年，伊斯兰流动性管理中心(LMC, Liquidity Management

Centre)成立,总部位于巴林。

——2005 年,伊斯兰国际评级公司(IIRA,Islamic International Rating Agency)成立,总部位于巴林。

现代伊斯兰金融业发展历程大致经历了以下五个阶段:

事项	1970 年代	1980 年代	1990 年代	2000 年代	2010 年代
金融机构	伊斯兰商业银行	伊斯兰商业银行 伊斯兰保险机构 伊斯兰投资公司	伊斯兰商业银行 伊斯兰保险机构 伊斯兰投资公司 伊斯兰资产管理公司 伊斯兰股票经纪公司	伊斯兰商业银行 伊斯兰保险机构 伊斯兰投资公司 伊斯兰资产管理公司 伊斯兰股票经纪公司 伊斯兰电子商务公司	伊斯兰商业银行 伊斯兰保险机构 伊斯兰投资公司 伊斯兰资产管理公司 伊斯兰股票经纪公司 伊斯兰电子商务公司 伊斯兰教义合规性风险管理 伊斯兰金融业流动性风险管理及资本管理
产品	伊斯兰工商业务产品	伊斯兰工商业务产品 伊斯兰保险产品	伊斯兰工商业务产品 伊斯兰保险产品 伊斯兰基金 伊斯兰债券 伊斯兰股票 伊斯兰股票经纪	伊斯兰工商业务产品 伊斯兰保险产品 伊斯兰基金 伊斯兰债券 伊斯兰股票 伊斯兰股票经纪	伊斯兰工商业务产品 伊斯兰保险产品 伊斯兰基金 伊斯兰债券 伊斯兰股票 伊斯兰股票经纪 环境友好类金融产品 伊斯兰合资参与型金融产品
地区	海湾地区、中东、北非	海湾地区、中东、北非、亚太	海湾地区、中东、北非、亚太	海湾地区、中东、北非、亚太、欧洲、美洲、全球、离岸金融中心	海湾地区、中东、北非、亚太、欧洲、美洲、全球离岸金融中心

截至 2017 年底,全球伊斯兰金融市场规模达 2.43 万亿美元。从 2007 年至 2017 年,该市场年均复合增长率超过 19%。预计到 2021 年,全球伊斯兰金融市场规模将达到 3.54 万亿美元。

全球伊斯兰金融资产主要分布在四个领域,即伊斯兰银行业(76%)、伊斯兰债券(20%)、伊斯兰基金(含股权投资基金,3%)和伊斯兰保险(TAKAFUL,

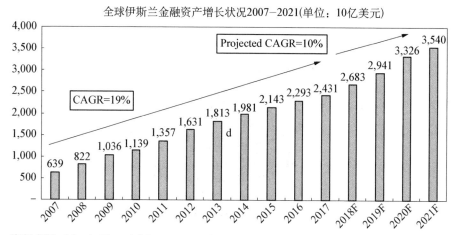

全球伊斯兰金融资产增长状况2007-2021(单位：10亿美元)

资料来源：Islamic Financial Services Board（IFSB）

1%），具体分布如下图所示。

2017年全球伊斯兰金融资产行业分布情况(单位10亿美元)

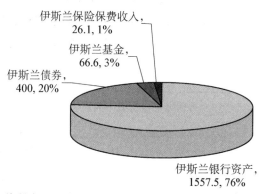

资料来源：Islamic Financial Services Board（IFSB）

　　从地域分布情况来看，全球伊斯兰金融资产主要分布在三个地区，即海合会国家（GCC，42%），中东北非地区（不含 GCC，29%），亚洲（主要是东南亚和南亚地区，24%）具体分布如下图所示。

　　伊斯兰金融资产近 10 年来增长迅猛，其覆盖范围也在不断扩大。就地区而言，海合会（GCC，主要为沙特、阿联酋、卡塔尔等）国家占全球伊斯兰金融资产比重约为 42.0%；中东北非地区（不含 GCC）占比约为 29.1%，主要得益于伊朗自成一体的伊斯兰金融体系的贡献（伊朗占全球伊斯兰金融资产比重超过 30%）。

2017年全球伊斯兰资产地区分布状况(单位：10亿美元)

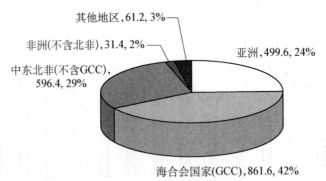

资料来源：Islamic Financial Services Board (IFSB)

伊朗是继苏丹之后第二个在其境内实现伊斯兰金融监管全覆盖的国家,95％的伊朗公民在伊斯兰银行开户；亚洲国家占比为24.4％(主要为马来西亚、印尼、孟加拉和巴基斯坦),其他国家和地区合计占比不到6％。截至2017年底,全球伊斯兰金融资产约为2.43万亿美元,其中海合会国家(GCC)加上马来西亚和伊朗约占80％以上。因此这几个国家的经济表现对伊斯兰金融的发展影响尤为显著。具体说来,其经济表现与油价走势、国家产业一体化程度及地缘政治的影响密切相关。

2017年上半年全球伊斯兰银行资产国家分布状况			
排名	国家	全球伊斯兰银行业资产占比	伊斯兰银行资产(单位：10亿美元)
1	伊朗	34.4％	535.8
2	沙特	20.4％	317.7
3	阿联酋	9.3％	144.8
4	马来西亚	9.1％	141.7
5	科威特	6.0％	93.5
6	卡塔尔	6.0％	93.5
7	土耳其	2.6％	40.5
8	孟加拉	1.9％	29.6

续表

排名	国家	全球伊斯兰 银行业资产占比	伊斯兰银行资产 （单位：10亿美元）
9	印尼	1.8%	28.0
10	巴林	1.7%	26.5
11	苏丹	1.6%	24.9
12	巴基斯坦	1.2%	18.7
13	埃及	0.8%	12.5
14	约旦	0.7%	10.9
15	阿曼	0.6%	9.3
16	文莱	0.5%	7.8
17	其他国家和地区	1.4%	21.8

资料来源：Islamic Finance Development Report 2017 by Thomason & Reuters

截至 2017 年上半年，全球共有 4 个国家伊斯兰资产规模超过 1000 亿美元，它们分别是伊朗、沙特阿拉伯、阿联酋和马来西亚。此外，科威特、卡塔尔的伊斯兰银行资产规模超过了 500 亿美元。而土耳其、孟加拉、印尼、巴林、苏丹、巴基斯坦、埃及和约旦的伊斯兰资产规模则超过了 100 亿美元。

1.2.2.2　伊斯兰金融监管模式：单一制监管 vs 双轨制监管

从传统金融到伊斯兰金融，伊斯兰世界的金融变革既有渐进式的（如马来西亚、巴林等国）也有一步到位式的（如伊朗、苏丹等国），这两种不同方式的变革对所在国金融体系和金融监管体系设计的影响也是持续而深远的。

就中央银行监管而言，伊斯兰金融机构目前主要有两种监管模式，即单一制监管和双轨制监管。

所谓单一制监管，就是一国中央银行要求该国境内所有银行都必须确保其业务的开展符合伊斯兰监管的要求。

而所谓双轨制监管，即一国中央银行允许伊斯兰金融体制和传统金融体制在该国并存，共生共存，共同发展。

举例而言，在 1980 年代早期，苏丹和伊朗是第一批伊斯兰国家要求其境内银行在规定的短时间内（三年以内）进行改革，并完全符合单一制监管模式。而其他国家，如马来西亚、沙特阿拉伯、阿联酋、科威特和巴林则采用一种更加渐进的方式对其境内的银行采用了双轨制的监管模式。

此外,伊斯兰金融的发展通常是伴生于传统金融机构的发展,例如,在伊斯兰金融萌芽阶段,传统金融机构通常会在其营业机构内设立独立窗口或专门柜台从事伊斯兰金融服务。在这些国家当中,如马来西亚尤其独特,因为它是世界上第一个专门为伊斯兰金融立法的国家。马来西亚分别于1983年通过了《伊斯兰银行法》、1984年通过了《伊斯兰保险法》、2007年通过了《资本市场与服务法》、2013年通过《伊斯兰银行新法》、2016年通过《公司新法》。目前,马来西亚已形成了一整套完善的伊斯兰金融法律体系。

1.2.2.3 产品发展

双轨制监管体制的建立,使得创新型伊斯兰金融产品的快速发展成为可能。而其早期的发展更多则是通过借鉴传统金融的产品和服务(如存款、贷款等),并将其重新设计、包装成为符合伊斯兰监管的产品和服务;其中、后期的发展则更多是通过对伊斯兰监管的解释和运用而来。

随着伊斯兰金融产品和工具的发展,伊斯兰金融市场对熟悉金融市场和了解伊斯兰监管的合格人才的需求也日益迫切。这些年,从其自身的发展需要出发,各伊斯兰金融机构也在逐渐加大人才培训方面的力度。

1.2.2.4 标准的设立

1990年代至21世纪初期,伴随着一系列伊斯兰标准金融机构的设立,伊斯兰金融业的各项标准也逐渐成型并被广泛推广。这些标准金融机构包括:

1.2.2.4.1 伊斯兰开发银行集团(IDB, Islamic Development Bank Group)

伊斯兰开发银行集团是一家国际性伊斯兰金融机构,国际评级为AAA,注册资本300亿伊斯兰第纳尔,实际缴付资本150亿伊斯兰第纳尔(伊斯兰第纳尔ID, Islamic Dinar,是伊斯兰开发银行创设的一种储备资产和记账单位,其国际金融地位与国际货币基金组织的特别提款权——Special Drawing Right, SDR相当,即1ID=1SDR)。

伊斯兰开发银行隶属于伊斯兰开发银行集团,系伊斯兰会议组织项下的专门金融机构,经伊斯兰国家财政部长会议决定于1974年8月成立的,1975年10月正式营业。目前有57个股东成员国,前10大股东成员国分别为:沙特阿拉伯、利比亚、伊朗、埃及、土耳其、阿拉伯联合酋长国、科威特、巴基斯坦、阿尔及利亚、印度尼西亚。该行的金融信贷活动除依靠固定资本外,其资金来源还包括由偿还贷款而来的现金、投资项目股份收入所构成的现金储存、各成员国征收的天课等。伊斯兰开发银行主要向伊斯兰国家和非伊斯兰国家的穆斯林团体提供无息贷款,援助其经济发展和社会进步。截至 2017 年底,该行总资产为 196.75 亿 ID,总负债为 111.61 亿 ID,股东成员国权益为 85.14 亿 ID(其中实缴资本 53.78 亿 ID),净利润为 1.96 亿 ID。从 1975—2017 年,伊斯兰开发银行贷款总额超过 1300 亿 ID,有力支持了伊斯兰成员国的经济发展。

伊斯兰开发银行总部位于沙特阿拉伯吉达市,在沙特、马来西亚、印尼、摩洛哥、孟加拉、哈萨克斯坦、塞内加尔和土耳其设有 8 个区域办公室。伊斯兰开发银行理事会(即各成员国行长委员会)为其最高权力机构,理事一般由各成员国中央银行行长或财政部长担任;下设执行董事会负责指导日常工作(共有 18 名执行董事,其中 9 名由前 9 大股东指定;另 9 名由成员国选举产生;任期 3 年,可以连任);伊斯兰开发银行行长任期 5 年。目前,伊斯兰开发银行旗下设 5 家公司,4 只专门基金以及 8 个特别项目处。这 5 家公司分别是:

——伊斯兰开银行(IDB, Islamic Development Bank),始建于 1975 年,负责向伊斯兰国家和非伊斯兰国家的穆斯林团体提供无息贷款,以参股形式参与各项目建设,援助成员国经济发展和社会进步。

——伊斯兰研究与培训所(IRTI, Islamic Research and Training Institute),始建于 1981 年,负责为伊斯兰金融的持续、稳健发展培养人才,并提供专业咨询服务。

——伊斯兰投资和出口信贷保险公司(ICIEC, Islamic Corporation for the Insurance of Investment and Export Credit),始建于 1994 年,负责促进成员国间贸易和投资,为其提供出口信贷,并为其投资提供保险和再保险。

——伊斯兰私营经济发展公司(ICD, Islamic Corporation for the Development of the Private Sector),始建于 1999 年,负责促进和发展成员国私营企业和私营经济,并为政府及私营机构提供专业咨询服务。

——国际伊斯兰贸易融资公司(ITFC, International Islamic Trade Finance Corporation),始建于 2008 年,负责促进成员国间贸易,扶持其私营贸易商,以参股形式为进出口企业提供信贷服务。

另外,该行旗下有 4 只专门基金负责筹措资金,向成员国国有和私营企业提供直接投资。8 个特别项目处涵盖了青年、就业、教育、私营小微企业、能源、运输、农业和医疗等经济社会发展项目,为成员国相关项目提供长期资金和咨询等金融服务。

伊斯兰开发银行同时致力于伊斯兰金融的创新与发展,参与发起创立了一系列伊斯兰金融国际机构,例如,伊斯兰金融机构会计与审计组织(AAOIFI)、伊斯兰银行与金融机构总理事会(GCIBAFI)、流动性管理中心(LMC)、国际伊斯兰金融市场(IIFM)、伊斯兰国际评级代理机构(IIRA)、伊斯兰金融服务局(IFSB)、伊斯兰和解与仲裁国际中心(ICRA)、伊斯兰国际流动性管理公司(IILM)等等。

伊斯兰开发银行也积极促进国际伊斯兰债券市场的发展,充分利用国际资金发展伊斯兰经济。伊斯兰开发银行于2003年开始涉足伊斯兰债券市场。伊斯兰开发银行自2003年发行第一笔伊斯兰债券(4亿美元)起,之后陆续在2005年和2008年分别发行了5亿美元和4亿林吉特伊斯兰债券。从2009年起,伊斯兰开发银行保持每年发债记录。截至2017年底,伊斯兰开发银行已经发行了25只伊斯兰债券,规模超过135亿美元(币种包括美元、欧元及林吉特)。伊斯兰开发银行所发行的伊斯兰债券国际评级为AAA,主要在伦敦证交所、马来西亚证交所、阿联酋迪拜NASDAQ和土耳其伊斯坦布尔证交所上市。

1.2.2.4.2　伊斯兰金融机构会计与审计组织(AAOIFI, Accounting and Auditing Organization for Islamic Financial Institutions)

伊斯兰金融机构会计与审计组织(AAOIFI),根据其各会员于1990年在阿尔及利亚首都阿尔及尔达成的公司章程,于1991年正式成立,总部设在巴林。从组织上看,伊斯兰金融机构会计与审计组织理事会为其最高权力机构,下设伊斯兰监管董事会(其辖下标准委员会负责具体工作,成员4人)、会计与审计董事会(其辖下标准委员会负责具体工作,成员15人)、委托人董事会三大职能部门,其中委托人董事会下设执行委员会及秘书处负责行业专业资格认证考试及教育、市场推广、标准出版及组织成员准入等工作。

AAOIFI目前有来自45个国家的200名机构会员(包括中央银行、伊斯兰银行和金融机构及其他机构会员等)。作为一个独立、非盈利的伊斯兰国际性金融机构,AAOIFI的宗旨是为伊斯兰金融业与金融机构服务:

1) 制定会计、审计、公司治理、从业道德标准等行业规范并推广这些标准的应用;

2) 组织行业专业资格认证考试,例如注册伊斯兰会计师CIAA, Certified Islamic Professional Accountant)与注册伊斯兰监管咨询师与审计师(CSAA, Certified Shari'ah Advisor and Auditor),培养各类专业人才。

目前,AAOIFI已颁布了103套行业标准,其中:伊斯兰监管60套;会计28套;审计5套;公司治理7套;从业道德标准3套。上述标准已经被巴林、阿联酋、伊拉克、约旦、黎巴嫩、卡塔尔、苏丹、叙利亚、巴基斯坦、阿曼、尼日利亚等国家和地区伊斯兰金融机构完全采用和遵守。此外,澳大利亚、马来西亚、沙特、印尼、南非、科威特等国的银行监管机构也根据 AAOIFI 的标准相应地制定了针对本国伊斯兰金融机构监管的规章和条例。

2017 年,AAOIFI 近期提出了在各国层面建立一个国家集中统一管理的伊斯兰监管机构,负责监管其国内各伊斯兰金融机构自行设立的伊斯兰监管机构。如果这一倡议得以实行,将为未来统一全球伊斯兰监管打下一个坚实的基础。

在会计方面,AAOIFI 提出了金融会计标准－29,以是否实际有效控制目标资产为基础,对表内、表外两大类伊斯兰债券(Sukuk)作了进一步澄清;并认定表内 Sukuk 在资产负债中为负债或权益。这为 Sukuk 法律文件标准化作业铺平了道路,同时也为评级机构在 Sukuk 发行过程中以个体信用状况(SSCP: Sponsor's Standalone Credit Profile)为基础进行评级提供了条件。

1.2.2.4.3 伊斯兰国际评级公司(IIRA,Islamic International Rating Agency)

伊斯兰国际评级公司(IIRA)由来自 11 个国家的主要银行(16)、国家评级机构(3)和国际性金融机构(2)发起成立,总部位于巴林的麦纳麦,于 2005 年开始运作。主要为伊斯兰金融机构及其市场参与者提供该伊斯兰资本市场内公司和机构的风险评级。目前,IIRA 是国际伊斯兰债券市场的唯一评级机构,并已被巴林中央银行、约旦中央银行、土耳其银行业监督管理委员会、哈萨克斯坦金融监管局、阿曼资本市场监管委员会和伊斯兰开发银行批准成为其外部评级机构。作为独立的评级机构,IIRA 致力于提高金融市场的透明度和公平性,推进伊斯兰资本市场的发展,并提升投资者的信心。

IIRA 董事会为其最高权力机构,由 5 名董事组成,负责公司的日常运行。董事会下设一个完全独立的评级委员会负责公司的具体评级事宜。

1.2.2.4.4 国际伊斯兰金融市场(IIFM,International Islamic Financial Market)

国际伊斯兰金融市场(IIFM)成立于 2002 年 4 月,总部位于巴林,是由伊斯兰开发银行(IDB)以及巴林、文莱、印度尼西亚、马来西亚和苏丹中央银行作为创始人共同发起成立的一个非盈利、中立的、国际性伊斯兰金融机构,现有 60 位机构会员。IIFM 旨在为集合旗下会员的各类专才,为伊斯兰金融产品、文件往来等建立一个标准机制,为伊斯兰金融机构、监管机构及市场参与各方建立一个统一的平台以便其交换意见,推选德高望重的伊斯兰学者进入伊斯兰监管委员会,建立和推广统一的伊斯兰监管标准平台,从而促进全球伊斯兰金融市场的发展。

目前,IIFM 已经颁布了 10 套行业标准协议,具体为《现金质押信用支持文件》《财资产品销售协议》《国际掉期及衍生工具协议》《银行间非限制性投资账户代理协议》《机构间适配程序及政策标准协议》《回购及抵押协议》《对冲协议》。2016 年 6 月,就伊斯兰远期外汇买卖产品(IFX Forward:ISDA/IIFM Islamic Foreign Exchange Forward),为规避货币及利率错配风险,IIFM(International Islamic Financial Market)和 ISDA(International Swaps and Derivatives Association, Inc.)联手发布了两项新标准:1)单一 Wa'ad 结构(即只有一方——买方对另一方做出了交易承诺);2)双向 Wa'ad 结构(即交易双方分别对另一方做出交易承诺,交易双方彼此承诺在满足交易条件时进行交易)。此外,IIFM 还在起草《伊斯兰债券标准化协议》(Sukuk Standardization)和《IIFM 风险参与协议》(IIFM Risk Participation Agreements)。

IIFM 董事会为其最高权力机构,由 9 名董事组成,负责公司的日常运行。董事会下设一个执行委员会负责公司的具体工作。另单独设立一个伊斯兰监管委员会,负责建立和推广统一的伊斯兰监管标准平台。

1.2.2.4.5　伊斯兰金融服务委员会(IFSB, Islamic Financial Services Board)

伊斯兰金融服务委员会(IFSB)是一个国际性伊斯兰金融机构,2002 年 11 月成立,2003 年 3 月开始正式运作,国际货币基金组织(IMF)是 IFSB 的创始成员。IFSB 总部设在马来西亚首都吉隆坡。作为东道国的马来西亚,2002 年通过了《伊斯兰金融委员会法》,赋予了 IFSB 国际组织地位及外交豁免权。

伊斯兰金融服务委员会负责为伊斯兰监管机构和金融机构设立各项标准,制订伊斯兰金融业的监管条例,使国际惯例与伊斯兰监管相融合,监督伊斯兰金融机构审慎、透明运作,以保障伊斯兰金融业的健康、稳健发展。

伊斯兰金融服务委员会是巴塞尔银行监管委员会(BCBS, Basel Committee on Banking Supervision)、国际证券委员会组织(IOSCO, International Organisation of Securities Commissions)、国际保险监督官协会(IAIS, International Association of Insurance Supervisors)的重要补充机构。

截至 2017 年底,IFSB 的正式会员单位共有 65 个,由分别来自 57 个不同国家和地区的监督管理机构以及 8 个国际性跨政府机构(如 IMF, the World Bank, BIS 等)组成。此外,IFSB 还吸收了世界上 102 个机构(如金融机构、专业组织、行业协会、证券交易所等)作为其观察会员,参与其各项重要活动,但不参与伊斯兰金融行业标准的起草、制定和实施。自其成立伊始,IFSB已为伊斯兰金融业制定了27套专业标准、行业标准、技术规章及指导原则,涵盖了风险管理、资本充足率、公司治理、透明度及市场纪律、监管检查流程、投资、行业行为规范、压力测试、信用评级、流动性风险管理、货币市场管理、资本市场管理等方面。其中主要有针对伊斯兰银行(17套)、针对伊斯兰资本市场(2套)、针对伊斯兰保险业(6套)以及针对混业经营(2套)。

对于伊斯兰金融机构内部伊斯兰监管合规性审查,伊斯兰金融服务委员会规定伊斯兰金融机构的伊斯兰监管委员会(SSB,Shari'ah Supervisory Board)应该有一个单独的伊斯兰监管主管部门或专门的内部审计、伊斯兰监管审查团队对所需要的审计、审查工作对象开展工作。对于伊斯兰金融机构外部伊斯兰监管合规性审查,审计委员会应该确保执行该项工作的外部审计师有能力独立完成任务。

在中东国家如巴林、阿联酋等国也要求本国的伊斯兰金融机构遵守AAOIFI和IFSB颁布的各项标准,以期使本国伊斯兰金融机构能够更好地融入全球伊斯兰金融体系。

由所有正式会员单位组成的股东大会是IFSB最高权力机构,其下设一委员会(所有正式会员单位各选派一名代表组成)负责公司的日常运行。委员会下设一个秘书处和一个技术委员会。技术委员会负责起草、建立和推广统一的伊斯兰监管标准。

2018年8月,IFSB与IADI(Internatinal Association of Deposit Insurers,国际存款保险机构协会)签订谅解备忘录,双方将共同制定伊斯兰存款保险制度有效运行的实施标准。2018年10月,IFSB与AAOIFI签订了谅解备忘录,双方就推广审慎伊斯兰监管国际标准等方面加强合作达成共识。

1.3 伊斯兰金融体系的特点与架构

伊斯兰金融体系运作的根本目的是在符合伊斯兰监管的大前提下,促进全球和地区间(特别是伊斯兰国家间)的资源自由流动,实现全球和地区间(特别是伊斯兰国家间)的经济可持续发展,并最大限度地造福广大穆斯林。

伊斯兰金融体系包括两个重要的基础:

一是不参与直接融资的金融体系,如各类伊斯兰银行、伊斯兰金融机构、伊斯兰保险公司以及非银行伊斯兰金融机构等。

二是参与直接融资的金融体系,如伊斯兰货币市场、伊斯兰资本市场、伊斯兰基金市场以及其他伊斯兰金融市场等。

1.3.1 伊斯兰金融体系的特点

伊斯兰金融体系是建立在遵循伊斯兰监管(Shari'ah)原则基础之上的。Shari'ah 为穆斯林生活的方方面面提供了指导原则,包括宗教、政治、经济、银行业务、商业和法律等。"遵从伊斯兰监管的金融业务"是使伊斯兰金融实践活动符合伊斯兰法律的核心,其主要原则有:

(1)禁止收取和支付利息(Riba)。收取任何形式的利息都被认为是放高利贷而被明令禁止。

(2)禁止交易的不确定性(Gharar)。在交易中,除非所有的风险条款都被有关各方接受,否则不允许在合同中出现具有不确定性(Gharar)的条款。

(3)共担风险,共享利润。交易的参与者都必须在分享收益的同时,也分担风险。例如,银行顾客在存款时,便与银行达成协议,即银行经营的利润由双方分享,但若出现亏损也须由双方分担。

(4)禁止投机,鼓励促进社会进步的道德投资,不允许投资于《古兰经》及伊斯兰监管所禁止的商业领域,如酿酒业、色情业、赌博、烟草、武器、猪肉生产及生物基因工程等。

(5)以租赁方式获利。伊斯兰银行不是借钱给客户,而是将其获取的资产出租给遵守伊斯兰监管的投资人。投资人因使用该资产而支付给银行租金,而不是利息。

(6)"穆巴拉哈制"(Murabahah 意为"成本加价")。按照这一规则,金融中介机构按消费者的请求为其购买某种资产并供其支配,同时双方达成协议,在约定的未来某一时点消费者将以高于原物价的价格将所借资金偿还金融中介机构。中间差价即为金融机构的利润。

(7)手续费制。伊斯兰银行允许在贷款时对客户收取一定的手续费,作为银行经办贷款业务的报酬。

与传统金融体系相比,伊斯兰金融体系有其独到的特点,具体如下:

1.3.2 伊斯兰金融业必须遵循伊斯兰监管合规性原则

伊斯兰金融体系要求伊斯兰金融机构在监管、管理与公司治理的各项条规都必须与伊斯兰监管相吻合。具体而言：

——金融产品与服务

伊斯兰金融体系在金融产品与服务的设计方面都必须与伊斯兰监管相吻合。例如,所有金融产品与服务都不能含有被伊斯兰监管所禁止的内容,如不能在合同条款中含利息、风险等内容,不能从事猪肉贸易、毒品交易、赌博等等。

——金融活动必须服务实体经济

伊斯兰金融投融资活动及其产品必须与实体经济、真实贸易以及以具体资产为交易载体密切相关。伊斯兰监管从本质上鼓励投资者以合资入伙的形式对企业进行投资,与企业共担风险,共享利润。

——共担风险,共享利润

伊斯兰监管要求,对于那些基于股权的金融交易,伊斯兰金融机构必须事先明确告知投资者可能的风险,并按照约定的比率共担风险,共享利润。

——伊斯兰金融企业社会责任

伊斯兰金融机构应将其履行企业社会责任的报告定期披露给监管机构、股东及其他利益相关者。

——伊斯兰金融业的天课义务

天课,Zakat(意为"涤净"),是伊斯兰五大宗教信条之一。根据伊斯兰监管规定,凡有合法收入的穆斯林家庭,必须抽取家庭年度纯收入的 2.5% 用于赈济穷人或需要救助的人,又称"济贫税",也就是说,穆斯林通过缴付"天课"使自己的财产更加洁净。在伊斯兰国家,天课一般在每年年底之前抽取,其评估标准和征收办法依据先知穆罕默德生前训令制定。

天课作为一种伊斯兰教特有的宗教赋税,起着调节社会财富流向、二次分配社会财富的功能,体现出伊斯兰精神并符合伊斯兰教所提倡的公正、公平、正义、平等的社会伦理原则和社会责任。

根据伊斯兰监管,伊斯兰金融机构应将义务缴纳天课写进其公司章程和管理条规中。同时伊斯兰金融机构有义务为所有的穆斯林在缴纳天课时提供相应的便利条件。

1.3.3　伊斯兰金融机构内部伊斯兰监管合规体系建设及其监管职责

为确保其业务活动符合伊斯兰监管,伊斯兰金融机构必须在其机构内部建立相应的伊斯兰监管合规审查体系与检查体系,专门审查该机构的各项业务及产品设计,使之符合伊斯兰监管。

1.3.4　伊斯兰监管委员会 (Shari'ah Board)

为确保其业务活动符合伊斯兰监管,伊斯兰金融机构均会在其机构内部建立相应的伊斯兰监管委员会 (Shari'ah Board)。该委员会成员主要由有名望的伊斯兰教学者和专家组成,其主要职责是为伊斯兰金融机构的产品设计、管理架构等提供具体的指导意见,专门审查其各项伊斯兰金融服务、产品设计以及内部运作及伊斯兰监管风险管控等,使之符合伊斯兰监管的总体要求。未经该委员会审查通过的任何业务及产品及服务均被视为不符合伊斯兰监管。

总而言之,在管理架构上,伊斯兰金融机构在其内部设立伊斯兰监管委员会;在伊斯兰监管合规性监管方面,对伊斯兰金融机构有伊斯兰监管合规性的要求。这些是伊斯兰金融机构与传统金融机构最大的不同点。

此外,世界上主要的伊斯兰金融机构及标准设立机构如伊斯兰金融机构会计与审计组织 (AAOIFI) 也都在其机构内部专设了伊斯兰监管委员会履行上述职责。

1.4　伊斯兰金融机构如何运作

伊斯兰金融机构,泛指按照伊斯兰监管创立和运营的伊斯兰金融实体。

按照伊斯兰监管的标准,钱是没有内在价值的,而只是一种价值的衡量工具和方法,因此,对钱的使用也不应该收取任何费用。伊斯兰金融机构的经营活动必须以资产为基础,而不是以货币为基础;严格禁止收取利息;所有的交易形式都只能以商品买卖合同的形式表现;伊斯兰金融机构还禁止投机;禁止投资于伊斯兰监管所禁止的产业,如赌博、烟草、猪肉、色情等。

以商品销售合同方式呈现的加价交易 (Murabahah),是伊斯兰金融机构的独特盈利模式,也是其远离金融衍生品的关键。例如,一个客户需要贷款买一辆车,伊斯兰银行不是直接提供资金,而是自己先将这辆车买回来,然后再通过成本加价的方式将车卖给客户,客户可以分期付款取得该车的使用权及逐步增加其所有权,待到所有款项偿付完毕,客户将拥有该车辆的全部所有权。

正是由于所有的金融活动都被要求有对应的实体资产,并且相关金融活动并未在利息基础上衍生出各种金融衍生品,伊斯兰金融体系才得以保持着健康成长的态势,同时这些自我保护机制也最大限度地减少了历次全球金融危机对伊斯兰金融体系的冲击。

再者,对伊斯兰金融机构的资金或存款的再配置还可以通过债权或股权的形式予以解决。若以债权形式出现,债务人将被要求以事先约定的还款计划还款。若以股权形式出现,该资金或存款则以投资入股的方式取得某企业的部分股权/所有权,而其回报也取决于该企业的经营情况及未来回报。从本质上来看,伊斯兰金融机构应确保其资金运用于支持实体经济的发展,并从中取得相应的回报。同时,监管机构也要求伊斯兰金融机构对投资者和资金以及存款提供方充分披露风险和回报以及资金用途等相关资讯。

具体来看,伊斯兰金融业以银行业为主导,而后逐步拓展到资本市场。伊斯兰银行是在遵照伊斯兰监管的前提下提供金融工具与服务的银行。此类银行的信贷不计利息,即贷款不收利息(但可以通过合资入股或成本加价法分享利润),存款不付利息。其资金来源主要依靠客户存款以及政府的无息贷款。大多数伊斯兰银行为国家所办的金融机构,少量为私人金融机构。

1.4.1　伊斯兰非直接融资体系

伊斯兰非直接融资体系亦称伊斯兰金融媒介。伊斯兰商业银行就是伊斯兰金融系统里的金融媒介,其通过发行不同的储蓄产品吸收各种存款,然后将其运用于债权类或股权类投资中,从中牟利。

主要伊斯兰存款方式有:

——保证安全保管存款(Wadi'ah)

——用于无息贷款的存款账户(Qard/Hassan)

——利润分享合同账户(Mudarabah 储蓄账户与 Mudarabah 投资账户)

主要伊斯兰股权投资方式有:

——利润分享伙伴关系(Mudarabah)

——合资企业伙伴关系(Musharakah)

——逐步退出伙伴关系(Musharakah Mutanaqisah)diminishing musharakah

主要伊斯兰债权投资方式有:

——成本加价销售(Murabahah)

——融资租赁(Ijara)

——延后交货销售(Salam)

——制造后销售(Istisna')

对于上述不同业务类型,我们将在以后章节一一介绍。

1.4.2 伊斯兰直接融资体系

伊斯兰资本市场的发展为企业提供了一个直接融资的机会,企业通过在伊斯兰资本市场上发行在二级市场上可以流通的股票和债券实现直接融资,并通过股息和资本增值的方式让投资人实现资本收益。

伊斯兰资本市场是一个年轻的市场。伊斯兰资本市场萌芽于马来西亚。1983 年,马来西亚伊斯兰银行(Bank Islam Malaysia Bhd)首先着手在马来西亚股票市场发掘符合伊斯兰监管的股票;1996 年,马来西亚 RHB 信托基金(RHB Unit Trust Management BHD)推出第一只伊斯兰股票指数基金。1997 年 6 月,马来西亚证券委员会制定了《筛选符合伊斯兰监管的股票之管理办法》并加以推广。1999 年 2 月,道琼斯伊斯兰资本市场指数(DJIMI, Doe Joans Islamic Market Index)推出;之后,1999 年 4 月,吉隆坡伊斯兰指数(KLSI, Kuala Lumpur Shari'ah Index)、金融时报股票市场环球伊斯兰指数(FTGII, Financial Times Stock Exchange Global Islamic Index)相继推出。此后,各种环球、地区及国家伊斯兰股票指数陆续推出。伊斯兰资本市场开始繁荣起来。

1.5 伊斯兰金融国际化进程

截至 2017 年底,全球伊斯兰金融市场规模达 2.43 万亿美元。从 2007 年至 2017 年,该市场年均复合增长率超过 19%。预计到 2021 年,全球伊斯兰金融市场规模将达到 3.54 万亿美元。

从世界范围来看,伊斯兰金融发展最快的国家有六个,简称 QISMUT,即 Qatar(卡塔尔)、Indonesia(印尼)、Saudi Arabia(沙特)、Malaysia(马来西亚)、UAE(阿联酋)、Turkey(土耳其),世界伊斯兰经济论坛将上述国家按其首字母排名简称为 QISMUT。据统计,全世界约有 2/3 的伊斯兰银行账户开在 QISMUT 各国,并且 QISMUT 的伊斯兰银行资产比率已超过其所在国银行业总资产的 20%,其中沙特更高达 53%(截至 2016 年底);2013 年,QISMUT 各国伊斯兰银行总资产已经超过 5670 亿美元,其中沙特阿拉伯成为全球最大伊斯兰金融市场,其资产规模达到 2850 亿美元。阿联酋伊斯兰银行资产也有 935 亿美元,较 2012 年增长了 102 亿美元。QISMUT 各国 2013 年伊斯兰银行利润为 94 亿美元,2018 年超过了 260 亿美元。预计到 2020 年,QISMUT 各国伊斯兰金融资产总额将超过 1.6 万亿美元。

此外,在欧洲和北美等世界其他地区,2017年底伊斯兰银行资产也达到了600亿美元,体现出伊斯兰金融业务在跨地区、跨行业发展中的勃勃生机。伊斯兰金融目前在主要西方国家的发展尚处于萌芽状态,据《银行家》杂志统计,英国有22家伊斯兰银行,美国10家,澳大利亚4家,瑞士4家,法国3家,加拿大1家,德国1家,爱尔兰1家,卢森堡1家,俄罗斯1家。

过去几年中,已经有越来越多的跨国金融巨头将触角伸向了伊斯兰金融版图,如汇丰银行、花旗银行、美国国际集团(AIG)等都已经在巴林及其他海湾国家开设分支机构。

在西方国家如英国,尽管穆斯林为少数族群,但伊斯兰金融却呈现逐渐增长之势。英国政府在金融机构设置方面鼓励伊斯兰金融的发展。2004年8月,英国金融服务管理局(FSA, Financial Service Authority)为该国第一家符合伊斯兰监管的伊斯兰银行——不列颠伊斯兰银行(IBB, Islamic Bank of Britain)颁发了营业执照;2006年3月,FSA又为英国第一家从事"符合伊斯兰监管投资"的独资银行——欧洲伊斯兰投资银行(EIIB, The European Islamic Investment Bank)颁发了营业执照;2007年,FSA为总部位于伦敦城内的从事批发业务的伊斯兰银行——伦敦中东银行(BLME, the Bank of London and the Middle East)颁发了营业执照。此外,英国政府在金融政策方面也积极鼓励伊斯兰金融的发展。为了使伊斯兰金融能与传统金融同等竞争,英国政府取消了许多税收歧视和双重征税项目。2014年6月25日,经过数年酝酿,英国政府财政部成功发行了5年期、回报率为2.036%的2亿英镑伊斯兰债券。市场反应踊跃,认购资金达22亿英镑之多。此次英国发行的伊斯兰债券以英国政府持有的3个地产项目为标的物,为投资者提供资产收益。英国发行首笔伊斯兰债券向外界传递出英国政府要把伦敦打造成为西方伊斯兰金融中心的决心。但自2016年起,因英国脱欧,这就基本宣告了伦敦建立伊斯兰金融中心梦想的破灭。

伊斯兰金融的国际化扩张有不小的难度。伊斯兰金融的长远发展前景取决于两个因素:一是伊斯兰金融如何与传统金融体系相结合并不断完善;二是伊斯兰金融如何在接受并遵守国际金融规则和监督的同时,仍保持其自身金融工具的特性,且在不损害伊斯兰监管原则的前提下,通过适当的灵活性,充分开发和利用伊斯兰金融独一无二的特性。

伊斯兰金融业面临的另外一个窘境是人才匮乏,即既具有在国际金融方面的实践经验,又是名副其实的"伊斯兰监管学者"的人才极为有限。此外,中东和其他亚洲地区之间在有关伊斯兰金融业规则的理解与解释的分歧,行业统一标准的缺失,相关适用法律的争议,不完善的法律体系和监管体制的差异均阻碍了各国伊斯兰金融机构彼此间的相互协调。穆斯林和非穆斯林国家迫切需要新一代专业人员,他们必须懂得如何使现代伊斯兰法律体系、西方的一般法律和国际金融规则在一个全球经济体系中协调运作。

另外,伊斯兰金融为适应新的全球金融体系,需要进一步在产品提供、商业模式、风险管理实践、监管政策、法律基础等方面加以完善。

总结:

本章主要介绍了:
——伊斯兰金融概述
——伊斯兰金融体系的历史沿革
——伊斯兰金融体系的特点及架构
——伊斯兰金融如何运作
——伊斯兰金融国际化进程

伊斯兰教广泛的跨地域宗教影响力、庞大的穆斯林族群、石油美元、国际性伊斯兰机构及西方主要金融机构积极参与成为伊斯兰金融在过去几十年迅猛发展的重要推手。而在管理架构上,伊斯兰金融机构在其内部设立伊斯兰监管委员会;在伊斯兰监管合规性管理方面,对伊斯兰金融机构及其产品和服务有伊斯兰监管的要求;禁止利息;鼓励风险共担,利润共享;这些是伊斯兰金融机构与传统金融机构最大的不同点。

二十一世纪什么最重要?人才。伊斯兰金融市场急迫需要既有国际金融方面的实践经验,又是名副其实的"伊斯兰监管学者"的人才。

第二章

伊斯兰资本市场体系

本章主要介绍

- 伊斯兰资本市场体系
- 伊斯兰债券(Sukuk)市场
- 伊斯兰基金市场
- 伊斯兰股票市场
- 伊斯兰保险(Takaful)市场
- 伊斯兰货币市场
- 伊斯兰金融衍生品市场
- 伊斯兰银行支付清算体系
- 全球伊斯兰金融中心,花落谁家

2.1 伊斯兰资本市场体系

伊斯兰资本市场是伊斯兰金融体系的一部分,它包括所有关系到为满足伊斯兰市场需求而提供长期资本(一年以上)的机构和交易。伊斯兰资本市场主要有三个功能:1)资产定价;2)风险管理;3)流动性管理。

在伊斯兰资本市场,其一级市场的主要功能是负责伊斯兰证券发行,将资金直接提供给符合伊斯兰监管要求的企业进行经营活动;而其二级市场的主要功能是负责已发行伊斯兰证券的流通,为市场参与方提供流动性。在监管方面,伊斯兰资本市场接受伊斯兰金融服务委员会(IFSB, Islamic Financial Services Board)的监管,并遵守其制定的各项标准和指引。

根据伊斯兰金融服务委员会(IFSB①)的相关管理框架和规定,为保障伊斯兰资本市场的发展和良好运作,伊斯兰资本市场的基本基础为:

1) 产品和服务必须遵循伊斯兰监管的要求;

2) 完善的法律、监管、会计和税收体系;

3) 既定的行业标准;

4) 充足的流动性和足够市场的深度。

从20世纪90年代起,经过近30年的努力,伊斯兰资本市场的服务和产品取得了长足的发展,主要产品包括符合伊斯兰监管的股票、伊斯兰共同基金、私募股权基金、伊斯兰债券、资产证券化产品、伊斯兰货币市场短期金融产品、伊斯兰衍生产品(结构化产品)等。伊斯兰资本市场的主要产品包括伊斯兰债券(Sukuk)、伊斯兰基金、伊斯兰股票市场等。

2.1.1 伊斯兰资本市场相关服务及机构运作

伊斯兰资本市场提供伊斯兰投资银行、伊斯兰股票经纪、伊斯兰资产管理、伊斯兰风险投资基金等服务。

2.1.1.1 伊斯兰投资银行

伊斯兰投资银行专注于提供符合伊斯兰监管的投、融资顾问服务,如:

1) 伊斯兰债券;

2) 伊斯兰资产证券化;

3) 伊斯兰结构性融资;

4) 伊斯兰银团贷款等。

2.1.1.2 伊斯兰股票经纪

伊斯兰股票投资仅限于符合伊斯兰监管的股票。伊斯兰股票经纪(人)(stock broker)为投资者提供股票、债券交易服务的个人或机构。经纪人以赚取佣金为目的,他们进行的大部分交易为代理业务。伊斯兰股票经纪也提供融资服务。

1994年,马来西亚伊斯兰银行(BIMB, Bank Islam Malaysia Berhad)下属公司成立了世界上第一个全牌照的伊斯兰股票经纪公司,为穆斯林提供相关的股票经纪服务。目前在全球伊斯兰金融发达的国家和地区,伊斯兰股票经纪业务已成为一项普遍的业务。

---

① http://www.ifsb.org/,伊斯兰金融服务委员会官方网站

2.1.1.3　伊斯兰资产管理

伊斯兰资产管理业务是指伊斯兰资产管理人根据资产管理合同约定的方式、条件、要求及限制,对客户资产进行经营运作,同时为客户提供证券及其他金融产品的投资管理服务的行为。

与伊斯兰银行不同,伊斯兰资产管理公司通常可以同时经营传统资产和伊斯兰资产,只需将它们置于各自专属的资产池并作出适当隔断即可。另外,伊斯兰资产管理公司还可以选择与私募股权基金合作,发行投资证书(一份投资证书的金额从 10 万美元至 1 百万美元不等),聘请专业人士,按照客户需求,构建符合伊斯兰监管的资产池。

2.1.1.4　伊斯兰风险投资基金

伊斯兰风险投资基金必须遵守伊斯兰监管(Shari'ah)所规定的投资原则,并受伊斯兰监管委员会监督和定期审核,同时伊斯兰学者根据伊斯兰监管向基金经理提供投资和融资的建议。简单地说,伊斯兰金融结合了社会责任和信仰为本的道德原则,可以被看作是金融和信仰的混合物。

伊斯兰基金并不仅限于对穆斯林开放,非伊斯兰教徒也可以加入投资。从实际操作上看,有些投资者可能因信仰伊斯兰教而投资伊斯兰基金,但另一些投资人可能本身不是穆斯林,但因为看中的是该基金的投资标的物所涉及的社会责任而投资该基金。

伊斯兰风险投资基金主要有以下两大特点:

首先,伊斯兰风险投资基金必须遵守伊斯兰监管,只能投资符合伊斯兰监管的股票。根据伊斯兰监管,禁止一切与利息和投机相关的投资活动。如,传统金融服务(含利息)、赌博、休闲及娱乐(例如酒吧、电影及赌博等)、酒精饮品、与猪肉相关的产品、色情、武器及军事设备、烟草、基因工程等业务;与债务或利息收入相关的产品;而一些财务状况低下或社会影响低劣的公司等也被列入禁止投资范围。同时,一般传统基金尤其是对冲基金较常用的金融衍生品和金融工具,如利率衍生工具、看跌期权、期货以及卖空和计息借贷等也不能用于伊斯兰基金。

其次,按照伊斯兰教监管规定,投资总收入中必须将来源于"不洁"(由不符合伊斯兰监管的经济活动所产生的收入)领域的投资收益进行"洁净化"处理。例如,如果现金投资所得中含有的股息是来自所投资公司涉及被伊斯兰监管禁止的业务,那么这些收入将先被伊斯兰教律法委员会分离出收入组合,并捐献给委员会认可的慈善机构。

2.2 伊斯兰债券(Sukuk)市场

2.2.1 伊斯兰债券(Sukuk)

伊斯兰债券(Sukuk),是一种遵从伊斯兰教监管、可在二级市场上交易的债务工具,通常以信托凭证(trust certificates)或参与凭证(participation securities)的形式发行。伊斯兰债券是依托具体资产(通常为可以产生租金的物业)为载体而进行发行的。

伊斯兰债券有自己的特点:

1) 伊斯兰债券(Sukuk)代表的是对特定资产或资产所可能带来的收益权之所有权,其对该所有权所主张的是权利而非现金流本身。

2) 与一般债券不同,伊斯兰债券持有人只享有对该资产所能产生收益的所有权而不是该资产之债权。

3) 伊斯兰债券交易成本一般较高,因为其发行需满足伊斯兰教国家一些特定的法律要求;由于投资人多数会持有债券至到期日,故二级市场不是很活跃。

4) 值得注意的是,伊斯兰债券不能涉及伊斯兰监管所禁止投资的以下范畴:

a) 保险及金融衍生工具;

b) 具有投机性质的金融交易,如期货与期权;

c) 一切与猪肉、酒类、赌场、色情等有关的业务。

目前市面上常见的伊斯兰债券有两类,一种是资产抵押债券,一种是分账式债券。从伊斯兰债券所依托的具体资产来看,不以应收账款为载体的伊斯兰债券通常称为 Sukuk,为全球伊斯兰金融界普遍接受,包括但不限于以应收账款为载体的伊斯兰债券通常称为 Islamic Bond,通常在马来西亚发行,并不一定为全球伊斯兰金融界普遍接受。(关于伊斯兰资本市场和伊斯兰债券具体内容,请参见本人另作《伊斯兰金融及伊斯兰资本市场概述》)

2.2.1.1 伊斯兰资产抵押债券

伊斯兰资产抵押债券的标的物是实体资产(或称基础资产)。其操作流传如下:

1) 首先,伊斯兰资产抵押债券由债券发起人成立的特殊目的公司(SPV-Special Purpose Vehicle)来购买实体资产(基础资产);

2）其次,SPV 将该资产租赁给第三方使用;

3）第三方支付租金给 SPV,并获得该资产使用权;

4）租金由 SPV 分配给债券持有人(投资人)作为其投资收益。

从本质上来看,伊斯兰资产抵押债券代表投资人对其所租赁的资产或资产使用收益权的普通所有权,持有者可以选择收取租金或是选择拥有该资产的使用权。具体来说,该实体资产(基础资产)的日常维护费用由承租人支付,而资产的报废和其他费用则由债券持有人(投资人)承担。

伊斯兰资产抵押债券中的实体资产(基础资产)是与租赁合同绑定的,租金是支付给债券持有人(投资人)的收益。租金支付期可以由该债券的相关参与人协商并最终通过合同予以确定。有关租金数额的条款是明确的,支付期可以是固定的,也可以是可变的。这种支付的灵活性可以满足不同发行人和持有人的投融资目的,避免现有债券由于支付期固定回报所带来的风险。

由于被租赁的资产和租金事先是确定的,在不影响承租人从租赁资产受益的前提下,出租人可以通过变卖租赁资产之收益所有权,将租金所有权转移给该资产的新所有者。

伊斯兰资产抵押债券可以在二级市场上交易,市场化程度比较高,发行主体范围很广,从中央政府、地方政府、金融机构到任何基础资产的所有者都可以发行。

2.2.1.2　伊斯兰分账式债券

从本质上来看,伊斯兰分账式债券代表了伊斯兰债券持有人(投资人)对该债券权益的所有权,即投资人按照其各自投资的股份享有对该债券所对应的标的物项目或项目资产的所有权。

伊斯兰分账式债券一般被用来为新工程建设融资或帮助根据合伙契约关系而进行的商业活动进行融资。其操作模式如下:

1）首先,把将要开工建设的新工程或项目视为基础资产,该基础资产所有人委托特殊目的公司(SPV, Special Purpose Vehicle)为发起人并以此基础资产为标的物,发行伊斯兰分账式债券;

2）其次,基础资产所有人与负责发行债券的特殊目的公司(SPV, Special Purpose Vehicle)签订合同,确定项目回购日期、固定项目回报发放日期和债券收益率等主要合同条款;

3）再次,投资人购买该债券,收取固定投资回报,并按其投资比例取得该债券所对应的标的物项目或项目资产的所有权;

4）最后，基础资产所有人公司在未来规定时期内回购 SPV 的分账式债券份额，并在最终付清债券持有人之收益后重新取得该标的物资产所有权。

2.2.2 伊斯兰债券特点

通过比较伊斯兰债券最常用的两种形式，我们可以发现，伊斯兰债券更加看重债券发行中基础资产的作用。虽然基础资产的类型各异，但都是以实物资产为主，一般价格波动性较小，因此在正常情况下，伊斯兰债券投资损失的可能性和损失幅度都会比较小。

而传统金融的资本市场所发行债券更多的是以发行主体的信用和资产作为担保，这样就为中小企业（资信水平普遍不能与大公司、大企业相比）发行债券设置了天然障碍。而伊斯兰债券更关注项目建设与实物资产本身的可靠性和带来稳定现金流的可行性，而不只是关注于发行人的资信。所以，较传统金融的债券发行而言，伊斯兰债券更为中小企业融资开启了方便之门。

发行伊斯兰债券（Sukuk）还是普通债券（Bond），取决于许多因素，如发行费用、交易市场的交投及吸收能力、发行方的目标投资方、发行方的法律与监管完备情况以及伊斯兰债券（Sukuk）结构的复杂程度等。

总而言之，伊斯兰债券的出现和发展，首先扩大了全球资本市场的规模以及发行人的范围和发行种类；其次增强了债券市场内部资金的流动性和使用效率以及对实体经济的支持；再次，通过连通伊斯兰货币市场和资本市场，完善了伊斯兰债券的期限结构配置；最后，伊斯兰债券为中小企业融资开启了方便之门。

2.2.3 伊斯兰债券规模

伊斯兰债券萌芽于 20 世纪 80 年代的马来西亚。根据伊斯兰金融服务委员会（IFSB, Islamic Financial Services Board）统计资料显示，进入 21 世纪，伊斯兰债券开始加速发展。截至 2017 年底，全球伊斯兰债券（Sukuk）发行余额存量突破 4000 亿美元，其中马来西亚持有 1887 亿美元，全球占比达 47.2%，这主要得益于马来西亚透明的公共政策、完善的监管架构和基础设施、可供选择的伊斯兰债券多样性结构以及便利的二级市场。

2017 年全球伊斯兰债券发行分布情况如下图所示：

从地域分布情况来看，全球伊斯兰债券（Sukuk）资产主要分布在三个地区，即亚洲（59.9%，不含 GCC 和中东地区，主要是马来西亚、印尼），海合会国家（GCC, 34.8%），中东北非地区（不含 GCC, 4.5%）。非洲和其他地区占比较小

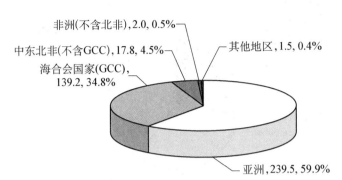

2017年全球伊斯兰债券发行分布状况(单位：10亿美元)

资料来源：Islamic Financial Services Board（IFSB）

(0.9%)。从 2002 年至 2017 年,伊斯兰债券发行量的年均复合增长率超过 20%。

伊斯兰债券的迅猛发展得益于以下几个因素：

1）穆斯林对伊斯兰金融服务需求的日益增长；

2）环球投资者对伊斯兰债券认知度的提高；

3）各个伊斯兰国家所提供的政府支持；

4）国际伊斯兰机构对伊斯兰债券发行标准化的提高。

2017 年,全球伊斯兰债券发行规模为 919 亿美元,较 2016 年(748 亿美元)增长了 22%,其中政府债券发行了 761 亿美元(82.9%),公司债券发行了 158 亿美元(17.1%)。伊斯兰债券发行增长的主要原因是全球经济转暖而带来的基建需求和由此产生的资金需求;海湾地区(特别是 GCC 国家)为应对油价低迷(2015－2016 年)带来的财政压力而转向伊斯兰债券市场寻求资金支持。伊斯兰债券发行以期限为 3－10 年的中、长期债券为主(82%),原因是政府债券发行期限大多为 3－10 年。发行货币基本为美元及/或发行所在国家和地区的本地货币。

2017 年,政府债券发行依然是伊斯兰债券的重头戏,超过 82.9%(761 亿美元),较 2016 年(594 亿美元)增长了 28%。从期限看,以中、长期为主(93.7%,631 亿美元),1 年期以下的短期债券只占 6.3%(48 亿美元)。从发行主体来看,共有 16 个国家和地区发行了政府债券,这一数字与 2016 年持平,但较 2015 年增加了 3 个。值得注意的是中国香港地区时隔 2 年重返国际伊斯兰债券市场,成功发行了 10 亿美元伊斯兰债券(Wakalah 结构)。

2017 年,伊斯兰债券市场的主要玩家有沙特和马来西亚,二者合计占全球

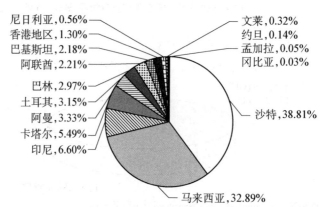

2017年伊斯兰政府债券发行情况

资料来源：Islamic Financial Services Board（IFSB），IMF，BLOOMBERG

伊斯兰债券总发行量的 71.7%。其中,沙特共发行了 295 亿美元(全球占比 38.81%)伊斯兰债券,期限为 5—10 年,类型为 Mudarabah 与 Musharakah 混合型结构。马来西亚发行了 253 亿美元伊斯兰债券(其中 99 亿美元债券以马来西亚本国货币林吉特计价),全球占比为 32.89%,市场份额较 2016 年(50.8%)和 2015 年(57.6%)有较大下降,主要原因有:1)马来西亚本国融资需求降低;2)其他国家和地区发行量增加,如非洲国家尼日利亚 2017 年第一次成功发行伊斯兰租赁债券,金额 3.28 亿美元,期限 7 年,用途为道路建设。

2017 年,全球伊斯兰公司债券发行了 157 亿美元,所募集资金主要用于电力、电信、基建、公共设施和住宅开发等。发行国家分布如下图所示:

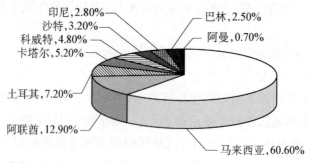

2017年伊斯兰债券(公司债券)发行国家分布情况

资料来源：Islamic Financial Services Board（IFSB），IMF，BLOOMBERG

　　2017 年,伊斯兰公司债券市场的主要发行国家有马来西亚、阿联酋、土耳其,三国合计占全球伊斯兰债券总发行量的 80.7%。其中,马来西亚共发行了 95 亿美元(全球占比 60.6%),阿联酋共发行了 20 亿美元(全球占比 12.9%),土耳其共发行了 11 亿美元(全球占比 7.2%)伊斯兰公司债券。此外,国际性伊斯兰金融机构如总部位于马来西亚的国际伊斯兰流动性管理公司(IILM, International Islamic Liquidity Management Corp)也积极发行伊斯兰债券。2017 年,IILM 共发行了 30 亿美元伊斯兰债券。而总部位于沙特的伊斯兰开发银行(IDB, Islamic Development Bank)也发行了 29.8 亿美元伊斯兰债券(2 期 5 年以美元计价;2 期 7 年以欧元计价);IDB 旗下的伊斯兰私营经济发展公司(ICD, Islamic Corporation for the Development of the Private Sector)也发行了 8000 万美元、2 年期伊斯兰债券。

　　现在,除波斯湾地区外,印尼,甚至非洲国家(非洲居住着约 4 亿穆斯林人口,约占全球穆斯林总人口的五分之一)如南非、尼日利亚、塞内加尔、冈比亚、苏丹等国均有成功发行伊斯兰债券的记录。非洲利用伊斯兰金融的趋势可能会进一步发展,因为几个非洲国家——包括摩洛哥、突尼斯、埃及和肯尼亚——正为伊斯兰债券发行搭建法律框架。伊斯兰债券可以通过与微观经济加强联系从而增强整体经济的稳定性,同时也是解决基础建设资金缺口的重要途径。因此,除了穆斯林国家外,越来越多的非穆斯林国家和地区近年来也开始加入到发行伊斯兰债券的行列中。2014 年 6 月,英国政府财政部成功发行了 5 年期、回报率为 2.036% 的 2 亿英镑伊斯兰债券。此次英国发行的伊斯兰债券以政府持有的 3 个地产项目为标的物,为投资者提供资产收益。中国香港特区政府于 2014 年 9 月、2015 年 6 月、2017 年 2 月先后发行了三期 10 亿美元伊斯兰债券,其中前两期均为 5 年期(收益率分别为 2.005%、1.894%),第三期为 10 年期(收益率为 3.132%)。这三批伊斯兰债券以代理安排(Wakalah)为结构,其资产的三分之一以部分香港写字楼物业内的单位作为支持,另外三分之二则以符合伊斯兰律法的商品作为支持载体。这三批伊斯兰债券均是通过香港特区政府成立及全资拥有的特殊目的公司——Hong Kong Sukuk Limited——发行,并分别于香港交易所、马来西亚的 Bursa Malaysia(Exempt Regime)及迪拜的 Nasdaq Dubai 上市。这是环球伊斯兰金融市场上首批由获得标准普尔 AAA 评级的政府推出的美元伊斯兰债券,也标志着香港地区伊斯兰资本市场发展的一个重要里程碑。香港地区是马来西亚、印尼和巴基斯坦之后亚洲第四个政府伊斯兰债券发行人。

2.3 伊斯兰基金市场

伊斯兰基金主要有伊斯兰互助基金(Islamic Mutual Funds)与伊斯兰信托基金(Islamic Unit Trusts)。

伊斯兰互助基金(Islamic Mutual Fund)就是将众多投资者的资金余额集中投资于符合伊斯兰监管的资产,由专业人士负责管理,使这一众小额投资亦能在互惠的基础下享受合理的投资回报机会。

伊斯兰信托基金(Islamic Unit Trusts),是一种"利润共享、风险共担"的集合投资方式,信托基金通过契约或公司的形式,借助发行伊斯兰基金债券的方式,将社会上不确定的多数投资者不等额的资金集中起来,形成一定规模的信托资产,交由专门的投资机构按资产组合原理进行分散投资于符合伊斯兰监管的资产,获得的收益由投资者按其出资比率分享,如果投资失败,投资人按其投资比率承担相应风险。

伊斯兰互助资金或信托资金通常会在其机构内专门设立伊斯兰监管委员会,该委员会由伊斯兰监管专家及学者组成,为基金投资提供涉及伊斯兰监管方面的专门意见以确保其投资符合伊斯兰监管。通常这类资金仅会投资于已经上市的且符合伊斯兰监管的股票和固定收益类债券,具体投资比率视其投资战略而定。

截至2017年底,伊斯兰基金数从2008年的548增加到1161,基金资产管理规模从2008年的257亿美元增加到2017年底的约667亿美元。其中沙特(37.1%)与马来西亚(31.7%)最为发达,合计占比超过三分之二。沙特伊斯兰基金主要投向为货币市场工具(46%)、大宗商品(16%)、股权基金(16%)、其他固定收益投资工具(9%)、混合投资配置(7%)和房地产(3%);而马来西亚伊斯兰基金主要投向为股权(59%)、货币市场工具(24%)、固定收益投资工具(12%)、混合投资配置(5%)。全球34个国家和地区有伊斯兰基金,其中20个在非GCC国家,基本分布如下图所示:

截至2017年底,全球伊斯兰基金的投放地域排名前三的是:

1) 全球配置:232亿美元(占比35%),这反映了全球伊斯兰基金为规避地域政治的不确定性而进行避险的需求;

2) 马来西亚:174亿美元(占比26%);

3) 沙特:126亿美元(占比19%)。

2017年伊斯兰基金资产地域分布情况

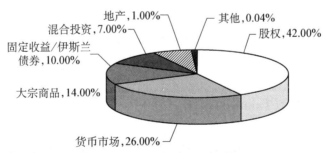

资料来源：Islamic Financial Services Board（IFSB）

2017年底，全球伊斯兰基金的投资领域主要集中在股权（42％）、货币市场（26％）、大宗商品（14％）、固定收益类产品和伊斯兰债券（10％）及其他（8％），具体分布如下图所示：

2017年伊斯兰基金资产按投资领域分布状况

资料来源：Islamic Financial Services Board（IFSB）

伴随着伊斯兰经济的发展，IFSB预计到2019年，全球伊斯兰基金规模将超过780亿美元。

2.4　伊斯兰股票市场

投资符合伊斯兰监管的股票（Shari'ah compliant stocks）具有以下特点：

——所投资的企业之核心业务必须符合伊斯兰监管的要求，且该企业之核心业务不得涉及伊斯兰监管所禁止的业务，如收取利息、贩卖酒类、猪肉制品交易、武器和娱乐业等。

——投资以 Musharakah 形式体现，即各方投资关系是建立在以股权投资为基础的契约伙伴关系上的。它与传统资本市场的股权投资有些类似，但其投资标的物必须是符合伊斯兰监管的股票、证券或其他资产，而传统金融的股权投资则无这些限制。

——伊斯兰股权伙伴合同有三种类型：一是工作伙伴合伙契约关系(Shirkah al-Amal)；二是信誉伙伴合伙契约关系(Shirkah al Wujoh)；三是资本或出资伙伴合伙契约关系(Shirkah al-Amwal)。

——Musharakah 股权伙伴关系合同的参与各方亦遵循利润共享、风险共担原则，如果投资失败，投资人按其投资比率承担相应风险。

——伊斯兰基金所投资的企业同时必须遵守特定的财务管理指标：如杠杆比率、必须偿付利息的借款比率以及不洁收入占总收入的容忍比率等不得高于伊斯兰监管委员会所设定的规定比率。

——伊斯兰监管委员会及相关审查机构将对伊斯兰基金所投资的企业的股票作定期审查，以确保其业务符合伊斯兰监管委员会设定的标准，而伊斯兰评级机构也会定期公布该股票的风险评级。举例来说，如入选道琼斯伊斯兰市场指数(DJIM, Dow Joans Islamic Market Index)、马来西亚吉隆坡伊斯兰指数(先前称 Kuala Lumpur Shari'ah Index，后改名为 FTSE Bursa Malaysia Hijrah Shari'ah Index)的所有股票均有伊斯兰评级机构的相应评级。

2.5 伊斯兰保险(Takaful)市场

伊斯兰保险(Takaful)由阿拉伯语词根 Kafala 衍生而来，意思是保证，互相保护，互相保证，互相协助，互相帮助。

伊斯兰保险的概念约有 1400 年的历史，遵从于伊斯兰监管，即穆斯林之间应该互相协作、互相帮助、共担责任，其宗旨是为参保的穆斯林提供人寿保险、财产保险和再保险服务。伊斯兰保险就是建立在互相帮助概念基础上的，每位参保人所提供的金钱捐赠都被放入一个共同互助基金中，该基金为需要资金援助的参保人提供援助。

原则上讲，伊斯兰保险与传统的互助保险最显著的不同在于伊斯兰保险的运作必须遵循伊斯兰监管，此外，伊斯兰保险要求保险基金所进行的投资活动必须符合伊斯兰监管,保险基金必须成立伊斯兰监管委员会监督其运作等。而在索赔方面也有特别的规定,如伊斯兰保险不承保有违伊斯兰监管的行为,如自杀、酗酒而亡等。

伊斯兰保险的保费可被视为参保的穆斯林为帮助其他穆斯林兄弟姐妹而对保险基金所作的捐助(捐赠),而非用于牟取利息的工具。

2.5.1　伊斯兰保险业务的类型

伊斯兰保险必须在伊斯兰监管规定的范畴内制定保障计划。参与方(投保人)通过缴纳献金(Tabarru)的方式奉献一笔资金给伊斯兰保险基金会或保险公司,同时接受一份契约(Aqad),并成为该保险基金会或保险公司的一名参与者;参与方(投保人)在签署契约时同意,在该保险基金会项下的任何一名参与方面对任何不幸事件及损害(如发生死亡、残障、财产损失等)时,与其他参与方(投保人)一起互相帮助。

为遵从伊斯兰监管有关避免"利息(riba)"和"交易的不确定性(Gharar)"的规定,伊斯兰保险业采取了与投保人共负盈亏的经营方式。因此所有投保人实际上是伊斯兰保险基金会或保险公司的合作伙伴。具体说来,投保者交给保险公司的保费被统称为保险基金,保险基金又分为互助基金和投资基金两类。互助基金所占保险基金的份额根据投保人的年龄和投保期限额从 2.5% 到 10% 不等,其余资金(90%以上)则注入到投资基金,保险费的支出则由互助基金提供。来自投资基金的盈利则根据事先约定的比率在投保人和保险公司之间进行分配。

伊斯兰保险业务可以被划分为三种类型:家庭保险(人寿保险),综合保险和再保险。

1)家庭保险(人寿保险 Takaful life policy or family Takaful):这类保险一般有一个确定的期间,比如 10—20 年。如果参保人在保单到期前遭遇不幸过世或致残失去生活能力的话,保险机构将照单赔偿;如果参保人在保单到期后遭遇不幸过世或因致残而失去生活能力的话,保险机构将不予赔偿。但是,在伊斯兰保险的架构下,参保人之前所捐献给伊斯兰保险的资金连同该资金产生的投资收益将被退回给参保人或其指定受益人,以帮助他们渡过可能出现的财务困难。

2)财产保险(Takaful non-life policy or general Takaful):包括财产保险、农业保险、责任保险、保证保险、航行等以财产或利益为保险标的物的各种保险。

3)伊斯兰保险再保险(Takaful reinsurance):也称分保,是伊斯兰保险人在原保险合同的基础上,通过签订分保合同,将其所承保的部分风险和责任向其他保险人进行保险的行为。转让业务的是原保险人,接受分保业务的是再保险人。伊斯兰保险再保险为其他保险人提供了一个可以抵御更高风险的资金池。

2.5.2 伊斯兰保险业务的发展规模

根据瑞士再保险(Swiss Re)及伊斯兰金融服务委员会(IFSB)报告显示,过往 10 年,全球伊斯兰保险市场增长明显,截至 2017 年底,全球伊斯兰保险市场保费贡献规模约为 284 亿美元(2008 年:164 亿美元),预计 2020 年将达到 300亿美元。具体如下图所示:

2008-2017年伊斯兰保险(TAKAFUL)保费收入情况

资料来源:Swiss Re Institution Economic Research and Consulting (2018), Islamic Financial Services Board (IFSB)

从伊斯兰保险市场保费贡献的地域来看,截至 2017 年底,海合会国家(GCC)占比达 44%(125.73 亿美元),中东北非地区(MENA,GCC 国家除外)占比达 32%(91.56 亿美元),东南亚占比达 10%(28.18 亿美元)。这三个地区合计占比达 86%。沙特是伊斯兰保险业最发达的国家,约占全球规模的 35% 以及海合会国家(GCC)地区的 79%。

目前海合会国家伊斯兰保险市场远未饱和,尤其是家庭保险渗透率低,且不同伊斯兰国家和地区间发展极不平衡。但由于各国监管法律不一致,缺乏有效金融工具以及专业人才,伊斯兰保险市场仍充满挑战。

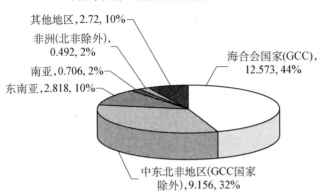

2017年全球伊斯兰保险保费贡献国家分布状况(单位：10亿美元)

资料来源：Swiss Re Institution Economic Research and Consulting (2018)，Islamic Financial Services Board (IFSB)

2.6 伊斯兰货币市场

2.6.1 伊斯兰货币市场功能及其介绍

伊斯兰货币市场(Islamic Money Market)指的是伊斯兰短期资金市场，主要指融资期限在一年以下的伊斯兰金融市场。该市场所交易的金融工具——主要包括政府、银行及工商企业发行的短期信用工具，具有期限短、流动性强和风险小的特点，在货币供应量层次划分上被置于现金货币和存款货币之后，亦被称为"准货币"。

伊斯兰货币市场的主要功能有：

1) 短期资金融通功能：主要提供一年以下期限的资金融通，为季节性、临时性资金的融通提供了便利条件。

2) 管理功能：是指通过其业务活动的开展，促使微观经济行为主体加强自身管理，提高经营水平和盈利能力。

3) 中央银行政策传导功能：中央银行实施货币政策主要是通过再贴现政策、法定存款准备金政策、公开市场业务等的运用来影响市场利率和调节货币供应量以实现宏观经济调控目标的，在这个过程中货币市场发挥了基础性作用。

伊斯兰货币市场主要由伊斯兰银行同业拆借市场、票据市场、可转让大额定期存单市场(CD 市场)、政府债券市场、消费信贷市场和回购协议市场六个子市场构成。

2.6.2 两个最有影响力的伊斯兰货币市场

目前,两个最有影响力的伊斯兰货币市场分别是:

——马来西亚伊斯兰银行间货币市场(IIMM, the Islamic Interbank Money Market of Malaysia):主要负责马来西亚国内货币市场。IIMM 成立于 1994 年 1 月,主要为符合伊斯兰监管的投资活动提供短期资金便利。马来西亚中央银行负责制定该市场的运营规章并负责其监管。目前,该市场共有 12 种货币市场工具,期限有隔夜、一周、一个月、三个月等。2017 年全年交易量约为 3.446 万亿林吉特(2016 年:3.618 万亿林吉特)。

——巴林流动性管理中心(LMC, the Liquidity Management Center): LMC 成立于 2002 年,总资本 2 亿美元,注册资本 5355 万美元,其股东分别是巴林伊斯兰银行、阿联酋迪拜伊斯兰银行、位于沙特的伊斯兰开发银行和科威特金融局,四方各占 25% 股权。2005 年,LMC 率先在伊斯兰银行间市场推出短期伊斯兰债券服务。2017 年底,总资产约为 1.49 亿美元(2016 年:1.32 亿美元)。LMC 主要通过发行短期伊斯兰债券(Salam Sukuk)为海湾地区国家的伊斯兰银行与国际性伊斯兰金融机构的中短期流动性需求提供便利,并同时为伊斯兰结构性融资、项目融资和企业融资提供咨询服务。2017 年底,该行伊斯兰债券(Sukuk)投资余额为 7346 万美元(2016 年:7354 万美元),实现盈利 214 万美元(2016 年:84 万美元),目前,该市场共发行 6 种伊斯兰债券作为货币市场工具。

2.7 伊斯兰金融衍生品市场

伊斯兰金融衍生品主要功能有:

1) 套期保值:主要是为了适应农产品或大宗商品交易双方出于规避未来商品价格波动风险的需要而创设的。

2) 价格锁定:特别是锁定某种商品的未来价格。

伊斯兰衍生工具也是在遵从伊斯兰监管规范下发展而来的。虽然在某些方面,伊斯兰衍生工具借鉴了传统衍生工具的一些基本功能,如套期保值、价格锁定等。但比较而言,伊斯兰衍生工具更像是一个结构性产品,其本质目的是为了在真实交易中避险。因为伊斯兰监管禁止投机和买卖在交易时不属于自己的商品,所以伊斯兰衍生工具里没有看跌或卖空期权。而伊斯兰看涨期权则可被当作客户为将来购买某项资产而预付的定金。

从结构上来看,伊斯兰结构性产品将其投资组合中的大部分资金投资在固定收益产品上,将小部分资金(例如从固定收益中所得到的回报资金)投资在期权上,因此可以组合出保本投资等新的投资产品,从而可以降低投资者所承受的风险,使投资本金获得一定保障,而投资看涨期权的部分可借助期权的杠杆效果获取较高的利益,可以为不满足于获取固定收益的投资者提供新的投资渠道。

2.7.1　伊斯兰金融衍生品市场发展所面临的问题

在全球各地的伊斯兰监管委员会中,伊斯兰学者们对于伊斯兰金融衍生品交易仍存在较大争议。一些伊斯兰金融市场人士对伊斯兰金融衍生品的交易充满怀疑,认为从事金融衍生品交易不符合伊斯兰监管,因为伊斯兰监管禁止投机和买卖在交易时不属于自己的商品。

而且目前伊斯兰金融衍生品市场缺乏统一的标准,客户需求发现、产品设计、伊斯兰监管委员会对产品进行审查及批准、文件准备等各环节都费时费力。

从总体看来,构建伊斯兰金融衍生品市场仍将是一个缓慢的过程,在可预见的未来,可以判断,伊斯兰金融衍生品市场还将继续落后于伊斯兰银行业和债券业的发展。

2.7.2　伊斯兰金融衍生品交易如何遵守伊斯兰监管

伊斯兰监管不允许经营以钱生钱的生意,其中的一个理由是,这将会导致人们积聚钱财,而不是将资金投入到实体经济当中,不利于促进经济的发展。伊斯兰监管禁止高利贷或超额利息、不必要的不确定性(Gharar)和投机。伊斯兰监管也禁止债务工具的交易。

此外,伊斯兰监管还有其他的规定,例如标的物资产(基础资产)要合法,不允许以酒、武器、赌博或猪肉等作为标的资产。此外,进行伊斯兰衍生品交易还有一些固有的问题。例如,你不能出售你不拥有的东西(但也允许个别例外);交易须以实体经济及真实市场价格为基础,而不是人为的估价。即使伊斯兰衍生品的设计遵守伊斯兰监管,一些伊斯兰学者仍拒绝接受伊斯兰金融衍生品交易。

因此,当人们从事结构性衍生品交易的时候,明显会产生问题。伊斯兰金融衍生品交易如何做到遵守伊斯兰监管呢? 一些伊斯兰金融家和投资者不认为伊斯兰金融衍生品交易能够遵守伊斯兰监管,但市场上存在着与金融衍生品具有类似功能的产品,这是因为对伊斯兰监管持有不同观点的有好几个学派。伊斯兰逊尼派(Sunni)学者和什叶派(Shia)学者存在最大的分歧,在这两个学派内部,还有更细分的小学派。这意味着一个金融工具被一些伊斯兰学者接受,但有可能被另一些伊斯兰学者拒绝。

2.7.3　对交易动机的怀疑

另一个主要的问题是使用金融衍生品的方式。从伊斯兰教的观点看,承担经营风险或获得利润都是允许的,因此,伊斯兰金融是基于风险共担、回报共享基础上的。

从这一点看,伊斯兰企业可以通过利用金融衍生品交易进行套期保值,减少风险。但许多投资者对从事金融衍生品交易很谨慎,因为在资本市场上,金融衍生品通常是被用来作为投机的工具。

在伊斯兰监管委员会,伊斯兰学者有两项主要工作,一是对源于其所在的伊斯兰金融机构自身设计的产品的伊斯兰监管合规性及合法性进行裁决;二是对来源于任何第三方伊斯兰金融机构的产品的伊斯兰监管合规性与合法性进行裁决。因为对伊斯兰监管理解的不同,造成了伊斯兰金融在区域发展上的不同。人们通常认为马来西亚的限制较少,而且马来西亚已经发展成为遵守伊斯兰监管的重要金融中心,经常就伊斯兰金融市场发展提出新的发展建议。而中东的伊斯兰金融市场更保守一些,在伊斯兰监管方面的要求也更加严格。

如何说服伊斯兰学者,市场对伊斯兰金融衍生品交易有真正的需求也是个问题,因为,任何伊斯兰金融产品的合法性都必须由伊斯兰学者组成的伊斯兰监管委员会决定。银行和其他机构设计的金融产品的合法性可以由其内部的伊斯兰学者决定,也可以由定期召集的外部伊斯兰学者会商决定批准或否决其金融产品创新。

2.7.4　缺乏统一的标准

制约伊斯兰金融衍生品交易发展的另一个因素是合约缺乏标准化。每一个伊斯兰金融产品都需要大量的支持文件,这既浪费交易时间,又增加了交易费用。

为了统一标准,国际掉期及衍生品协会(ISDA)和国际伊斯兰金融市场(IIFM)合作出台了一个主文件(master document),以减少产品所涉及的文件数量,从而减少达成每笔交易所需要的时间。该伊斯兰主文件就相当于在场外市场中广泛使用的ISDA主协议(ISDA Master Agreement)。目前国际伊斯兰金融市场(IIFM)已经出台的 10 个相关文件[1]主要涵盖了财资风险主合同、对冲交易主合同、回报率掉期、机构间交易、回购及抵押等方面。

2.7.5　伊斯兰金融衍生工具和衍生品市场

基于上述原因,伊斯兰金融衍生品市场现在还属于萌芽阶段,交易群体的形成需要时间,特别是目前市场参与者都非常谨慎。

为了应对伊斯兰基础产品中所蕴涵的信用风险或违约风险,伊斯兰金融机构设计出一系列伊斯兰结构性产品和衍生金融工具用于规避风险。这些产品和工具主要包括:远期合同(Salam)、期货交易合同(W'ad)、看涨期权('Urban)以及互换和掉期等。

目前,大多数伊斯兰金融衍生品设计采用的是穆拉巴哈制(Murabahah)。穆拉巴哈制(意思是加价贸易)是指买卖双方订立合同,卖方向买方出售商品,交易价格按照卖方实际成本加上利润,买方按此价格付款,但可以享受延期付款的优惠。穆拉巴哈制在伊斯兰金融业,例如在流动性管理领域得到了广泛运用。虽然穆拉巴哈制是迄今运用最多的衍生金融工具,但所面对的市场很小,而这种金融工具一度也遭到很多争议。

其他伊斯兰金融衍生工具还包括商品穆拉巴哈制合约(commodity Murabahah products)项下交易的利率掉期交易,这种交易是基于商品穆拉巴哈制合约。

商品穆拉巴哈制是指客户以延期付款的方式按照成本加利润的价格从金融机构购买商品,然后马上以成本的价格将商品卖给第三方。当交易到期时,金融机构账户有正的余额,即商品穆拉巴哈交易产生的回报(利润)。通过上述安排,而客户以支付给银行一定回报的代价取得了短期信贷安排。

而在利率掉期应用方面,达成商品穆拉巴哈制合约交易的利率掉期交易双方,一方采用固定利率,另一方采用浮动利率。例如,一笔交易期限是三年的交易,每六个月发生一次互换现金流,利率掉期交易的双方需要达成一个每六个月分期付款一次的商品穆拉巴哈制合约交易。

---

[1] Master Agreement for Treasury Placement (MATP); ISDA/IIFM Tahawwut (Hedging) Master Agreement (TMA); ISDA/IIFM Mubadalatul Arbaah (MA) (Profit Rate Swap); IIFM Standard on Interbank Unrestricted Master Investment Wakalah Agreement; IIFM Standard Agreements Adaptation Procedures & Policies for Institutions; IIFM Reference Paper on I'aadat Al Shira'a (Repo Alternative) and Collateralization; IIFM Master Collateralized Murabahah Agreement.

总体来说,伊斯兰结构性产品还处于萌芽状态,以下这三种是最常见的伊斯兰结构性产品,主要用于符合伊斯兰监管的经营活动,目的是套期保值,规避风险:

远期销售或预付款销售(Salam)	此类合同项下的商品价格通常较为波动。买家在签约日就支付预付款从而锁定商品价格,以规避商品价格上涨的风险。该类合同设有严格的条件(例如约定商品的数量、质量和合理的交货条件等),以确保合同的约束性和法律上的可强制执行性。
看涨期权('Urban)	在买卖双方签订有效合同后,买方即支付给卖方期权费(首付款——'Urban),双方约定买方藉此可以在未来某特定时期从卖方处购入某种商品,该款项代表了买方购买该商品的承诺。如果合同到期日买方行使该权利,则该期权费将被视为买方的首付款,视为购买商品总价的一部分。买方只需付清剩余款项后,即可获得该商品所有权。如果合同到期日买方放弃行使该权利,则该期权费将被卖方没收,作为补偿。
期货交易(Wa'd)	由一方对另一方所作出的单方面承诺,确定在未来某一特定时期以事先约定好的价格(即履约价格)向对方购买或出售一定数量的特定标的物的义务。

伊斯兰套期保值工具的二级市场复杂得多,如果一方想要退出交易,接替的一方需要直接与最初的交易对手方达成一笔新的交易。

2.8 伊斯兰银行支付清算体系

伊斯兰银行支付清算系统(Islamic Banking Payment and Clearing system),也称伊斯兰支付系统(Islamic Payment System),是一个负责伊斯兰国家或地区对交易者之间的债权债务关系进行清偿的系统。具体来讲,它是由提供支付服务的中介机构或监管机构(通常为所在国中央银行或其指定机构)、管理货币转移的规则、实现支付指令传递及资金清算的专业技术手段共同组成的一个完整的清算体系,用以实现债权债务清偿及资金转移的一系列组织和安排。

就某个单一伊斯兰国家而言,支付清算体系是该国中央银行向金融机构及社会经济活动提供资金清算服务的综合安排。

2.8.1　支付清算体系的核心原则：

国际清算银行①为银行的支付清算体系引进了一系列核心原则,具体如下:

1)该体系有超越于各主权机构的坚实的法律基础;

2)参与银行对该体系的各项规章制度充分理解;

3)该体系就如何应对信用风险和流动性风险有清晰的规章制度;

4)该体系就清算日当天的结算资产的市场定价有快速而清晰的界定;

5)如涉及到多方交易,该体系可协助各方在结算日快速平盘;

6)涉及清算的资产应在参与国中央银行名下,且不应有信用和流动性风险;

7)有应对安全性和操作性风险的应急机制;

8)该体系所提供的清算体制应是简便易行且有效率的;

9)该体系应为各参与方提供客观、公开、透明的参与标准;

10)该体系的管控机制应该透明、有效和可靠。

伊斯兰支付清算体系在遵循上述核心原则的同时,还有自己的特点。

2.8.2　符合伊斯兰监管的伊斯兰银行支付清算体系

伊斯兰金融机构会计与审计组织(AAOIFI)借鉴了传统银行支付清算体系的架构和经验,在对债务清偿等方面作了进一步的详细规定后,制定出一整套在实际运作中符合相关伊斯兰监管的伊斯兰银行支付清算体系。

对于那些处于双轨制监管体系下的伊斯兰银行来说,是否要用两套不同的清算系统?对此,伊斯兰监管委员会并未作此要求,因为伊斯兰学者认为,债务支付系统是对债务人的借记动作,至于债务人用于还债的资金来源是否符合伊斯兰监管,与伊斯兰银行支付清算系统无关。但就伊斯兰银行而言,它们需要在银行内部将传统交易和伊斯兰交易区分进行,并分别报告。

以马来西亚支票清算系统为例,该国央行(马来西亚中央银行,BNM, Bank

---

① Bank of International Settlement(BIS),国际清算银行是英、法、德、意、比、日等国的中央银行与代表美国银行界利益的摩根银行、纽约和芝加哥的花旗银行组成的银团,根据海牙国际协定于1930年5月共同组建的。刚建立时只有7个成员国,现成员国已发展至41个。国际清算银行最初创办的目的是为了处理第一次世界大战后德国的赔偿支付及其有关的清算等业务问题。二次大战后,它成为经济合作与发展组织成员国之间的结算机构,该行的宗旨也逐渐转变为促进各国中央银行之间的合作,为国际金融业务提供便利,并接受委托或作为代理人办理国际清算业务等。国际清算银行不是政府间的金融决策机构,亦非发展援助机构。

Negara Malaysia)实行的是双轨制监管体系。BNM 要求其境内所有银行,不论是传统银行还是伊斯兰银行,均需要在 BNM 开立资金托管账户(或称 Wadiah 账户)。在每个清算日终,BNM 要求所有银行应将其头寸通过该 Wadiah 账户进行平盘。为管理银行间流动性,BNM 负责发行伊斯兰证券或存单,由各银行购买存放于 BNM。

如某银行遇到头寸不足,BNM 则负责通过回购该行所购买的伊斯兰证券或存单以提供临时性资金支持。在渡过头寸短缺危机后,该银行则应遵守承诺,按照与 BNM 事先达成的协议再将存款以协议价格购买 BNM 发行的伊斯兰证券或存单,并存入其在 BNM 开立的资金托管账户,同时支付一定的托管费用给 BNM。

在日常同城商业支票清算当中,对于账户透支的处理,伊斯兰银行与传统银行也有所不同。第一,它们可以选择退票,这一点与传统银行一致;所不同的是,伊斯兰银行也可以选择为客户提供一种无息贷款(Qard/Hassan:Interest-free loan),使其支票得以兑付。因为伊斯兰监管不允许收取利息,所以该贷款是无息的;但因此受惠的客户应按照伊斯兰惯例,在事后支付给银行一份安排费作为回报。

对于国际支付清算,因涉及到不同的币种,根据伊斯兰监管,银行应争取实现及时交易。但因现实交易中存在的困难,不迟于 3 日(即 T+2 亦被视为现货交易)也被市场普遍接受。

2.9 全球伊斯兰金融中心,花落谁家

目前,全球伊斯兰金融市场(特别是伊斯兰债券市场)出现了三强争霸的局面,它们分别是马来西亚的吉隆坡、阿联酋的迪拜和英国的伦敦。

这个三个城市的优势分别是:

1)马来西亚首都吉隆坡以对伊斯兰金融的有效监管著称,2001-2017 年,马来西亚共分销了 5711 只国际伊斯兰债券(Sukuk),金额超过 6123 亿美元,占全球发行量的 62%。并且其国内以本地货币——马来西亚林吉特(MYR)计价的伊斯兰债券市场巨大,2001-2017 年,共发行了 5627 亿等值美元的以 MYR 计价的伊斯兰债券,占全球伊斯兰债券以本币计算的发行量的 57%,并吸引了不少国外债券发行人到马来西亚发行以林吉特计价的伊斯兰债券。2017 年底,马来西亚伊斯兰债券市场存量达 2221 亿美元,占全球市场规模的 51%。2001

—2017 年,马来西亚共发行了 90 只国际伊斯兰债券(Sukuk),金额超过 544 亿美元,全球占比约为 29.04%。马来西亚的优势在于当地有充满活力的伊斯兰债券市场和健全的金融和法律体系。仅 2017 年一年,吉隆坡共分销了 515 只国际伊斯兰债券,金额达 421 亿美元,占全球发行量的 53%。

2) 阿联酋的迪拜是富有的海湾地区的金融中心,并已经高调宣布要进军伊斯兰金融市场,迪拜的大型国企也非常支持这一国家战略。2001—2017 年,迪拜共分销了 110 只国际伊斯兰债券(Sukuk),金额超过 718 亿美元,占全球发行量的 7.34%。2017 年底,迪拜伊斯兰债券市场存量达 338 亿美元,占全球市场规模的 7.78%。2001—2017 年,迪拜发行了 96 只国际伊斯兰债券(Sukuk),金额超过 636 亿美元,全球占比约为 29.04%。此外,迪拜具有了创业的文化氛围,已经是中东地区最高级的传统银行业中心,且迪拜以其独特的市场定位和对中东、北非地区日益增强的辐射力,已然成为中东地区的金融中心。

3) 英国首都伦敦长期以来就是国际金融机构发行伊斯兰债券的默认地。

而三城亦各有其劣势,具体看来:

1) 吉隆坡,马来西亚的伊斯兰金融普世性在伊斯兰世界还颇有争议。从传统来看,马来西亚最有影响力,因为其监管机构的集中式(双轨制)的监管模式最大限度地减少了伊斯兰金融机构中的伊斯兰监管委员会中不同学派对监管阐述的纷争。但是有一些海湾国家的伊斯兰学者认为马来西亚的监管过于宽松,和传统金融业太相近,不是纯粹的伊斯兰金融。

2) 迪拜,伊斯兰金融市场的广度和深度有待拓宽。迪拜目前在伊斯兰债券发行量与存量方面均只有全球市场的 7%—8%,市场深度有限,但前景广阔。

3) 伦敦,英国不在伊斯兰国家之列,对伊斯兰世界的辐射范围小,影响小,而且对伊斯兰金融感兴趣的欧洲客户始终是有限的。从长期来看,伦敦的机会最小。

此外,在中东,迪拜的近邻——巴林也是其最主要的竞争对手。目前,巴林已聚集了全球密度最高的伊斯兰金融机构,包括超过 30 家伊斯兰银行和伊斯兰保险及再保险公司。巴林还是多家致力于推动伊斯兰金融政策和监管的国际机构的大本营,包括伊斯兰金融机构会计和审计组织(AAOIFI)、国际伊斯兰市场(IIFM)、伊斯兰银行和金融机构总理事会、伊斯兰国际评级机构(IIRA)、汤姆森路透全球伊斯兰金融中心和德勤伊斯兰金融知识中心,这使得巴林成为伊斯兰金融的知识、信息和培训中心。

单就对中东、北非区域影响力来说,沙特的利雅得也是迪拜有力的潜在竞争对手。举例来说,2001—2017 年,沙特共发行了 50 只国际伊斯兰债券(Sukuk),

金额超过 389 亿美元,全球占比约为 17.78%。2001-2017 年,沙特共分销了 122 只国际伊斯兰债券(Sukuk),金额超过 952 亿美元,占全球发行量的 9.72%。且其国内以本地货币——沙特里亚尔(SAR)计价的伊斯兰债券市场巨大,2001-2017 年,共发行了 562 亿等值美元的以 SAR 计价的伊斯兰债券,超过全球伊斯兰债券、以本币计算的发行量的 5.7%。2017 年底,沙特伊斯兰债券市场存量达 794 亿美元,占全球市场规模的 18.27%。沙特目前在伊斯兰债券发行量与存量方面均已超过迪拜。但因其自身金融市场较为封闭,对国际投资者的吸引力不如迪拜,其伊斯兰债券发展前景与国际影响力有待观察。

从目前的发展现状来看:

1) 马来西亚吉隆坡,在推动伊斯兰金融发展方面,将继续在穆斯林国家当中扮演领导者的角色。即将在东南亚、中东与北非推行的基建工程,将促进马来西亚在未来继续引领伊斯兰债券市场。而且,马来西亚的金融创新能力和服务覆盖面广,举例来说,马来西亚政府旗下的投资公司 Khazanah Nasional Bhd 甚至早在 2011 年就发行了全球首宗以人民币为面值的伊斯兰债券(债券规模为 5 亿元人民币;期限为 5 年期)。但自 2015 年起,马来西亚在东南亚地区面临来自印尼的有力挑战。举例来说,2001-2017 年,印尼发行了 15 只国际伊斯兰债券(Sukuk),金额超过 135 亿美元,全球占比约为 6.16%。印尼伊斯兰债券市场存量达 463 亿美元,全球市场占比约为 10.66%。2001-2017 年,印尼共分销了 244 只国际伊斯兰债券(Sukuk),金额超过 628 亿美元,占全球发行量的 6.41%。并且其国内以本地货币——印尼卢比(IDR)计价的伊斯兰债券市场巨大,2001-2017 年,共发行了 493 亿等值美元的以印尼卢比计价的伊斯兰债券,超过全球伊斯兰债券以本币计算的发行量的 5.0%。马来西亚较印尼的比较优势在于其健全的金融和法律体系以及充满活力的、具有国际吸引力的伊斯兰债券市场。

2) 阿联酋迪拜,各国选择迪拜发债是因为迪拜具有世界水平的股市和先进的管理系统,并能为伊斯兰金融业提供高质量的解决方案。此外,迪拜还积极仿效马来西亚,着手建立伊斯兰金融教育体系,为伊斯兰金融业发展输送人才。迪拜从 2014 年一举超越伦敦,紧追马来西亚的吉隆坡,成为全球伊斯兰债券的第二大发行地。但在 2016-2017 年,被异军突起的沙特赶超,截至 2017 年底,迪拜(338 亿美元,全球占比:7.78%)在伊斯兰债券市场存量方面显著落后于沙特(794 亿美元,全球占比:18.27%),甚至落后于印尼(463 亿美元,全球占比:10.66%)。此外,阿联酋国内以本地货币——阿联酋第那姆(AED)计价的伊斯兰债券市场较小,2001—2017 年,共发行了 82.5 亿等值美元的以 AED 计价的伊斯兰债券,仅占全球伊斯兰债券以本币计算的发行量的 0.84%。

3) 英国伦敦,早在 2014 年,在伦敦市场上已经上市的伊斯兰债券的价值已达 380 亿美元,有 53 只伊斯兰债券在伦敦证券交易所上市。在英国有 22 家银行提供伊斯兰金融产品和服务(伊斯兰金融资产超过 45 亿美元,其中 5 家的运作完全符合伊斯兰监管的要求),这一数量超过任何其他西方国家,并有望进一步增长。英国政府已经把未来城市发展的远景重点放在伊斯兰国家高速增加的财务中心和蓬勃发展的亚洲市场上。截至 2014 年底,在伦敦发行上市的伊斯兰债券总额为 210.6 亿美元左右。2016 年 2 月,英国央行表示,正在研究如何向伊斯兰银行开放其现金便利,如果正式执行,该行将成为全球第一个提供此类服务的主要央行。英国央行的征求意见稿中提出了一系列可能的方案,它们是从穆斯林国家以及其他已在使用符合伊斯兰法律的金融工具的国家征集而来。其中一项方案是建立一只伊斯兰债券基金,以发放利润的方式取代利息;而根据另一项方案,英国央行将以溢价从伊斯兰银行手中购买大宗商品。该计划也是英国力争使伦敦成为伊斯兰金融业在西方世界首选目的地的一项新举措,这将有助于伦敦保持其全球重要金融中心的地位。此外,在英国还有 68 个机构提供伊斯兰金融培训及教育。伦敦金融业对伊斯兰金融的平均认知程度达 16.2,远高于其他西方国家(2.5),并高于全球的平均水平(10.3)。2016 年的英国脱欧公投(BREXIT)可以说是伦敦伊斯兰金融中心梦想破灭的开始。大量国际性金融机构开始考虑在伦敦之外设立第二总部。截至 2017 年底,伦敦伊斯兰债券市场存量仅为 5.53 亿美元,约占全球伊斯兰债券市场规模的 0.127%,甚至显著低于欧洲的土耳其(123 亿美元,2.839%)。可以说,伦敦已经退出了全球伊斯兰中心的争夺。

目前,哪个金融中心会胜出还取决于其能否在伊斯兰金融业树立一个"思想领导"的地位,为行业统一创立标准和架构。这些规范既能为不同区域接受,也能为全球伊斯兰金融业所普遍接受。两个城市(吉隆坡、迪拜)竞争的核心板块不仅是伊斯兰债券发行,还有其他领域如伊斯兰保险(Takaful)和伊斯兰资产管理。

总结:

本章主要介绍了:

——伊斯兰资本市场体系

——伊斯兰债券(Sukuk)市场

——伊斯兰基金市场

——伊斯兰股票市场

——伊斯兰保险(Takaful)市场

——伊斯兰货币市场

——伊斯兰金融衍生品市场

——伊斯兰银行支付清算体系

——全球伊斯兰金融中心

伊斯兰金融结合了社会责任和信仰为本的道德原则,可以被看作是金融和信仰的混合物。在建立世界伊斯兰金融中心的过程中,马来西亚的吉隆坡、阿联酋的迪拜、巴林的麦纳麦以及沙特的利雅得都有机会。其成功的关键在于能否树立一个符合伊斯兰监管且为广大伊斯兰世界所认同的伊斯兰金融思想及一整套相关金融标准。

目前伊斯兰金融衍生品市场还处于萌芽状态,而伊斯兰保险市场规模也有待发展。统一的市场标准、统一的伊斯兰监管解释以及通晓伊斯兰监管的金融专才的匮乏制约了该市场的快速发展。

第三章

伊斯兰银行体系及监管概述

本章主要介绍

- 全球伊斯兰银行发展之重大事件
- 伊斯兰银行之市场现状
- 伊斯兰银行监管之法律框架
- 伊斯兰银行监管之公司治理
- 伊斯兰银行监管之风险管控
- 伊斯兰银行监管之标准设计
- 伊斯兰金融风险类别与特点
- 伊斯兰信用风险管理工具

3.1 全球伊斯兰银行发展之重大事件

从 1963 年第一家伊斯兰银行在埃及成立至 2017 年,全球伊斯兰银行业取得了长足的发展,其中的重大事件如下图所示:

从下图可以看出,进入二十一世纪后,全球伊斯兰银行业开始加速发展,有三个显著的特点:

1) 国际性伊斯兰机构的建立及其对伊斯兰金融标准化建设的推进;

2) 伊斯兰金融产品日益丰富且主要金融中心(如伦敦及香港)的积极参与;

3) 伊斯兰金融中心(如吉隆坡、迪拜)积极配合推进人民币的国际化进程(特别是自 2014 年以来)。

伊斯兰银行业发展重大事件1963–2016年

第一家伊斯兰银行在埃及成立	1963	
伊斯兰开发银行(IDB)在沙特吉达成立,致力于伊斯兰经济发展与社会进步	1975	迪拜伊斯兰银行(DIB)依据普通法成立,在海湾地区率先开展伊斯兰银行业务
伊朗境内银行开始实行100%伊斯兰运管体系	1983	马来西亚针对伊斯兰金融进行综合立法
伊斯兰会议组织(OIC)伊斯兰教义解释委员会宣布伊斯兰保险合法化	1985	
苏丹境内银行开始实行100%伊斯兰运管体系	1989	
伊斯兰金融机构会计与审计组织(AAOIFI)成立	1991	
国际伊斯兰金融市场(IIFM)成立	2001	伊斯兰银行和金融机构总理事会(GCIBFI)成立
伊斯兰金融服务委员会 (IFSB)成立	2002	流动性管理中心(LMC)成立;伊斯兰国际评级代理机构(IIRA)成立
国际伊斯兰和解与商业仲裁中心(IICRCA)成立	2003	
伊斯兰金融服务委员会(IFSB)针对伊斯兰金融机构引进Basel II相关合规标准和要求	2005	伊斯兰银行和金融机构国际仲裁中心(AACIFI)成立
国际伊斯兰流动性管理中心成立(IILM)成立	2010	印尼销售第一只零售型伊斯兰债券
马来西亚公司发行5亿人民币伊斯兰债券	2011	
阿联酋发行全球第一只Basel III合规性伊斯兰债券	2012	中国香港特别行政区政府首次发行10亿美元伊斯兰债券中国农业银行在迪拜发行10亿人民币伊斯兰债券
英国财政部首次发行2亿英镑伊斯兰债券	2014	
中国企业碧桂园在马来西亚发行以马来西亚林吉特计价的伊斯兰债券(=USD27M)	2016	BUSA MALAYSIA-I:马来西亚证交所成立全球第一家符合伊斯兰监管的网上投资平台
IIFM 单年sukuk发行超过98亿美元	2017	

3.2 伊斯兰银行之市场现状

截至 2017 年 6 月底,全球伊斯兰银行资产规模近 1.56 万亿美元,其占比按国家分布如下图所示:

从图可以看出,排名前 16 位的均为信仰伊斯兰教的国家,占比达 98.6%;

2017年6月底全球伊斯兰银行业资产国家分布状况(单位：10亿美元)

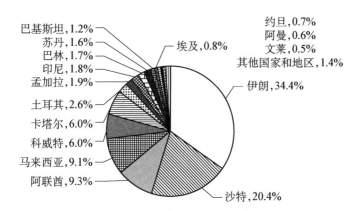

其中海湾地区(包括伊朗和 GCC 国家,主要得益于充沛的石油美元收入)共有 7 国上榜,占比达 78.4%(约合 1.22 万亿美元)。具体而言,伊朗伊斯兰银行资产占比约占全球规模的 34.4%;紧随其后的是沙特(20.4%)、阿联酋(9.3%)、马来西亚(9.1%)、科威特(6.0%)、卡塔尔(6.0%),这 6 国伊斯兰银行资产规模在全球占比超过了 85.3%(约合 1.33 万亿美元);其他国家合计不到 15%,其中排名较为靠前是土耳其(2.6%)、印尼(1.8%)、巴林(1.7%)、苏丹(1.6%)和巴基斯坦(1.2%)。

3.3　伊斯兰银行监管之法律框架

如前章所述,《古兰经》《圣训》、伊斯兰监管及其相关解释是伊斯兰金融的基石。除此之外,从伊斯兰金融立法的角度来看,马来西亚、伊朗、苏丹、印尼和巴基斯坦更为积极,领先于其他国家。伊朗早在 1980 年代就将其境内银行运管机制转换为 100% 的伊斯兰体系;苏丹、巴基斯坦早先也曾做过这方面的努力,试图将其境内银行运管机制转换为 100% 的伊斯兰体系,但因种种原因,在 2001 年后逐步后撤,其现行体系为伊斯兰金融和世传统俗金融混合共生的平行机制;而这种体系同样为沙特、阿联酋、科威特、卡塔尔、巴林、土耳其和约旦等伊斯兰国家所采用。

3.3.1　伊斯兰银行体系的基本类型

目前,伊斯兰银行体系主要有以下三种类型:

体系	特点及国家分布
纯粹的伊斯兰银行体系	国家要求其境内所有银行之运营必须遵照伊斯兰监管的要求
	伊朗、苏丹、巴基斯坦(1985—2001年)
双轨制的伊斯兰银行体系	国家对其境内伊斯兰银行之运营有专门立法
	马来西亚、文莱、印度尼西亚
平行制的伊斯兰银行体系	国家对其境内伊斯兰银行之运营没有专门立法,但在一般金融市场法规下有针对伊斯兰金融的相关规定
	沙特阿拉伯、阿联酋、科威特、卡塔尔、巴林、约旦、英国、新加坡、巴基斯坦(2001年后)

3.3.2　伊斯兰银行运行架构的主要类型

从伊斯兰银行运行架构观察,目前主要有以下三种类型:

架构类型	主要银行
传统世俗银行下设伊斯兰金融分支机构及/或下设伊斯兰金融服务窗口	Bader, Emirates Islamic Bank, First Gulf Bank, RHB Islamic Bank, ABN AMRO, HSBC Amanah, AFFIN Islamic, Arab Banking Corporation
由传统世俗银行转型为伊斯兰银行	Bank Aljazira, Sharjah Islamic Bank, Dubai Bank, Kuwait International Bank, Bank Muamalat, Meezan Bank, Kauthar Bank
新设立的伊斯兰银行	NOOR Islamic Bank, Albaraka Banking Group, Alinma Bank, Kuwait Finance House, The Bank of Khyber, Asian Finance Bank

3.3.3　有针对伊斯兰银行立法的国家及其相关法律、法规

目前,有13个国家有专门的伊斯兰银行立法(或在一般法律框架下有针对伊斯兰金融的相关规定),其中具体国家及其相关法律、法规如下表所示:

国家	相关法律、法规
马来西亚	Islamic Banking Act 1983; Central Bank of Malaysia Act 2009; Banking and Financial Institution 1989 (S. 32; S. 124); Government Funding Act 1983; Development Financial Act 2002(S. 129); Takaful Act 1984
沙特阿拉伯	Saudi Arabia Banking Law 1966

续表

国家	相关法律、法规
科威特	Central Bank of Kuwait Law No. 32 1968：Section 10；Central Bank of Kuwait Law No. 33 1968（amended 2003）；Central Bank of Kuwait Law，Article 86；Central Bank of Kuwait Law，Article 93
阿联酋	Dubai Islamic Finance Centre Islamic Finance Law；Federal Law No. 5,1985；Federal Law No. 6,1986；Federal Law No. 10,1980；Dubai Law No. 9,2004
巴林	Central Bank of Bahrain 2006；Central Bank of Bahrain,Rulebook，Manama，2010；Section CA－3，Decree No. 64,2006
巴基斯坦	Banking and Financial Services Ordinance，1984；Banking Control Department Circular No. 13,1984；Modaraba Companies and Modarabas Ordinance 1980；Modaraba Companies and Modaraba Rules 1981；Banking and Financial Services Ordinance 1984；Banking Tribunal Ordinance 1984；Banking Companies Ordinance 1962（S. 32. 1－2002）；Presidential Order to the Local Council of Islamic Ideology 1977
土耳其	Decree No. 18112，dated 22/7/1983；Decree No. 70 for the establishment of banks；Decree No. 83/7506 dated 16/12/1983 for the establishment of Special Finance Houses in Turkey
印度尼西亚	Banking Act No. 21,2008；Banking Act No. 23,1999（amended Act 3,2004）；Banking Act No. 72,1992；Banking Act No. 7（amended Act 10,1998）
伊朗	Usury-Free Baking Operations Law 1983
苏丹	Comprehensive Peace Agreement（CPA）；Banking Business Regulation Act 1991；Central Bank of Sudan Act 2002（amended in 2006）
约旦	Banking Law No. 28,2000
新加坡	MAS Notice 640；MAS Notice 613；MAS Notice 626；MAS Notice 637；MAS Notice 612；Banking Act（S. 29，S. 33）
英国	Financial Services and Markets Act 1999；Finance Acts 2007；Finance Acts 2006；Finance Acts 2005；Finance Acts 2003

　　总体而言,除沙特、约旦、英国和新加坡外,其他伊斯兰银行业核心国家都有针对伊斯兰银行的专门立法或相关规定,其中马来西亚在这方面的法律体系领先于其他国家。

3.3.4　各主要国家伊斯兰机构监管概览

　　具体而言,伊斯兰银行业核心国家之运管体系如下表所示:

伊斯兰金融与伊斯兰银行业概述

监管条例	马来西亚	伊朗	巴林	沙特	巴基斯坦	土耳其	印尼	苏丹	科威特	阿联酋	约旦	新加坡	英国
伊斯兰金融体系类型	双轨制	纯粹制	平行制	平行制	纯粹制（2001年后转双轨制）	平行制	双轨制	纯粹制	平行制	平行制	平行制	平行制	平行制
有针对银行的专门立法	√	×	×	×	×	×	×	√	×	×	×	×	×
在一般立法项下有针对伊斯兰银行的具体规定	√	×	√	√	√	×	√	√	√	√	√	×	×
有针对伊斯兰银行的具体监管措施	√	√	√	√	√	×	√	√	√	√	√	√	√
在一般监管条例下有针对伊斯兰银行的具体规定	√	×	√	×	×	×	√	√	×	×	√	×	×
有针对伊斯兰资本市场的专门立法	×	×	×	×	×	×	×	×	×	×	×	×	×
在一般立法项下有针对伊斯兰资本市场的具体规定	√	×	×	×	×	×	√	√	√	√	√	×	×
有针对伊斯兰资本市场的具体监管措施	√	×	√	×	×	×	√	√	×	√	√	×	×
有针对伊斯兰资本市场的具体监管措施	√	×	×	√	√	×	√	√	×	×	√	×	×
在一般市场监管通则项下有针对伊斯兰资本市场监管规定	√	√	√	√	√	×	√	√	√	√	√	√	×
一般立法和监管通则具有监管适用性和法律强制执行力	√	√	√	×	√	×	√	√	√	√	√	√	√

续表

监管条例	马来西亚	伊朗	巴林	沙特	巴基斯坦	土耳其	印尼	苏丹	科威特	阿联酋	约旦	新加坡	英国
在中央银行或金融机构设有伊斯兰教义委员会	SAC/SC	COG	NSB/SSC	x	SB/SA	x	SSB	HSSB	SSB	HAS/SSA	SB	SA	SA
有适用的伊斯兰教义统一标准(或最高权威机构)	SAC/SC	COG	NSB	x	SB	x	NSB	SB	SSB	NSB	SB	x	x
有适用的会计标准	AAOIFI/MASB	AAOIFI	AAOIFI	AAOIFI	AAOIFI	IAS	AAOIFI	AAOIFI	AAOIFI	AAOIFI	AAOIFI	IAS	IAS
有相关税务规定	v	v	v	v	v	v	v	v	v	v	v	v	v
监管机构	Bank Negarfa Malaysia	Central Bank of Iran	Bahrain Monetary Authority	Saudi Arabia Monotory Authority	State Bank of Pasistan	Central Bank of Turkey	Bank Indonesia	Bank of Sudan	Central Bank of Kuwait	DFIC, Central Bank of UAE	Central Bank of Jordan	Monetary Authority Singapore	Financial Services Authority

资料：各国中央银行网站及其年报
备注：
v表示有；x表示没有
AAOIFI=Accounting anc Auditing Organization for Islamic Financial Institutions,伊斯兰金融机构会计与审计组织
COG=Council of Guardian,监管委员会
HSA=Higher Shari'ah Authority,高级伊斯兰教义局
HSAB=Higher Shari'ah Authority Board,高级伊斯兰教义局董事会
IAS=International Accounting Standard,国际会计准则
MAS=Malaysian Accounting Standard,马来西亚会计准则
NSB=National Shari'ah Board,国家伊斯兰教义委员会
SA=Shari'ah Advisor,伊斯兰教义顾问
SB=Shari'ah Board,伊斯兰教义董事会
SC=Shari'ah Committee,伊斯兰教义委员会
SAC=Shari'ah Advisory Council,伊斯兰教义顾问教义委员会
SSA=Shari'ah Supervisory Authority,伊斯兰教义监管局
SSC=Shari'ah Supervisory Committee,伊斯兰教义监管委员会

63

从以上图表分析可以看出：

1. 平行制伊斯兰金融体系最为流行；

2. 马来西亚在伊斯兰金融立法方面最为完善；

3. 伊朗在改造伊斯兰金融体系纯粹化方面的努力和措施最为彻底；

4. 伊斯兰银行业核心国家均有适用的会计准则(以 AAOIFI 和 IAS 准则为主)和相关税务规定；

5. 针对伊斯兰资本市场的立法体系目前尚未形成；

6. 中央银行(或国家金融监管局)普遍肩负起对伊斯兰银行的监管责任；

7. 伊斯兰银行有必须符合伊斯兰监管合规性的监管要求；

8. 从银行体系伊斯兰监管机构的顶层设计来看，伊斯兰监管(Shari'ah)结构的最高层是伊斯兰监管顾问委员会或伊斯兰监管委员会(SSB, Shari'ah Advisory Board or Shari'ah Supervisory Board)。第二层是各伊斯兰金融机构(IFI，Islamic Financial Institutions)内部所设立的伊斯兰监管顾问委员会或伊斯兰监管委员会。(本书第四章将予以详细介绍)

3.4 伊斯兰银行监管之公司治理

良好的公司治理是为了保证伊斯兰银行持续性经营能力，也是伊斯兰金融机构监管工作的重要一环。

伊斯兰监管机构及伊斯兰银行在公司治理方面吸收了其许多国际性同行的最佳作法、经验及规定，并自成体系。

国际监管机构有关公司治理的相关规定与最佳作法指引	巴塞尔银行业监管委员会(BCBS)	国际货币基金组织(IMF)	伊斯兰金融服务委员会(IFSB)
应对系统重要性金融机构采用审慎的监管架构	v	v	v
对系统重要性银行之高风险及有严重利益冲突的重点业务应设立一定限制	N/A	N/A	N/A
应设立单一监管机构开展审慎性监管工作	N/A	N/A	N/A
金融监管机构在宏观经济决策中应起更大的作用	N/A	N/A	v
监管机构应对银行之风险管控架构及流动性状况定期检查,如发现风险应采取措施及时补救	v	N/A	v

续表

国际监管机构有关公司治理的相关规定与最佳作法指引	巴塞尔银行业监管委员会(BCBS)	国际货币基金组织(IMF)	伊斯兰金融服务委员会(IFSB)
监管机构应对系统重要性非银行金融机构有完全的监管能力,并确保其稳健经营而不至于破产	v	N/A	v
监管机构应要求银行对流动性风险计提足够拨备,并要求银行有足够资本充足准备	v	N/A	v
银行应对相关会计标准(如公允价值、按市场价格定价等)讲行调整,以降低其顺周期之影响	N/A	N/A	v
监管机构对系统性风险管控应加强国际协作;为监管流动性风险应建立一个正式的国际性监管机制与信息分享机制	v	v	v
应建立银行间及银行与相关公众机构间信息共享的透明机制	N/A	v	v
应在监管机构间建立国际性、定期信息共享机制	v	N/A	v
监管之国际最低标准应适应于各国,包括那些避税天堂国家和地区,以及离岸金融中心	v	N/A	v
国际证券监管机构应负责管理对冲基金,并对系统重要性对冲基金进行审慎性监管	N/A	N/A	N/A
国际证券监管机构(在保密基础上)应要求对冲基金披露其投资战略及头寸情况	N/A	v	N/A
监管机构及清算机构应具备处理信用违约掉期的能力	N/A	N/A	N/A
全国性监管机构应对金融机构的风险敞口设限以降低其挤兑风险	N/A	v	N/A
应对复杂金融工具加强风险信息披露及评级透明性的管理	N/A	N/A	N/A
监管机构应强制要求对信用评级机构注册及监管进行管理	N/A	N/A	N/A
监管机构应对信用评级机构进行独立评估,并对其收入来源加强监管	N/A	N/A	N/A

资料来源:巴塞尔银行业监管委员会(BCBS)、国际货币基金组织(IMF)、伊斯兰金融服务委员会(IFSB)相关文件
　　备注:V表示有相关规定及适用相关作法;N/A表示不适用。

从以上图表分析可以看出：

1. 伊斯兰银行及监管机构对系统重要性银行进行审慎监管、加强流动性管理及信息共享方面的要求和标准与其国际性同行颇为接近；

2. 伊斯兰银行及监管机构对评级机构、对冲基金及其结构性产品管理方面尚未形成一整套完整的管理体系。

3. 总体来说，伊斯兰监管机构正在不断学习其国际同行的最佳做法、规定及经验，并不断完善其监管体系以提高监管质量。

3.5 伊斯兰银行监管之风险管控

有关风险管控的指引、规定 及国际性最佳作法	巴塞尔银行业监管委员会（BCBS）	国际货币基金组织（IMF）	伊斯兰金融服务委员会（IFSB）
银行应更关注并建立系统性风险管控机制；同时银行董事会应对其内部风险管控的各项措施负责	N/A	N/A	v
银行应关注公司内部交易及跨公司之间交易的流动性风险；并关注不同币种交易的汇兑风险。银行对客户在银行的资金周转应有一个监管体系	N/A	N/A	v
银行应区分有变现障碍资产和无变现障碍资产的管理，对可以用作抵（质）押品的无变现障碍资产应确保其融资的操作性要求和时间要求	v	N/A	N/A
银行应持有高质量流动性资产以确保其筹资需求不受法律、监管和操作的限制	v	N/A	N/A
银行应对影响其筹资能力的主要因素加强管理，并做好其隔日头寸管理	v	v	v
银行应提高其总资本的数量和质量	N/A	N/A	v
银行资金来源及期限应多样化。银行应与银行提供方保持紧密关系	v	v	v
银行管理层之薪酬机制应强调激励与风险之间的平衡，应将过度风险化的可能降到最低	N/A	v	N/A

续表

有关风险管控的指引、规定及国际性最佳作法	巴塞尔银行业监管委员会(BCBS)	国际货币基金组织(IMF)	伊斯兰金融服务委员会(IFSB)
银行应建立风险缓释机制	√	√	N/A
有关压力测试的指引和规定	**巴塞尔银行业监管委员会(BCBS)**	**国际货币基金组织(IMF)**	**伊斯兰金融服务委员会(IFSB)**
银行应建立经常性压力测试机制(含不同严重程度),并将中央银行的应急借款能力纳入该压力测试机制中	√	N/A	N/A
有关应急计划的指引和规定	**巴塞尔银行业监管委员会(BCBS)**	**国际货币基金组织(IMF)**	**伊斯兰金融服务委员会(IFSB)**
银行应制定在金融危机发生时的详细应急计划	√	N/A	N/A
有关公开信息披露的指引和规定	**巴塞尔银行业监管委员会(BCBS)**	**国际货币基金组织(IMF)**	**伊斯兰金融服务委员会(IFSB)**
银行必须对公众公开其流动性状况,含银行之流动性风险容忍度;流动性风险种类,流动性风险管理措施以及压力测试的假设条件等	√	√	√

资料来源:巴塞尔银行业监管委员会(BCBS)、国际货币基金组织(IMF)、伊斯兰金融服务委员会(IFSB)相关文件

备注:V 表示有相关规定及适用相关作法;N/A 表示不适用。

从以上图表分析可以看出:

1. 在风险管控与公开信息披露方面,伊斯兰银行及监管机构比较接近国际标准;

2. 但在压力测试及应急计划等方面还有很大的提高空间。

3.6 伊斯兰银行监管之标准设计

在过往近 30 年里,伊斯兰金融机构会计与审计组织(AAOIFI)和伊斯兰金融服务委员会(IFSB)肩负起了伊斯兰银行业标准设计及其推广工作。其中,伊斯兰金融机构会计与审计组织(AAOIFI)主要负责会计、审计以及公司治理等方面;而伊斯兰金融服务委员会(IFSB)主要负责伊斯兰银行监管和公司治理等

方面的标准设计和推广。

下表主要就伊斯兰银行及传统金融机构在银行各项标准设计等方面作一比较。

银行标准设计及其设置机构对比

序号	标准及涵盖范围	标准设计之主要国际性机构	标准设计之伊斯兰国际性金融机构
1	会计准则及标准	国际会计准则委员会(IASB)、国际会计师联合会(IAFC)、巴塞尔银行业监管委员会(BCBS)	伊斯兰金融机构会计与审计组织(AAOIFI)
2	反洗钱及反恐怖主义融资	反洗钱金融特别工作组(IFAC)	N/A
3	审计	国际会计师联合会(IAFC)	伊斯兰金融机构会计与审计组织(AAOIFI)
4	银行	巴塞尔银行业监管委员会(BCBS)	伊斯兰金融服务委员会(IFSB)
5	公司治理	巴塞尔银行业监管委员会(BCBS)、世界银行(WB)	伊斯兰金融机构会计与审计组织(AAOIFI)、伊斯兰金融服务委员会(IFSB)
6	数据传播	国际货币基金组织(IMF)	N/A
7	财务透明度	国际货币基金组织(IMF)	N/A
8	破产及信用权制度	世界银行(WB)、联合国国际贸易法委员会(UNCITRAL)、国际律师联合会(IBA)	尚未有正式法律文件,但对伊斯兰金融至为重要,因其是建立在风险共担基础上的
9	保险监管规定	国际保险监管协会(IAIS)	尚未有正式法律文件,但在伊斯兰金融服务委员会(IFSB)管辖之下
10	货币和财政政策透明度	国际货币基金组织(IMF)	N/A
11	支付系统	支付和结算系统委员会(CPSS)	N/A
12	证券市场监管	国际证券事务监察委员会组织(IOSCO)	尚未有正式法律文件,但在伊斯兰金融服务委员会(IFSB)管辖之下

资料来源:巴塞尔银行业监管委员会(BCBS)、国际货币基金组织(IMF)、伊斯兰金融服务委员会(IFSB)相关文件

备注:N/A表示不适用。

从上表可以看出,同传统的国际性金融机构相比:

1. 伊斯兰银行及其监管机构在会计、审计、银行以及公司治理方面的标准要求与其国际性同行较为接近;

2. 但伊斯兰银行及其监管机构在反洗钱及反恐怖主义融资、数据传播、财务透明度、破产、信用制度、保险监管规定、货币和财政政策透明度、支付系统以及证券市场监管等方面尚未形成统一标准和统一的伊斯兰监管解释,这也为该行业监管及国际化带来了极大的挑战。

3.7　伊斯兰金融风险类别与特点

3.7.1　伊斯兰银行与传统银行之风险处理方式异同

作为金融机构,伊斯兰银行与传统银行在诸多方面有相似点,如符合监管要求的前提下追求回报最大化,强调资产配置,尽力降低信息不对称以减少交易成本,为客户提供多方位服务等。但在实务运作中,伊斯兰银行与传统银行还是有诸多不同,伊斯兰银行主要是以实物(实业)资产为基础,与投资人共担风险,共享收益,传统银行主要是以债务为基础进行风险转嫁。双方对风险处理方式也颇为不同:

主要差异点	伊斯兰银行	传统银行
风险	共担	转嫁
存款来源	投资者-投资回报分享账户所有人(owner of PSIA-Profit Sharing Investment Account),该回报视银行经营业绩而定	存款人将回报风险转嫁给银行,而银行为客户存款按固定利率提供利息
资金使用	银行以 MURABAHAH,MUSHARAKAH 等模式将存款资金投资符合伊斯兰监管之项目、产品等,并与投资人共享回报	借款人支付借款利息,该利息与借款人之项目回报不一定有直接联系。银行通过资产证券化或衍生品对冲等方式将风险进行转嫁

3.7.2　伊斯兰金融风险分类

伊斯兰金融风险,是指伊斯兰金融机构在经营过程中,由于决策失误,客观情况变化致监管失效而导致的违规或其他原因使伊斯兰金融机构资金、财产、信誉有遭受损失的可能性。一家伊斯兰金融机构因其发生的风险所带来的后果，往往超过对其自身的影响。根据系统重要性，一家伊斯兰金融机构因其经营不善而出现危机，有可能对其所在国整个伊斯兰金融体系的稳健运行构成威胁；一旦发生系统风险，金融体系运转失灵，必然会导致全社会经济秩序的混乱，甚至引发严重的政治危机。

伊斯兰金融服务委员会(IFSB, Islamic Financial Services Board)是一个国际性伊斯兰金融机构，2003 年 3 月开始正式运作，总部设在马来西亚首都吉隆坡。IFSB 负责为伊斯兰监管机构和金融机构设立各项标准，制订伊斯兰金融业的监管条例，使国际惯例与伊斯兰监管相融合，监督伊斯兰金融机构审慎、透明运作，以保障伊斯兰金融业的健康、稳健发展。截至 2017 年底，IFSB 的正式会员单位共有 75 个，由分别来自 57 个不同国家和地区的监督管理机构以及 8 个国际性跨政府机构(如 IMF, the World Bank, BIS 等)组成。此外，IFSB 还吸收了世界上 102 个机构(如金融机构、专业组织、行业协会、证券交易所等)作为其观察会员，参与其各项重要活动，但不参与伊斯兰金融行业标准的起草、制定和实施。自其成立伊始，IFSB 已为伊斯兰金融业制定了 27 套专业标准、行业标准、技术规章及指导原则，涵盖了风险管理、资本充足率、公司治理、透明度及市场纪律、监管检查流程、投资、行业行为规范、压力测试、信用评级、流动性风险管理、货币市场管理、资本市场管理等方面。其中主要有针对伊斯兰银行(17 套)、针对伊斯兰资本市场(1 套)、针对伊斯兰保险业(4 套)、针对混业经营(2 套)。

针对伊斯兰金融机构风险管理，IFSB 于 2005 年颁布了《伊斯兰金融服务机构(保险公司除外)风险管理指导原则》(Guiding Principles of Risk Management For Institutions [Other Than Insurance Institutions] Offering Only Islamic Financial Services, Dec2005)。该《指导原则》强调所有伊斯兰金融机构均需配置完善的将风险分为 7 类(信用、股权投资、市场、流动性、回报率、操作性风险、伊斯兰监管)，提出了 15 项基本指导原则，并对监管授权职责进行了定义。

伊斯兰金融界依据巴塞尔协议常把风险分为：市场风险、信用风险、操作风险三大类。以此为依据，伊斯兰金融风险具体表现为：

3.7.2.1 市场风险

市场风险是指因为未来市场价格(利率、汇率、股票价格和商品价格)的不确定性(Gharar)而可能对企业经营活动及盈利产生的不利影响。市场风险可以分为利率风险、汇率风险、股票价格风险、商品价格风险与流动性风险，这些市场因素可能直接对企业产生负面影响，也可能是通过对其竞争者、供应商或者消费者间接对企业产生影响。

从财务角度来看,伊斯兰银行业务可以分为表内业务和表外业务。表内业务指资产负债表中,资产和负债栏目可以揭示的业务。其中,资产业务包括:贷款业务、票据业务、证券投资业务、现金资产业务。负债业务包括:存款业务、借款业务。对于伊斯兰银行而言,市场风险是指由于市场变量的波动而导致银行的表内或表外头寸在被清算或冲抵之前遭受价值损失的可能性,市场风险会对其资产负债表之表内和表外业务与收益水平产生重大的影响。

而所谓表外业务(OBS, Off-Balance Sheet Activities),是指伊斯兰银行所从事的,按照通行的会计准则不列入资产负债表内,不影响其资产负债总额,但能影响银行当期损益,改变银行资产报酬率的经营活动。主要包括:

1) 担保类业务,是指伊斯兰银行接受客户的委托对第三方承担责任的业务,包括担保(保函)、备用信用证、跟单信用证、承兑等。

2) 承诺业务,是指伊斯兰银行在未来某一日期按照事先约定的条件向客户提供约定的信用业务,包括贷款承诺等。

3) 金融衍生交易类业务,是指伊斯兰银行为满足客户保值或自身头寸管理等需要而进行的货币(包括外汇)和利率的远期、掉期、期权等衍生交易业务。

4) 伊斯兰融资租赁业务。

具体看来,上述业务中所包含的市场风险有:

1) 汇率风险

汇率风险指的是由于外汇汇率的反向变化而导致本国货币蒙受损失的可能性。在经营活动中具体体现为交易风险、会计风险与经营风险。以中东为例,海合会(GCC)六国的主要财政收入(超过80%)来源为石油美元,即通过石油出口而换取的美元。为了规避汇率风险,GCC国家均将本国货币与美元挂钩。例如,沙特的货币里亚尔(SAR)挂钩于美元(USD),汇率长期稳定在 USD1 = SAR3.75。这样通过自然对冲的方式规避了汇率风险,从而保障了本国财政收入的稳定性。

2) 商品交易风险

商品交易风险指的是符合伊斯兰监管的商品(包含农产品、大宗原材料、能源商品等)契约价格之波动而可能带来的投资收益风险。例如,在 2010-2013 年,美元贬值,以美元结算计价的商品(石油和黄金为主)"价格"上涨,这无形中刺激了沙特的石油出口,加上油价的高企,沙特财政收入增加了 2 倍有余。而 2014 年下半年开始,石油价格高位跳水,跌幅超过 50%,也给海湾产油国财政收入带来了极大的负面影响,导致 2015－2016 年间许多政府在建工程项目停工、拖欠工程款,并进一步造成工程承包商、施工企业、材料供应商之间三角债堆积,许多中小企业因此破产清算。

3.7.2.2　信用风险

信用风险是指借款人或合伙人因各种原因,不愿或无力履行合同条件,从而未能及时、足额偿还所欠债务及/或伊斯兰银行贷款而发生违约,致使伊斯兰银行、投资者或交易对手遭受损失的可能性。具体看来,伊斯兰金融市场的主要信用风险有流动性风险、股权交易风险、回报率风险、替代性商业风险、权益投资性风险等。

1) 流动性风险

流动性风险是指因市场成交量不足或缺乏愿意交易的对手,导致未能在理想的时点完成买卖的风险。对于伊斯兰银行来说,流动性风险包括资产与负债流动性风险。

伊斯兰银行资产指的是伊斯兰银行拥有或者控制的、预期会给银行带来经济利益的资源。主要内容包括贷款、投资(证券投资、现金资产投资、固定资产投资)、租赁、买卖外汇、票据贴现等,其中最主要的是贷款和投资。贷款包括短期、中期、长期信贷和消费贷款等。资产流动性风险是指资产到期不能如期足额收回,进而无法满足到期负债的偿还和新的合理贷款及其他融资需要,从而给银行带来损失的风险。

伊斯兰银行负债业务指的是银行通过对外负债方式筹措日常工作所需资金的活动,其构成了银行资产业务和中间业务的基础,银行负债主要由自有资本、存款和借款构成,其中存款和借款属于吸收的外来资金,另外联行存款、同业存款、借入或拆入款项或发行债券等,也构成银行的负债。负债流动性风险是指由于内外因素的变化而发生不规则波动,对银行的存款及筹资能力产生冲击并引发相关损失的风险。银行筹资能力的变化可能影响原有的筹融资安排,迫使银行被动地进行资产负债调整,造成流动性风险损失。这种情况可能迫使银行提前进入清算,使得账面上的潜在损失转化为实际损失,甚至导致银行破产。

2) 股权交易风险

股权交易风险指的是符合伊斯兰监管的股权投资因为市场的波动而发生贬值的风险。

3) 回报率风险

考察伊斯兰金融机构的回报率通常看两个指标,一个是资产收益率或资产回报率(ROA，Return On Assets)；另一个是投资者账户回报率(ROIAH，Rate of Return for Investment Account Holders)。具体说来：

a) 资产收益率，也叫资产回报率(ROA)，它是用来衡量每单位资产创造多少净利润的指标。具体计算公式为：资产收益率＝净利润/平均资产总额＊100％。资产收益率是业界应用最为广泛的衡量银行盈利能力的指标之一。

b) 投资者账户回报率(ROIAH)：伊斯兰金融机构通常会与投资账户持有者签订投资利润分享协议，即双方事先确定分红比率。该回报率的高低可以反映出银行的投资和风险控制能力。在伊斯兰金融机构经营不善或市场出现大的衰退时，上述回报率的实现就存在一定的风险。

4) 替代性商业风险

替代性商业风险指的是对资产收益率(ROA)与股东权益收益率(ROE，Return On Equity)进行对比而有影响的市场因素。如果伊斯兰金融机构不能够提供有足够市场竞争力的回报，那么它就面临客户流失，被市场上其他竞争者替代的风险。

5) 股东权益收益率(ROE)是以每股税后收益除以每股的股东权益账面价值；而资产收益率(ROA)是公司总的税后收益(加利息)与公司的总资产的比率。股东权益收益率与资产收益率之间关系是：

股东权益收益率(ROE)＝资产收益率(ROA)×杠杆比率(L)

其中：杠杆比率是公司的总资产与公司总的股东权益账面价值的比率(Leverage Ratio，简称为L)。

6) 权益性投资风险

权益性投资是指为获取其他企业的权益或净资产所进行的投资。

伊斯兰金融中的权益性投资风险主要指以 Mudarabah(利润分享)和 Musharakah(利润和风险共享)合同所进行的投资中所包含的各种风险因素对合同标的物残值的影响。

3.7.2.3 操作性风险

操作风险可以由人员、系统、流程、外部事件、伊斯兰监管合规性内部控制等风险构成。操作性风险并由此分为八种表现形式：违反伊斯兰监管，欺诈(内部、外部)，聘用员工做法和工作场所安全性，客户、产品及业务做法，实物资产损坏，业务中断和系统失灵，交割及流程管理等。

在结算合规风险管理方面，部分伊斯兰金融机构引进了国际标准化组织ISO20022《金融业通用报文方案》并加入了持续联结清算系统(CLS，

Continuous Linked Settlement），建立了银行间直通式处理系统（STPS, Straight Through Processing System），从而规避交易币种错配及结算风险，提高银行付款的安全性和效率，进而提高了银行的流动性。

在信息风险管理方面，部分伊斯兰金融机构引进了国际标准化组织ISO27002《信息安全管理体系认证》，和美国会计师协会（AICPA）制定的审计标准报告第 70 号标准－SAS70(Statement on Auditing Standard 70)，统一了金融服务机构向客户提供服务的内部控制、安全保障、稽核监督措施的审计标准。

在环境体系风险管理方面，部分伊斯兰金融机构引进了国际标准化组织ISO14000《环境管理系列标准认证》，以应对多变的环境合规要求。

3.8　伊斯兰信用风险管理工具

为了应对伊斯兰基础产品中所蕴涵的信用风险或违约风险，伊斯兰金融机构设计出一系列伊斯兰结构性产品和衍生金融工具用于规避风险。这些产品和工具主要包括：远期合同（Salam）、期货交易合同（W'ad）、看涨期权（'Urban）以及互换和掉期等。具体介绍如下：

3.8.1　远期合同（Salam）

根据伊斯兰商法，Salam 是一个套期保值合同，合同双方藉此锁定未来某商品的价格。

Salam 的阿拉伯语意思是即时付款，延期交货。据 Salam 合同，买家是提前全额付款，即卖家提前收到全额货款。而买卖双方所购商品的交付是在其共同约定的未来某日。此类合同项下的商品价格往往较为波动，例如可可粉、大豆、小麦等。

买家在签约日付款从而锁定价格，以规避商品价格上涨的风险。该类合同设有严格的条件以确保合同的约束性和法律上的可强制执行性，例如合同双方会约定商品的数量、质量和合理交货条件等。并且任何约定商品的数量、质量和合理交货条件等的变化不会影响商品的既定价格。由于其销售对象在合同签订时不存在或尚未有现货，Salam 合同项下的商品必须可以被清晰定义。所销售的产品的具体规格和详细功能必须使合同当事人尽知，经买卖双方同意以避免歧义。当所交付的商品在品种、质量和交货时间等与所签合同不符时，买方可以选择无折扣或无溢价的价格交付（即按合同原价交付），或在双方同意的基础上选择撤销合同。

由银行向商品的卖方生产商或出口商提供预付款即构成 Salam 融资。在此类银行融资安排中,有时会出现并行 Salam 融资安排,即一个融资主合同项下由两个独立的 Salam 从合同组成,资金提供方/出资人在其中既充当买家也同时充当卖家。其中,在第一个 Salam 合同中,伊斯兰金融机构是买家,并为未来交付的资产的卖方提供全额付款。同时,伊斯兰金融机构作为卖方与第三方签订第二个 Salam 合同,卖出上述资产,但交货期较第一合同为短。伊斯兰金融机构通过第一个 Salam 和第二 Salam 合约之间的价差赚取利润。

Salam 合同与传统金融中的远期合约的最大不同有两点:

1) Salam 合同支持的标的物资产必须是符合伊斯兰监管的资产、商品;

2) Salam 合同要求买方在签约日即全额付款。

3.8.2　期货交易合同(Wa'd)

传统金融的期货合约是一种跨越时间的交易方式,也是一种衍生工具。买卖双方透过签订合约,同意按指定的时间、价格及其他交易条件,交收指定数量的现货。期货合约买卖双方透过买卖期货,锁定利润与成本,减低时间带来的价格波动风险。

伊斯兰期货合约称为 Wa'd,阿拉伯语的意思为单方面的许诺或承诺。Wa'd 是由合同一方对另一方做出的单方面承诺。在融资交易中,这一特征为合同的顺利执行提供了保证。例如,进口商以外币计价支付货款时,如果外币升值,则进口商将面临损失。为了规避这一风险,其可以使用 Wa'd 合同,要求出口商对进口商承诺,在货物交收时以事先约定数额的外币进行支付。

举例来说,A 是沙特的果汁生产商,为保证安全库存,其欲向 B 出口商在 6 个月后以每吨 3750 美元,购买 100 吨苹果。因此,A 与 B 签订一个 Wa'd 合约,即 A 单方面向 B 承诺,如果 B 能够在 6 个月后按期提供 100 吨符合合同约定的苹果,则 A 将付给 B 375,000 美元。

通过上述安排,A 锁定了汇率风险与进口成本,而不论其本国货币沙特里亚尔未来 6 个月后对美元如何波动,对其利润都不会造成影响。

Wa'd 合同与传统金融中的期货合约的最大不同有两点:

1) Wa'd 合同支持的标的物资产必须是符合伊斯兰监管的资产、商品;

2) Wa'd 合同是由一方对另一方所做出的单方面承诺。

3.8.3　看涨期权合同('Urban)

在传统金融中,期权(Option),是一种金融衍生工具,是一种选择权,指的是一种能在未来某特定时间以特定价格买入或卖出一定数量的某种特定商品的权利。

从其本质上讲,期权实质上是在金融领域中将权利和义务分开进行定价,使得权利的受让人有权在规定时间内对于是否进行交易而行使其权利,而义务方必须履行其义务。在期权交易时,购买期权的一方称作买方,而出售期权的一方则叫做卖方;买方即是权利的受让人,而卖方则是必须履行买方行使权利的义务人。期权交易具有保证金(Margin)及权利金(Premium)的概念,买方支付权利金予卖方,卖方收取保证金防止违约;买方拥有买卖权履约与否之权力,而卖方因已开始收取权利金,具有履约义务。

市场所交易期权的保证金即是权利金,权利金包含两个部分:内涵价值(Intrinsic Value)与时间价值(Time Value)。权利金＝内涵价值＋时间价值。

按期权的权利划分,有看涨期权和看跌期权两种类型。

伊斯兰期权称为'Urban,根据伊斯兰商法,其实质是买方付给卖方的首付款(定金),实质上类似于一个看涨期权。伊斯兰法律不允许机构和个人卖出在交易时不属于自己名下的资产,因此卖出看跌期权是不符合伊斯兰监管的,故而在伊斯兰金融市场上不存在卖出(看跌)期权这一衍生产品。所以在实际金融操作中,伊斯兰金融市场只有看涨期权('Urban)。

在双方签订有效合同后,由买方支付给卖方的首付款,其代表了买方购买货物的承诺。如果买方能够或决定在规定的期间内支付剩余的未付款,首期付款金额将被计入商品购买总价的一部分。否则,首付款将被卖方没收。从本质来看,'Urban与传统金融的看涨期权相近,为看涨买家提供一个看涨期权,并将其损失控制在低于首付款的水平。

伊斯兰期权('Urban)	传统金融期权
首付款是行权执行价格的一部分	保证金不是行权执行价格的一部分
执行价格是固定的	执行价格是固定的
根据伊斯兰监管,伊斯兰期权只适用于签约的买卖双方,不可流通转让	可以流通转让

伊斯兰期权('Urban)	传统金融期权
伊斯兰期权只适用于符合伊斯兰监管的资产和标的物	可以适用于任何资产、股票和商品
只有看涨期权是有效的;不存在看跌期权	看涨期权与看跌期权都是有效的

3.8.4　互换、掉期合同(SWAP)

掉期交易(Swap Transaction),属于金融衍生品的一种,是指交易双方约定在未来某一时期相互交换某种资产的交易形式。更为准确的说,掉期交易是当事人之间约定在未来某一期间内相互交换他们认为具有等价经济价值的现金流(Cash Flow)的交易。

较为常见的是货币掉期交易和利率掉期交易。货币掉期交易,是指两种货币之间的交换交易、在一般情况下,是指两种货币资金的本金交换。利率掉期交易,是相同种类货币资金的不同种类利率之间的交换交易,一般不伴随本金的交换。掉期交易与期货、期权交易一样,已成为国际金融机构规避汇率风险和利率风险的重要工具。

掉期合同与远期合同的相似性在于:

1) 两者在合同生成时任意一方通常都不需要支付任何费用。

2) 两者都是定制性的交易工具,都不在任何二级市场交易,故都存在中间人角色(通常为大银行或经纪公司)负责撮合交易。

3) 两者都属非规范性(相对于期货而言),故信用风险是其重要考虑因素。

4) 大多数参与的交易方都是大型的机构。

在伊斯兰金融中,掉期交易的主要表现形式为回报率互换/掉期(profit rate swaps)。对伊斯兰金融机构而言,其对在该机构开立的伊斯兰投资账户中的存款(对银行而言是负债)所提供的投资回报义务通常都是浮动的,但是该义务下所对应的资产(价格)通常都是固定的。为了保证其资产、负债配置的合理性,伊斯兰金融机构会将固定资产与固定负债相匹配;同时将浮动资产与浮动负债相匹配。

以下举例说明。A 银行是伊斯兰银行,其部分负债体现为其客户在Mudarabah(利润分享)投资账户下的享受浮动回报率存款。换言之,A 银行愿意为其客户在该银行开立的 Mudarabah(利润分享)投资账户提供相当于市场平均回报率的账户回报。因为如果它不这么做,A 银行就无法从市场上吸收到足够的存款支持其业务发展。

此外,A 银行还有其他类型投资账户服务提供给其客户,例如 Murabahah（加价贸易）,Istisna'（工程建造融资协议）和 Ijarah（融资租赁）投资账户,此类账户大多立足于融资项目,为客户投资提供固定的回报率。为了做好资产负债配置,即将其部分浮动负债（享受浮动存款回报率的存款）及固定资产（享受固定投资回报率的项目投资）进行合理配置,A 银行就会有强烈的愿望在市场上寻找与其需求相符合的交易对手进行掉期交易。如果此时市场上出现了另一个交易对手——伊斯兰银行 B,与 A 银行相反,B 欲将其资产负债表项下的部分固定负债（享受固定存款回报率的存款）及浮动资产（享受浮动投资回报率的项目投资）进行再配置,则 A 与 B 可以通过签署两个 Murabahah（加价贸易）合同实现互换。

以下图表显示 A 银行就两个 Murabahah（加价贸易）合同（一个是浮动回报率,另一个是固定回报率）与其交易对手 B 银行进行回报率掉期交易的流程。

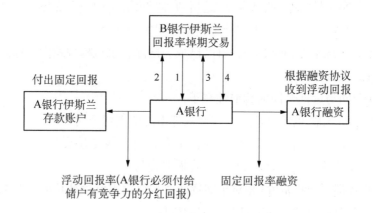

第一阶段：固定投资回报率

第一步：伊斯兰银行 A、B 签署合同,B 以 Murabahah（加价贸易）合同形式向 A 出售一项投资,要求 A 在合同完成时付清投资本金及回报。假设该项投资合同本金为 USD1,000,000,加价部分为每年合同本金的 5%,期限 2 年。换言之,此项 Murabahah（加价贸易）合同的定价由两部分组成,一部分是固定的,即 USD1,000,000 本金;另一部分也是固定的,即合同本金的 5%。假设合同约定加价部分的付款期为每 6 个月支付一次,即每次支付金额为 USD1,000,000×5%/2 ＝USD25,000;

第二步：根据合同约定，A 向 B 每 6 个月支付一次固定回报，金额为 USD25,000，为期 2 年。在合同结束时，A 应向 B 共支付 USD1,100,000，其中，1)合同本金：USD1,000,000；和 2)固定回报：每期 USD25,000，分 4 期支付共 USD100,000，此为 Murabahah 合同加价部分。

第二阶段：浮动投资回报率

第三步：A 以 Murabahah(加价贸易)合同形式向 B 出售一项投资，要求 B 在合同完成时付清投资本金及回报。假设该项投资合同本金为 USD1,000,000，期限两年，对于合同加价部分，双方约定的加价成数每 6 个月由双方视当时的市场平均回报率而重新厘定一次。换言之，此项 Murabahah(加价贸易)合同的定价由两部分组成，一部分是固定的，即 USD1,000,000 本金；另一部分是 Murabahah(加价贸易)加价部分，是浮动的。因为双方约定的加价成数将视当时的市场平均回报率而定，即该加价部分每 6 个月由双方视当时的市场平均回报率而重新厘定一次，所以该加价部分是浮动的。

第四步：假设合同约定加价部分的付款期为每 6 个月支付一次，即每次支付金额为 Y＝USD1,000,000 ∗ X%/2；X 为每 6 个月的市场平均回报率，B 每次支付给 A 金额为 Y 的浮动回报；为期 2 年，共 4 期。

第五步：在合同结束时，B 应向 A 共支付 USD1,000,000＋4Y，其中，1)合同本金：USD1,000,000；和 2)浮动回报：4Y，分 4 期支付，每期 1Y，为 Murabahah 合同加价部分。

第三阶段：掉期/互换合同结算

第六步：本金结算：因为伊斯兰银行 A、B 所签署的 Murabahah(加价贸易)合同本金均为 USD1,000,000，期限相同，均为 2 年后清偿，所以二者相抵，不需要互换；

第七步：投资回报结算：其中，

1) A 应向 B 支付固定回报，每 6 个月为一期，每期 USD25,000；分四期支付共 USD100,000，为 Murabahah 合同加价部分；

2) B 应向 A 支付浮动回报，每 6 个月为一期，每期金额为 USD1,000,000 ∗ X%/2＝Y，取决于每 6 个月的市场平均回报率 X；分 4 期支付共 4Y，为 Murabahah 合同加价部分。

因为伊斯兰银行不能为客户存款提供利息,所以伊斯兰银行 A、B 通过上述 Murabahah(加价贸易)合同形式实现了固定回报率与浮动回报率的互换。而上述安排符合伊斯兰监管,可以帮助 A 银行以浮动回报率(与市场平均回报率基本一致)吸引伊斯兰客户存款投资其伊斯兰投资账户。实现浮动资产与浮动负债之间的合理匹配。同时,在 A 银行名下有众多的资产投资,其回报是以固定回报率形式出现的,例如 SUKUK(伊斯兰债券),MUDARABAH(利润分享合同),IJARAH(租赁合同)等,这样给 A 银行进行资产再配置留出了足够的空间,以规避资产负债重大错配的风险。

3.8.5　伊斯兰挂钩票据/伊斯兰高息票据(IELNs, Islamic Equity Linked Notes)

伊斯兰挂钩票据/高息票据(IELNs,Islamic equity linked notes)是一款结构性融资产品,投资含两部分,一部分是投资本金;另一部分是伊斯兰看涨期权('Urban),它可以帮助投资者在实现保本的同时享有资本市场上涨时带来的投资收益。

伊斯兰挂钩票据/高息票据会挂钩符合伊斯兰监管的不同的股票、指数或伊斯兰债券。如果所挂钩的标的物价格上涨,投资者选择行权,赚取投资本金加回报;如果所挂钩的标的物价格下跌,投资者选择放弃行权,因为伊斯兰看涨期权'Urban 实质是买方付给卖方的首付款(定金),即投资者放弃定金,锁定其损失。在实际经济生活中,定金比率通常为标的物价值的 1%,所以即使放弃定金,投资者的损失都有限,本金基本不受损失。

总结:

本章主要介绍了:
——全球伊斯兰银行发展之重大事件
——伊斯兰银行之市场现状
——伊斯兰银行监管之法律框架
——伊斯兰银行监管之公司治理
——伊斯兰银行监管之风险管控
——伊斯兰银行监管之标准设计
——伊斯兰金融风险类别及特点
——伊斯兰信用风险管理工具

　　伊斯兰银行的产生是伊斯兰经济发展和穆斯林金融需求发展的必然结果，它结合了社会责任和信仰为本的道德原则，可以被看作是金融和信仰的混合物。

　　从伊斯兰银行体系的三种基本类型(平行制、纯粹制和双轨制)来看，平行制的运行机制最为流行。在伊斯兰金融和伊斯兰银行立法方面，马来西亚领先于其他国家。

　　作为金融机构，伊斯兰银行与传统银行在诸多方面有相似点，如追求回报最大化，强调资产配置，尽力降低信息不对称以减少交易成本，为客户提供多方位服务等。但在实务运作中，伊斯兰银行与传统银行还是有诸多不同，伊斯兰银行主要是以资产为基础，与投资人共担风险，共享收益；传统银行主要是以债务为基础进行风险转嫁。

　　在伊斯兰银行业的发展过程中，伊斯兰国际性金融机构会计与审计组织(AAOIFI)、伊斯兰金融服务委员会(IFSB)等在制度、标准设计和推广方面起到了重要的作用。在监管方面，伊斯兰监管机构吸收了其国际性同行的许多最佳做法和法规，并将其揉入伊斯兰监管体系。具体而言，伊斯兰银行及其监管机构在会计、审计、银行以及公司治理方面的标准和要求与其国际性同行较为接近；但在压力测试、反洗钱及反恐怖主义融资、数据传播、财务透明度、破产及信用体系建设、保险监管规定、货币和财政政策透明度、支付系统以及证券市场监管等方面尚未形成国际统一标准和统一的监管解释，这也为该行业监管及国际化带来了极大的挑战，并制约了该市场的快速发展。

第四章

伊斯兰监管合规性监管要求及方法

本章主要介绍

- 全球伊斯兰银行业发展的主要推手
- 国际性伊斯兰金融机构对伊斯兰银行业发展的影响
- 伊斯兰监管合规性监管要求及监管架构
- 伊斯兰银行业监管方法及客户选择标准

4.1 全球伊斯兰银行业发展的主要推手

近十年来,伊斯兰银行业取得了长足的发展,主要原因如下:

1) 符合伊斯兰监管的金融产品的快速发展

经过几十年的发展,截至 2017 年底,全球伊斯兰金融市场规模达 2.43 万亿美元。从 2007 年至 2017 年,该市场年均复合增长率超过 19%。IFSB 预计到2021 年,全球伊斯兰金融市场规模将达到 3.54 万亿美元。

2) 全球众多的伊斯兰国家(57 个)和庞大的穆斯林人口(近 22 亿)的金融需求。

3) 西方传统银行的介入

西方传统银行如汇丰银行、德意志银行、花旗银行、巴克莱银行等很早就开始介入伊斯兰资本市场,并在基金管理和伊斯兰债券发行等方面引领市场。它们不仅带来了先进的管理理念和系统,同时还借助它们的全球网络,把伊斯兰资本市场带上了世界金融舞台。

4) 海合会(GCC)国家资本的增长

得益于 2005—2014 年近十年的油价高企,GCC 国家经济发展迅猛。穆斯林世界(特别是 GCC 国家)资本在美国经历 2001 年 911 事件后大量回流中东特别是海湾国家,回流资本超过 3000 亿美元,并大量流入伊斯兰资本市场。

5) 伊斯兰银行监管体制和监管政策逐渐成型

各主要伊斯兰国家的金融监管体制与监管政策已逐渐成型并日益适应伊斯兰金融市场的发展。

6) 放开资本市场政策的出台

为吸引国际资本,迪拜、巴林、吉隆坡、沙特等区域性伊斯兰金融中心陆续出台了放开资本市场的政策,特别是允许建立外资独资金融机构的政策——为这些地区吸引到了大量的国际资本和国际金融机构。

7) 按国际最佳做法及国际惯例调整监管政策

马来西亚、阿联酋、巴林等许多国家政府和监管机构同时也按国际最佳做法及国际惯例调整其会计、审计、信息披露、风险管理、监管框架等使其适应国际形势;它们同时也帮助本地伊斯兰金融机构在资本充足率等方面达到新巴塞尔协议的相关要求。

8) 税收中立和优惠政策

许多国家如英国、马来西亚、新加坡等为使伊斯兰金融能与传统金融同等竞争,取消许多税收歧视和双重征税项目。马来西亚中央银行为把马来西亚建成世界伊斯兰金融中心还特别颁布一系列税收优惠政策。比如,在马来西亚建立基金公司,只要符合伊斯兰监管并且经过马来西亚证券委员会批准,不论该公司是马来西亚本国的企业还是外资公司,均可享受免征 10% 营业税,有限期至2016 年。

9) 有效竞争

迪拜、巴林、吉隆坡等区域性伊斯兰金融中心的激烈竞争也为伊斯兰资本市场带来了勃勃生机。

10) 伊斯兰国际性金融机构的推动

伊斯兰国际性金融机构会计与审计组织(AAOIFI)、伊斯兰金融服务委员会(IFSB)等在制度、标准设计和伊斯兰金融推广方面起到了非常大的作用。在监管方面,伊斯兰监管机构吸收了其国际性同行的许多最佳作法和法规,并将其揉入伊斯兰监管体系,使之与国际金融体系渐趋融合。

4.2 国际性伊斯兰金融机构对伊斯兰银行业发展的影响

近30年来,国际性伊斯兰金融机构在伊斯兰公司治理、伊斯兰金融标准设立、伊斯兰会计及审计准则、伊斯兰银行监管、伊斯兰资本市场标准、伊斯兰货币市场建设等方面有很大进步,为伊斯兰金融业的进一步发展奠定了坚实的基础。

4.2.1 伊斯兰开发银行集团(IDBG, Islamic Development Bank Group)

伊斯兰开发银行同时致力于伊斯兰金融的创新与发展,发起创立了一系列伊斯兰金融国际机构,例如,伊斯兰金融机构会计与审计组织(AAOIFI)、伊斯兰银行与金融机构总理事会(GCIBAFI)、流动性管理中心(LMC)、国际伊斯兰金融市场(IIFM)、伊斯兰国际评级代理机构(IIRA)、伊斯兰金融服务局(IFSB)、伊斯兰和解与仲裁国际中心(ICRA)、伊斯兰国际流动性管理公司(IILM)等等。

伊斯兰开发银行也积极促进国际伊斯兰债券市场的发展,充分利用国际资金发展伊斯兰经济。伊斯兰开发银行于2003年开始涉足伊斯兰债券市场。伊斯兰开发银行自2003年发行第一笔伊斯兰债券(4亿美元)起,之后陆续在2005年和2008年分别发行了5亿美元和4亿林吉特伊斯兰债券。从2009年起,伊斯兰开发银行保持每年发债记录。截至2017年底,伊斯兰开发银行已经发行了25只伊斯兰债券,规模超过135亿美元(币种包括美元、欧元及林吉特)。伊斯兰开发银行所发行的伊斯兰债券国际评级为AAA,主要在伦敦证交所、马来西亚证交所、迪拜NASDAQ和土耳其伊斯坦布尔证交所上市。

4.2.2 伊斯兰金融机构会计与审计组织(AAOIFI, Accounting and Auditing Organization for Islamic Financial Institutions)

AAOIFI目前有来自45个国家的200名机构会员(包括中央银行、伊斯兰银行和金融机构及其他机构会员等)。作为一个独立、非盈利的伊斯兰国际性金融机构,AAOIFI的宗旨是为伊斯兰金融业与金融机构:

1) 制定会计、审计、公司治理、从业道德标准等行业规范并推广这些标准的应用;

2) 组织行业专业资格认证考试,例如注册伊斯兰会计师CIAA-Certified Islamic Professional Accountant)与注册伊斯兰监管咨询师与审计师(CSAA-

Certified Shari'ah Advisor and Auditor),培养各类专业人才。

目前,AAOIFI 已颁布了 103 套行业标准,其中:伊斯兰监管 60 套;会计 28 套;审计 5 套;公司治理 7 套;从业道德标准 3 套。上述标准已经被巴林、阿联酋、伊拉克、约旦、黎巴嫩、卡塔尔、苏丹、叙利亚、巴基斯坦、阿曼、尼日利亚等国家和地区伊斯兰金融机构完全采用和遵守。此外,澳大利亚、马来西亚、沙特、印尼、南非、科威特等国的银行监管机构也根据 AAOIFI 的标准相应地制定了针对本国伊斯兰金融机构监管的规章和条例。

2017 年,AAOIFI 近期提出了在各国层面建立一个国家集中统一管理的伊斯兰监管机构,负责监管其国内各伊斯兰金融机构自行设立的伊斯兰监管机构。如果这一倡议得以实行,将为未来统一全球伊斯兰监管打下一个坚实的基础。

在会计方面,AAOIFI 提出了金融会计标准－29,以是否实际有效控制目标资产为基础,对表内、表外两大类伊斯兰债券(SUKUK)作了进一步澄清,并认定表内 Sukuk 在资产负债中为负债或权益。这为 Sukuk 法律文件标准化作业铺平了道路,同时也为评级机构在 Sukuk 发行过程中以个体信用状况(SSCP: Sponsor's Standalone Credit Profile)为基础进行评级提供了条件。

4.2.3　伊斯兰国际评级公司(IIRA,Islamic International Rating Agency)

伊斯兰国际评级公司(IIRA)由来自 11 个国家的主要银行(16)、国家评级机构(3)和国际性金融机构(2)发起成立,总部位于巴林首都麦纳麦,于 2005 年开始运作。主要为伊斯兰金融机构及其市场参与者提供该伊斯兰资本市场内公司和机构的风险评级。目前,IIRA 是伊斯兰债券市场的唯一评级机构,并已被巴林中央银行和伊斯兰开发银行批准成为其外部评级机构。作为独立的评级机构,IIRA 致力于提高金融市场的透明度和公平性,推进伊斯兰金融市场的发展,并提升投资者的信心。

4.2.4　国际伊斯兰金融市场(IIFM,International Islamic Financial Market)

日前,IIFM 已经颁布了 10 套资本市场行业标准协议,具体为《现金质押信用支持文件》《财资产品销售协议》《国际掉期及衍生工具协议》《银行间非限制性投资账户代理协议》《机构间适配程序及政策标准协议》《回购及抵押协议》《对冲协议》。2016 年 6 月,就伊斯兰远期外汇买卖产品(IFX Forward: ISDA/IIFM Islamic Foreign Exchange Forward),为规避货币及利率错配风险的影响,IIFM (International Islamic Financial Market)和 ISDA(International Swaps and

Derivatives Association,Inc.)联手发布了两项新标准:1)单一 Wa'ad 结构(即只有一方——买方对另一方做出了交易承诺);2)双向 Wa'ad 结构(即交易双方分别对另一方做出交易承诺,交易双方彼此承诺在满足交易条件时进行交易)。此外,IIFM 还在起草《伊斯兰债券标准化协议》(Sukuk Standardization)和《IIFM 风险参与协议》(IIFM Risk Participation Agreements)。

4.2.5 伊斯兰金融服务委员会(IFSB, Islamic Financial Services Board)

伊斯兰金融服务委员会负责为伊斯兰监管机构和金融机构设立各项标准,制订伊斯兰金融业的监管条例,使国际惯例与伊斯兰监管相融合,监督伊斯兰金融机构审慎、透明运作,以保障伊斯兰金融业的健康、稳健发展。

伊斯兰金融服务委员会是巴塞尔银行监管委员会(BCBS, Basel Committee on Banking Supervision)、国际证券委员会组织(IOSCO, International Organisation of Securities Commissions)、国际保险监督官协会(IAIS-International Association of Insurance Supervisors)的重要补充机构。

自其成立伊始,IFSB 已为伊斯兰金融业制定了 27 套专业标准、行业标准、技术规章及指导原则,涵盖了风险管理、资本充足率、公司治理、透明度及市场纪律、监管检查流程、投资、行业行为规范、压力测试、信用评级、流动性风险管理、货币市场管理、资本市场管理等方面。其中主要有针对伊斯兰银行(17 套)、针对伊斯兰资本市场(2 套)、针对伊斯兰保险业(6 套)、针对混业经营(2 套)。

对于伊斯兰金融机构内部伊斯兰监管合规性审查,伊斯兰金融服务委员会规定伊斯兰金融机构的伊斯兰监管委员会(SSB, Shari'ah Supervisory Board)应该有一个单独的伊斯兰监管主管部门或专门的内部审计、伊斯兰监管审查团队对所需要的审计、审查工作对象开展工作。对于伊斯兰金融机构外部伊斯兰监管合规性审查,审计委员会应该确保执行该项工作的外部审计师有能力独立完成任务。

2018 年 8 月,IFSB 与 IADI(International Association of Deposit Insurers,国际存款保险机构协会)签订谅解备忘录,双方拟共同制定伊斯兰存款保险制度有效运行的实施标准。2018 年 10 月,IFSB 与 AAOIFI 签订了谅解备忘录,双方就推广审慎伊斯兰监管国际标准等方面加强合作达成共识。

4.2.6 巴林流动性管理中心(LMC, Liquidity Management Centre)

巴林流动性管理中心(LMC, the Liquidity Management Center)成立于

2002 年,总资本 2 亿美元,注册资本 5355 万美元,其股东分别是巴林伊斯兰银行、阿联酋迪拜伊斯兰银行、位于沙特的伊斯兰开发银行和科威特金融局,四方各占 25％股权。2005 年,LMC 率先在伊斯兰银行间市场推出短期伊斯兰债券服务。2017 年底,总资产约为 1.49 亿美元(2016 年: 1.32 亿美元)。LMC 主要通过发行短期伊斯兰债券(Salam Sukuk)为海湾地区国家的伊斯兰银行与国际性伊斯兰金融机构的中短期流动性需求提供便利,并同时为伊斯兰结构性融资、项目融资和企业融资提供咨询服务。2017 年底,该行伊斯兰债券(Sukuk)投资余额为 7346 万美元(2016 年: 7354 万美元),实现盈利 214 万美元(2016 年: 84 万美元)。目前,该市场共发行 6 种伊斯兰债券作为货币市场工具。

4.2.7　国际伊斯兰商业仲裁与和解中心(IICRCA, International Islamic Center for Reconciliation and Commercial Arbitration)

IICRCA 是由阿联酋、伊斯兰开发银行(IDB)和伊斯兰银行和金融机构总理事会于 2004 年在 IDB 德黑兰年会上提议创立的,并于 2005 年正式成立、2007 年正式开始运作,总部在阿联酋迪拜。

IICRCA 是一个独立的、非营利性、国际性伊斯兰仲裁机构,主要致力于: 1)为遵守伊斯兰监管的伊斯兰金融机构间、伊斯兰企业间、伊斯兰金融机构和企业间、伊斯兰金融机构、企业和其他第三方间的金融和商业纠纷提供仲裁与和解服务;2)为伊斯兰金融机构的产品与合同设计提供现代伊斯兰监管之咨询服务;3)为伊斯兰金融与商业仲裁提供培训服务(如国际伊斯兰金融注册调解师证书考试和培训等);4)每半年免费发布伊斯兰仲裁动态报告。

IICRCA 的最高权力机构是 IICRCA 总理事会,负责批准该中心之章程与修正案及其下属机构委托人董事会(BoT: Board of Trustees)的各项提案。BoT 成员不超过 15 人(其中一人代表 IDB,一人代表总部驻地所在国),任期为三年。成员必须有至少 10 年以上的金融从业经验且是伊斯兰监管方面的专家。BoT 设主席与副主席各一名(由 BoT 成员秘密投票产生)。BoT 每年召开两次董事会,并代表 IICRCA 履行以下职责: 1)为 IICRCA 章程提供修正案;2)批准预算;3)为 IICRCA 总理事会编制年报;4)批准仲裁之金融、行政及技术规定;5)制定和执行发展规划;6)指定内部审计师;7)组建 BoT 下设执行委员会(EC: Executive Committee)及设定其工作职责。

4.2.9 国际伊斯兰流动性管理中心成立（IILM，International Islamic Liquidity Management）

国际伊斯兰流动性管理公司（IILM）由马来西亚、印尼、科威特、阿联酋、卡塔尔、土耳其、尼日利亚、毛里求斯、卢森堡中央银行以及伊斯兰开发银行（IDB）联合发起，成立于2010年10月，总部位于马来西亚首都吉隆坡。IILM成立的宗旨是通过发行短期伊斯兰债券稳定伊斯兰银行业发展，为伊斯兰银行和伊斯兰企业提供跨境短期资金便利，改善其国际投资机会并提高国际贸易效率。

2011年，马来西亚为IILM专门立法（IILM Act 2011），赋予其国际机构外交豁免权。2013年8月，IILM发行了第一个高评级、短期伊斯兰债券（Sukuk，期限3个月、金额4.9亿美元）用于解决伊斯兰金融机构跨境流动性管理需求。该债券受到伊斯兰资本市场热烈欢迎。截至2018年底，IILM共发行了61期、总额为368.2亿美元的2—6个月短期伊斯兰债券，极大地满足了伊斯兰银行业短期融资需求。截至2018年底，IILM短期伊斯兰债券余额为20.6亿美元，债券平均回报率约为2.42%。

4.3 伊斯兰银行合规性监管要求及监管架构

伊斯兰银行业监管体系体现了浓厚的宗教背景：《古兰经》《圣训》和伊斯兰监管等是伊斯兰银行业监管的理论根据。在穆斯林世界中，无论是政治体制、经济结构，还是生活方式、风俗习惯，无一不受到伊斯兰监管的直接影响，而其对于伊斯兰社会经济生活的影响也非常明显。如何贯彻伊斯兰教之基本监管和原则、体现伊斯兰教的伦理思想，也是穆斯林的主要关注点。

对于穆斯林投资者来说，他们最关心的问题之一是伊斯兰银行业所提供的产品和服务是否符合伊斯兰监管的要求，而这也是伊斯兰银行业监管机构所关注的重点。

从监管架构来看，伊斯兰银行设有伊斯兰监管（Shari'ah）合规性监管机构——伊斯兰监管委员会；从伊斯兰银行公司治理来看，伊斯兰银行突出其非利息化的交易基础，注重信息披露，在发展业务的同时兼顾伊斯兰监管宣讲与教化。从客户选择来看，伊斯兰银行也有特别的要求，伊斯兰监管禁止收付利息，也不允许为涉及投机赌博、烟草、猪肉、酒精饮品、色情、军火等的客户提供伊斯兰金融服务。

伊斯兰银行业的所有产品和服务都需要遵从伊斯兰监管。伊斯兰银行业监管的重点是拟进入或已进入该行业的金融产品和机构并确保其符合伊斯兰监管的要求;保护储户和投资者的利益;监管及防范伊斯兰银行系统性风险。

4.3.1　伊斯兰银行合规性监管架构及其运作机制

从伊斯兰银行业监管机构的顶层设计来看,其最高层是伊斯兰监管顾问委员会或伊斯兰监管委员会(SAB, Shari'ah Advisory Board 或 SSB, Shari'ah Supervisory Board)。第二层是各伊斯兰金融机构(IFI, Islamic Financial Institutions)内部自己设立的伊斯兰监管顾问委员会或伊斯兰监管委员会。

目前,在全球伊斯兰银行业中,伊斯兰监管委员会存在两种监管模式,即统一监管模式和分别监管模式。

在马来西亚、巴基斯坦等国,其中央银行下设有一个单独机构负责对境内伊斯兰金融机构统一监管,同时设有一个伊斯兰监管中央委员会,负责制定各项规章、条例,统一管理各金融机构下属的伊斯兰监管委员会。这是统一监管模式。

在中东,如巴林、阿联酋等国,并不存在着一个全国统一的伊斯兰监管委员会,各伊斯兰银行机构在其内部分别设立自己的伊斯兰监管委员会,负责本机构的伊斯兰监管合规性管理;市场和产品的监管功能由不同伊斯兰金融机构的伊斯兰监管委员会单独完成;当然,该委员会的人员构成必须是市场普遍认可的伊斯兰学者。这是分别监管模式。

我们用以下图表解释伊斯兰监管委员会统一监管模式和分别监管模式的异同:

统一监管模式	分别监管模式
伊斯兰监管机构的最高层级是全国或中央伊斯兰监管顾问委员会或伊斯兰监管委员会(SAB, Shari'ah Advisory Board 或 SSB, Shari'ah Supervlsory Board)	没有单一层级的伊斯兰监管最高监管机构; 各金融机构在其内部自行设立伊斯兰监管委员会
监管机构利用立法或规章制度确保各伊斯兰金融机构的伊斯兰监管委员会由合格的伊斯兰学者组成	由各伊斯兰金融机构自行决定伊斯兰监管委员会的合格人选

续表

统一监管模式	分别监管模式
由伊斯兰监管顾问委员会（SAC，Shari'ah Advisory Council）决定其境内各伊斯兰金融机构监管委员会业务指导和参考建议的范围	各伊斯兰金融机构内设的伊斯兰监管委员会对各自机构的伊斯兰监管合规性管理负完全负责
主要国家：马来西亚、巴基斯坦、苏丹、阿曼、阿联酋	主要国家：巴林、沙特等中东阿拉伯国家

此外，伊斯兰银行业核心国家（如马来西亚、伊朗、巴林、沙特阿拉伯、巴基斯坦、土耳其、印度尼西亚、苏丹、科威特、阿联酋等国）之伊斯兰监管委员会对于其机构人事构成、管理及其权限等限制如下表所示：

国家伊斯兰教义委员会及相关监管要求

国家	参考术语	人员构成要求	决策权	成员任命及罢免	成员条件要求	更高一层之授权机构	对伊斯兰学者是否有限制条件	伊斯兰评级	伊斯兰教义合规性外部审查
马来西亚	V	V	X	X	V	V	V	V	X
伊朗	V	V	X	V	V	V	X	X	X
巴林	V	V	X	V	X	X	X	X	X
沙特阿拉伯	V	V	X	V	V	V	X	X	X
巴基斯坦	V	V	X	V	V	V	X	X	X
土耳其	V	V	X	V	V	V	X	X	X
印度尼西亚	V	V	X	V	V	X	X	X	X
苏丹	V	V	X	V	V	X	X	X	X
科威特	V	V	V	X	V	X	X	X	X
阿联酋	V	V	X	V	V	X	X	X	X
约旦	V	V	V	X	X	X	X	X	X
新加坡	V	X	X	X	X	X	X	X	X
英国	V	X	X	X	X	X	X	X	X

资料来源：各国中央银行

从上表分析可以看出：

1. 各国对伊斯兰金融基本参考术语均有自己的定义；

2. 各国均尚未建立伊斯兰监管合规性外部审查体系；

3. 对于伊斯兰监管委员会的人员构成各国也存在很大的差异性；

4. 马来西亚和巴基斯坦的要求较其他国家来说更为严谨，对于拟入选伊斯兰监管委员会的人士不仅要求其在伊斯兰监管方面有较高的造诣，还要求其有合适的金融从业的背景；

5. 除马来西亚外，各国尚未建立起完善的伊斯兰评级体系；

6. 各国伊斯兰监管委员会对于伊斯兰监管的解释尚未形成一个国际统一标准。

4.3.2　伊斯兰监管委员会(SAB，Shari'ah Advisory Board or SSB-Shari'ah Supervisory Board)的设立与职责

目前，全球伊斯兰金融机构均设有伊斯兰监管委员会，其组织设立与职责履行基本参照了以下三个国际性伊斯兰金融机构的相关标准。

1）伊斯兰金融机构会计与审计组织（AAOIFI）

目前，AAOIFI 已颁布了 103 套行业标准。其中，为了统一伊斯兰金融业监管标准，伊斯兰金融机构会计与审计组织（AAOIFI，Accounting and Auditing Organization for Islamic Financial Institutions）颁布了四个监管标准：

——标准 1－伊斯兰监管委员会（SAB，Shari'ah Advisory Board or SSB-Shari'ah Supervisory Board）：任命、构成和报告

确认了伊斯兰监管委员会作为一个独立的专业机构的人员（必须精通伊斯兰商法）之选择、任命、薪酬和构成。它同时解释了伊斯兰监管委员会报告对伊斯兰金融机构公司治理的直接影响。

——标准 2－伊斯兰监管审查

——标准 3－内部伊斯兰监管审查

标准 2、3 确认了伊斯兰监管审查（含内部审查）的标准和指导原则，即该审查功能必须由独立的审查机构来进行，同时该报告直接构成伊斯兰金融机构公司治理的一部分。

——标准 4－审计和伊斯兰金融机构公司治理委员会

确认了审计和公司治理委员会（AGC，Audit and Governance Committee）的具体职责，即确保伊斯兰金融机构的透明度和充分的信息披露以保障广大投

资者和储户的根本利益,以及公众对金融机构的信心。

2)审计和公司治理委员会(AGC,Audit and Governance Committee)

审计和公司治理委员会(AGC)主要是通过以下功能帮助国际性伊斯兰金融机构董事会成员独立、客观地监管公司的运作:

——保持财务报告流程的一致性;

——保护股东、投资者以及其他公司利益相关者的权益;

——对提供给公司董事会成员的财务信息的可信度提供额外的保证;

——负责扮演金融机构管理层与其利益相关者之间的独立第三方的角色。

总之,审计和公司治理委员会(AGC)的主要功能就是确保伊斯兰金融机构有一整套合理、完备的监管体系以确保公司管理层之战略意图在符合伊斯兰监管的前提下得以顺利执行。

3)伊斯兰金融服务委员会(IFSB,Islamic Financial Services Board)

IFSB 是一个国际性组织,为伊斯兰金融机构和金融业管理及监管机构设立各项标准,以确保其稳健运行。该机构于 2002 年成立,总部设于马来西亚首都吉隆坡,是巴塞尔银行监管委员会(BCBS)、国际证监会组织(IOSCO)、国际保险监督官协会(IAIS)的重要补充。

除了 AAOIFI,IFSB 也为伊斯兰金融机构制定公司治理的指导原则。对于伊斯兰金融机构内部伊斯兰监管合规性审查,IFSB 规定伊斯兰金融机构的伊斯兰监管委员会(SSB,Shari'ah Supervisory Board)应该有一个单独的伊斯兰监管部门或专门的内部审计,伊斯兰监管审查团队对所需要的审计、审查工作对象开展工作。对于伊斯兰金融机构外部伊斯兰监管合规性审查,审计委员会应该确保执行该项工作的外部审计师有能力独立完成审计任务。

虽然早期在中东国家如巴林、阿联酋等国推行伊斯兰金融机构各自设立伊斯兰监管委员会,自主、自律、自我监管的分别监管模式,但是现在这些国家也要求本国的伊斯兰金融机构遵守国际性伊斯兰金融机构如 AAOIFI 和 IFSB 颁布的各项标准,以期使本国伊斯兰金融机构能尽快融入环球伊斯兰金融体系。

4.4 伊斯兰银行业监管方法及客户选择标准

4.4.1 伊斯兰银行业监管方法

伊斯兰银行业主要通过以下途径确保伊斯兰金融产品和服务符合伊斯兰监

管合规性要求。

1）伊斯兰监管宣讲与教化

伊斯兰银行业将伊斯兰监管宣讲与教化揉进其资本运作和管理体系，这样不仅有利于吸引穆斯林投资者，同时也加深了他们的宗教虔诚度。

2）信息披露

伊斯兰商法要求伊斯兰银行业及产品销售方应当将所有重要及有实质影响的资讯披露给投资者，以便其在投资前充分考虑投资机会。信息披露实际上也是伊斯兰监管宣讲和教化的一部分。在伊斯兰金融中，履行合约性义务和披露信息被奉为神圣的职责，而为此专设的伊斯兰监管委员会等机构也会监督伊斯兰金融机构是否恪守监管。

3）非利息化的交易基础

伊斯兰银行业的交易是不以利息为基础的。"利息""重利"均出自于阿拉伯语的 Riba 一词。《圣训》里对 Riba 的广义解释是：任何不劳而获的利润或收入，比如来自偶然机会的利润所得；以及某些物物交换中数量不等或一方延期交付，都被认为有利息存在，应当在禁止之列。也有解释为：无论是通过贷款还是出售得到资本时，若本金含有任何不公平的增加，更精确地说，与本金的偿还期和数额有关的、任何正的、固定的、事先确定的利率都应该是被禁止的。

虽然伊斯兰监管禁止收取利息，但是却鼓励交易各方在公平交易中赚取利润。它认为，从企业经营的角度来讲，事先确定的利息是一种成本，它并未考虑企业经营后果，一旦企业亏损就不可能为投资者带来任何收益；而在企业盈利基础上的事后分成是被鼓励的，因为事后确定的利润象征着经营者进取精神的成功，同时还可以为各经营参与方带来额外的福利。

伊斯兰监管中有关社会公正的要求能够使借贷双方以公平、合理的形式分享回报并分担损失，这一要求同样也适用于社会经济中福利的积累和再分配过程。

4.4.2　了解你的客户（KYC，Know Your Customer）——伊斯兰监管（Shari'ah）运行机制实务

对于从事个人及零售业务的客户，伊斯兰银行并未要求该客户必须是穆斯林，非穆斯同样也可以选择在伊斯兰银行开户，并享受其所提供的伊斯兰零售产品和服务。

而对于公司客户，"了解你的客户"（KYC，Know Your Customer）及其业务

是否符合伊斯兰监管的要求始终是伊斯兰银行公司业务管理的一个重点。伊斯兰银行对于公司客户的选择,主要有以下两点考虑:

1）客户的主营业务是否符合伊斯兰监管要求;

2）客户的主要收入来源是否符合伊斯兰监管要求。

伊斯兰金融国际性专业机构在这方面作了许多努力,也陆续设立了一些标准,但各国的伊斯兰金融机构标准不一,且其监管架构也不尽相同。更重要的是,在现实经济生活中,100％符合伊斯兰监管要求的公司客户相当的稀少。基于此,为了拓展业务,伊斯兰银行业不得不稍作妥协,在伊斯兰监管纯粹性方面适当放宽对客户的要求。

此外,具体而言,在公司客户选择标准方面,伊斯兰银行参考了道琼斯伊斯兰市场指数(DJIM, Dow Joans Islamic Market Index)和伊斯兰股权投资筛选标准,亦称 DJIM（过）滤卡标准。对于目标公司,DJIM 滤卡有四项基本原则,即:

1）目标公司未到期债务总额占公司总资产或总市值比率不高于33％;

2）目标公司现金及付息证券之和占公司总资产或总市值比率不高于33％;

3）目标公司应收账款占销售收入比率不高于50％;

4）目标公司从事非主营、伊斯兰监管禁止类业务比率不高于5％。

——未到期债务总额(Total Outstanding Debt)占公司总资产(Total Assets)或总市值(Market Capitalization)比率不高于33％

一般公司的资本结构通常包含两个组成部分:股权和债权。而债权通常来说较为便宜,因为从会计角度来看,债务利息可以税前抵扣且债务利息设定的参照物基本上是 LIBOR、SIBOR 等银行间同业拆借利率,或借款人所在国家的基准利率,通常是固定的。在正常商业经营当中,一般公司经营都会运用资本杠杆,即都有负债。所以设立债务总额比率可以方便不同地区的投资者比较所投资企业的负债结构。当然,这并不表示说需要偿付利息的负债这一概念是被伊斯兰监管接受的。

换言之,目前没有一个完美的、完全符合伊斯兰监管的伊斯兰金融市场。设立债务总额比率可以看作是伊斯兰监管委员会与现实世界的经济生活相妥协所作的一个容忍度比率。因为,在现实经济生活当中,上市公司,特别是在国际资本市场上市的公司,其上市的地点可能是伊斯兰资本市场并不发达或者基本不存在适合的伊斯兰投资工具之处,并且绝大部分公司通常会选择利用传统金融市场进行筹资活动。设定未到期债务总额占总资产或总市值比率不高于33％

首先可以确保该公司的资本构成多数部分(67%)符合伊斯兰监管要求。

——现金及付息证券(cash and interest-bearing securities)之和占总资产(total assets)或总市值(market capitalization)比率不高于33%

流动性是现代金融的一个重要组成部分,现金及付息证券是流动性极高的资产,但是其带来的回报却比较有限。资料显示,上市公司如有大量闲置现金时,为保持流动性的需要且提高其资金回报率,购买付息证券是一个普遍的选择。

但是,全球伊斯兰金融市场却缺乏符合伊斯兰监管的流动性产品供广大投资者选择。伊斯兰监管委员会无法让投资者为伊斯兰监管合规性之理想和现实的差距买单,于是,它不得不稍作妥协,允许备选公司投资于符合伊斯兰监管的上市公司,但该上市公司现金及付息证券之和占总资产或总市值比率不高于33%。设立现金及付息证券之和占总资产或总市值比率可以看作是伊斯兰监管委员会与现实世界的经济生活相妥协所作的一个容忍度比率。尽管这样的筛选标准可以看作是一个权宜之计,但仍不失为一个比较贴近现实的选择。

——应收账款(receivables)占销售收入(revenues)比率不高于50%

应收账款是指企业在正常的经营过程中因销售商品、产品、提供劳务等业务,应向购买单位收取的款项,包括应由购买单位或接受劳务单位负担的税金、代购买方垫付的各种运杂费等。应收账款的产生首先通常是因为企业为了提高竞争力而采用赊销方式;其次是由于销售和收款的时间差引起的。如果一家公司的绝大部分资产是以应收账款形式体现的,这家公司的主要资产则体现为债权。

伊斯兰监管不允许债权交易(因为这样会产生以钱生钱的交易,而这是伊斯兰监管所不允许的),所以伊斯兰监管委员会作了妥协,规定公司的应收账款(receivables)占销售收入(revenues)比率不高于50%,只有符合该条件,该公司股票才可以在二级市场以市价交易,并成为伊斯兰银行的备选客户。

——公司从事非主营、伊斯兰监管禁止类业务(shares in companies who operate in non-core prohibited activities)比率不高于5%

这一点相对好理解。例如,一家建筑公司可能同时拥有某酒店或度假村的股份,这些酒店或度假村可能会为住客提供烟、酒、娱乐等不符合伊斯兰监管的服务,但是,它的主营业务还是客房服务。如果这些不符合伊斯兰监管的业务不超过其主营业务的5%,那么这家公司还是有机会成为伊斯兰银行的备选客户。

总结：

本章主要介绍了：

——全球伊斯兰银行业发展的主要推手

——国际性伊斯兰金融机构对伊斯兰银行业发展的影响

——伊斯兰监管合规性监管要求及监管架构

——伊斯兰银行业监管方法及客户选择标准

综上所述，近三十年来，伊斯兰银行业取得了长足的发展。目前全球伊斯兰金融监管尚未形成一个标准统一的体系，集中管理及分别监管体系双轨并行，有些国家推行集中管理模式（如马来西亚）；另一些国家推行以伊斯兰监管委员会为主导的分别监管模式（如阿联酋）。而国际性伊斯兰金融机构如伊斯兰金融机构会计与审计组织（AAOIFI）、审计和公司治理委员会（AGC，Audit and Governance Committee）、伊斯兰金融服务委员会（IFSB，Islamic Financial Services Board）等，在努力推动伊斯兰金融监管统一标准方面做了大量工作。从实质上来看，伊斯兰监管始终是伊斯兰银行监管最重要的内容之一。伊斯兰银行在客户选择方面不得不面对现实，设定一些妥协性的指标如：1）目标公司未到期债务总额占公司总资产或总市值比率不高于33％；2）目标公司现金及付息证券之和占公司总资产或总市值比率不高于33％；3）目标公司应收账款占销售收入比率不高于50％；4）目标公司从事非主营、伊斯兰监管禁止类业务比率不高于5％等，从而保证伊斯兰银行的发展基础。

第五章

"一带一路"沿线主要伊斯兰国家伊斯兰银行业发展现状

本章主要介绍

- 全球伊斯兰银行业发展现状
- "一带一路"沿线主要伊斯兰国家伊斯兰银行业发展现状

近年来,世纪经济重心正逐渐东移。

2013 年中国率先提出两个符合欧亚大陆经济整合的大战略:1)丝绸之路经济带战略;2)21 世纪海上丝绸之路经济带战略。两者合称——"一带一路"(BRI: The Belt and Road Initiative)。

该战略北线——涵盖了东北亚经济圈并最终通向欧洲,形成融通欧亚大陆经济圈的大趋势;南线——涵盖了东南亚经济圈并从海上联通欧、亚、非三个大陆和海上丝绸之路经济带,从而形成一个海上、陆地的闭环。

"一带一路"战略的重点在于:1)畅通中国经中亚、俄罗斯至欧洲;2)中国经中亚、西亚至波斯湾、地中海;3)中国至东南亚、南亚、印度洋间的经济交往。"一带一路"贯穿亚欧非大陆,一头是活跃的东亚经济圈,一头是发达的欧洲经济圈,中间广大腹地国家经济发展潜力巨大。据 2017 年中国商务部统计数据显示,"一带一路"共覆盖 71 个国家和地区,GDP 之和预测为 14.5 万亿美元,占全球GDP 的 18.4%;人口总数预测为 34.4 亿人,占全球人口的 47.6%;对外贸易总额为 9.3 万亿美元,占全球贸易总额的 27.8%,在全球贸易版图中占据重要地位。2017 年,中国与"一带一路"国家的进出口总额达到 1.44 万亿美元,占中国进出口贸易总额的 36.2%,其中出口额 7742.6 亿美元,占中国出口额的34.1%;进口额 6660.5 亿美元,占中国进口额的 39.0%。

　　"一带一路"涵盖了主要伊斯兰国家和地区。据中国商务部数据显示,2017年,中国与"一带一路"国家进出口总额最高的前10位贸易伙伴中的伊斯兰国家有马来西亚、印度尼西亚和沙特阿拉伯。2017年,中国在西亚地区的前十大贸易伙伴是沙特阿拉伯、阿联酋、伊朗、伊拉克、土耳其、阿曼、以色列、科威特、卡塔尔、约旦。除以色列外,中国在西亚的九大贸易伙伴均为伊斯兰国家,其中与沙特阿拉伯贸易额达500.4亿美元,占中国对西亚地区进出口总额的21.5%。中国与西亚地区"一带一路"国家的进出口总额为2330.2亿美元,其中出口额1184.1亿美元,占中国对"一带一路"国家出口额的15.3%;进口额1146.1亿美元,占中国自"一带一路"国家进口额的17.2%。而全球伊斯兰资产在2017年底约为2.43万亿美元,其中90%集中在以下10个伊斯兰金融核心市场,即:马来西亚、阿联酋、沙特阿拉伯、科威特、卡塔尔、土耳其、印度尼西亚、巴基斯坦、巴林和孟加拉,这10个国家都坐落在"一带一路"战略圈内,而这10个国家又是全球25个快速发展市场(RGMs:Rapid-Growth-Markets)成员。

　　放眼未来,亚太地区仍将是最具发展活力和潜力的地区之一。这个占全球GDP之57%、贸易额46%、人口40%的地区,正在推动自由贸易区建设,其中一些国家和地区已取得重大进展,如2016年东盟经济共同体(ASEAN Economic Community,东盟10国总人口超6亿,GDP达2.4万亿美元)已见雏形;而中国——巴基斯坦经济走廊(CPEC-China-Pakistan Economic Corridor)的建设也在紧锣密鼓地进行。同时,中国还积极推进区域全面经济伙伴关系协定(RCEP)谈判,该项协议谈判始于2013年5月,成员包括东盟10国、中国、日本、韩国、澳大利亚、新西兰和印度,人口约占全球之50%,GDP、贸易额、吸引外资等指标约占全球1/3,是亚太区目前最大的自由贸易协定谈判。

　　2016年1月,由中国主导创建的区域性金融机构——亚洲基础设施投资银行(简称亚投行——AIIB:Asian Infrastructure Investment Bank,总部设在北京)正式开业。亚投行是一个政府间性质的亚洲区域多边开发机构,重点支持基础设施建设,其成立宗旨在于促进亚洲区域的建设互联互通化和经济一体化的进程,并且加强中国及其他亚洲国家和地区的合作。亚投行法定资本1000亿美元,有93个成员,其中创始成员国56个中的18个为伊斯兰国家(约占1/3),9个伊斯兰金融核心市场国家(即沙特阿拉伯、马来西亚、阿联酋、科威特、卡塔尔、土耳其、印度尼西亚、巴基斯坦和孟加拉)均为亚投行创始成员。2017年底,中国已同38个国家签订了人民币互换协议(其中马来西亚、土耳其、印尼、卡塔尔、阿联酋、巴基斯坦、哈萨克斯坦等为伊斯兰国家)。此外,如何把绿色金融要素融入到"一带一路"投资中去,既是中国投资机构的长期利益所在,也是"一带一路"沿线国家可持续发展的要求。

如果"一带一路"战略顺利实施,亚太自贸区顺利建成,它们将会成为不同发展水平的经济体共同推进一体化的典范,更是包容性经济的生动体现,其影响将惠及亚太、利好全球。同时也将对身处其中的主要伊斯兰国家的伊斯兰银行业发展产生深远的影响。

5.1　全球伊斯兰银行业发展现状

许多读者都会关心这个问题,伊斯兰银行在商业运作与合规监管方面均需遵循伊斯兰监管的要求,在存款、借款及投融资等业务方面均不涉及利息。那么储户与银行的收益如何体现呢？从实质上看,伊斯兰银行与储户的关系更像是一个合作伙伴关系。储户出于对伊斯兰银行的信任,将资金作为存款存入银行,委托银行理财;伊斯兰银行受托代客理财,负责将众多储户存款汇集并投资于符合伊斯兰监管的工商业务活动及支持个人金融业务(如房贷、车贷、消费贷款)等。储户的存款可被视为一种投资委托。如果伊斯兰银行经营成功,其所获得的收益将按各储户的投资比例及相关合同约定进行分配。但如果投资失败,则伊斯兰银行与储户按合同约定比例各自承担损失。近年来,国际上将采用这种经营模式的伊斯兰银行称为伊斯兰参与型银行(Participation Bank)。

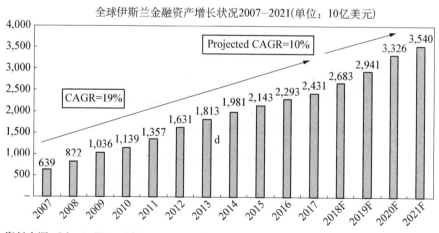

全球伊斯兰金融资产增长状况2007-2021(单位：10亿美元)

资料来源：Islamic Financial Services Board (IFSB)

截至 2017 年底,全球伊斯兰金融市场规模达 2.43 万亿美元。从 2007 年至 2017 年,该市场年均复合增长率超过 19%。预计到 2021 年,全球伊斯兰金融市场规模将达到 3.54 万亿美元。

全球伊斯兰金融资产主要分布在四个领域,即伊斯兰银行业(76%)、伊斯兰债券(20%)、伊斯兰基金(含股权,3%)和伊斯兰保险(TAKAFUL,1%),具体分布如下图所示。

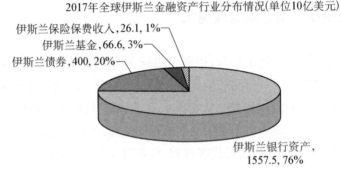

2017年全球伊斯兰金融资产行业分布情况(单位10亿美元)

资料来源:Islamic Financial Services Board (IFSB)

从地域分布情况来看,全球伊斯兰金融资产主要分布在三个地区,即海合会国家(GCC,42%),中东北非地区(不含 GCC,29%),亚洲(主要是东南亚和南亚地区,24%)具体分布如下图所示。

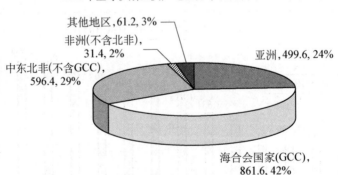

2017年全球伊斯兰资产地区分布状况(单位:10亿美元)

资料来源:Islamic Financial Services Board (IFSB)

伊斯兰金融资产近 10 年来增长迅猛,其覆盖范围也在不断扩大。就地区而言:

——海合会(GCC)国家占全球伊斯兰金融资产比重约为42.0%(其中沙特占全球伊斯兰金融资产比重约为18.5%,阿联酋约占7%);

——中东北非地区(不含GCC)占比约为29.1%,主要得益于伊朗自成一体的伊斯兰金融体系的贡献(伊朗占全球伊斯兰金融资产比重超过30%),伊朗是继苏丹之后第二个在其境内实现伊斯兰金融监管全覆盖的国家,95%的伊朗公民在伊斯兰银行开户;

——亚洲国家占比为24.4%(主要为马来西亚,占全球伊斯兰金融资产比重约为10%);

——其他国家和地区合计占比不到6%。

截至2017年底,全球伊斯兰金融资产约为2.43万亿美元,其中海合会国家(GCC)加上马来西亚和伊朗约占80%以上。因此这几个国家的经济表现对伊斯兰金融的发展影响尤为显著。具体说来,其经济表现与油价走势、国家产业一体化程度及地缘政治的影响密切相关。

2017年上半年全球伊斯兰银行资产国家分布状况			
排名	国家	全球伊斯兰银行业资产占比	伊斯兰银行资产(单位:10亿美元)
1	伊朗	34.4%	535.8
2	沙特	20.4%	317.7
3	阿联酋	9.3%	144.8
4	马来西亚	9.1%	141.7
5	科威特	6.0%	93.5
6	卡塔尔	6.0%	93.5
7	土耳其	2.6%	40.5
8	孟加拉	1.9%	29.6
9	印尼	1.8%	28.0
10	巴林	1.7%	26.5
11	苏丹	1.6%	24.9
12	巴基斯坦	1.2%	18.7
13	埃及	0.8%	12.5

续表

排名	国家	全球伊斯兰银行业资产占比	伊斯兰银行资产（单位：10 亿美元）
14	约旦	0.7%	10.9
15	阿曼	0.6%	9.3
16	文莱	0.5%	7.8
17	其他国家和地区	1.4%	21.8

资料来源：Islamic Finance Development Report 2017 by Thomason & Reuters

　　截至 2017 年上半年，全球共有 4 个国家伊斯兰资产规模超过 1000 亿美元，它们是伊朗、沙特阿拉伯、马来西亚和阿联酋。此外，科威特、卡塔尔的伊斯兰银行资产规模超过了 500 亿美元，而土耳其、孟加拉、印尼、巴林、苏丹、巴基斯坦、埃及和约旦的伊斯兰资产规模则超过了 100 亿美元。

　　截至 2017 年底，伊斯兰基金数从 2008 年的 548 家增加到 1161 家，基金资产管理规模从 2008 年的 257 亿美元增加到 2017 年底的约 667 亿美元。其中沙特（37.1%）与马来西亚（31.7%）最为发达，合计占比超过 69%。沙特伊斯兰基金主要投向货币市场工具（46%）、大宗商品（16%）、股权基金（16%）、其他固定收益投资工具（9%）、混合投资配置（7%）和房地产（3%），而马来西亚伊斯兰基金主要投向股权（59%）、货币市场工具（24%）、固定收益投资工具（12%）、混合投资配置（5%）。全球 34 个国家和地区有伊斯兰基金，其中 20 个在非 GCC 国家，基本分布如下图所示：

2017年伊斯兰基金资产地域分布情况

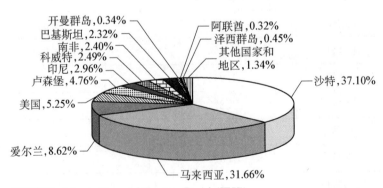

资料来源：Islamic Financial Services Board（IFSB）

截至 2017 年底,全球伊斯兰基金投放地域排名前三的分别是:

1) 全球配置:232 亿美元(占比 35%),这反映了全球伊斯兰基金为规避地域政治的不确定性而进行避险的需求;

2) 马来西亚:174 亿美元(占比 26%);

3) 沙特:126 亿美元(占比 19%)。

2017 年底,全球伊斯兰基金的投资领域主要集中在股权(42%)、货币市场(26%)、大宗商品(14%)、固定收益类产品和伊斯兰债券(10%),具体分布如下图所示:

2017年伊斯兰基金资产按投资领域分布状况

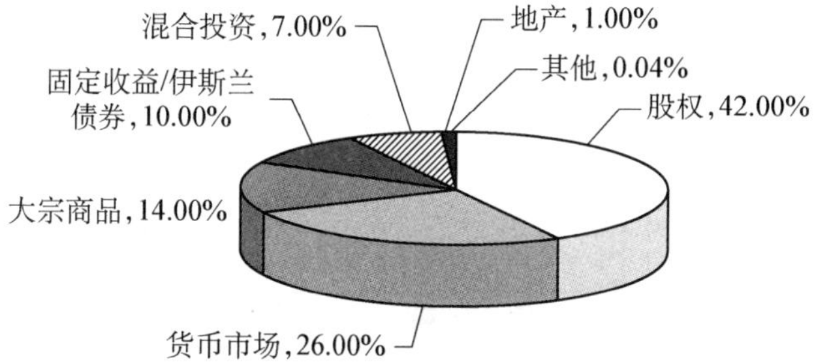

资料来源: Islamic Financial Services Board (IFSB)

伴随着伊斯兰经济的发展,预计到 2019 年,全球伊斯兰基金规模将超过 780 美元。

根据瑞士再保险(Swiss Re)及伊斯兰金融服务委员会(IFSB)报告显示,过往 10 年,全球伊斯兰保险市场增长明显,截至 2017 年底,全球伊斯兰保险市场保费贡献规模约为 284 亿美元(2008 年:164 亿美元),预计 2020 年将达到 300 亿美元。具体如下图所示:

从伊斯兰保险市场保费贡献的地域来看,截至 2017 年底,海合会国家(GCC)占比达 44%(125.73 亿美元),中东北非地区(MENA,GCC 国家除外)占比达 32%(91.56 亿美元),东南亚占比达 10%(28.18 亿美元)。这三个地区合计占比达 86%。沙特是伊斯兰保险业最发达的国家,约占全球规模的 35%,以及海合会国家(GCC)地区的 79%。

截至 2017 年 6 月底,全球伊斯兰银行资产规模近 1.56 万亿美元,其占比按国家分布如下图所示:

2008—2017年伊斯兰保险(TAKAFUL)保费收入情况

资料来源：Swiss Re Institution Economic Research and Consulting（2018），Islamic Financial Services Board（IFSB）

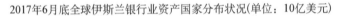

2017年6月底全球伊斯兰银行业资产国家分布状况(单位：10亿美元)

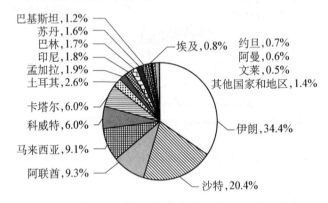

　　从上图可以看出，排名前 16 位的均为信仰伊斯兰教的国家，占比达 98.6%；其中海湾地区(包括伊朗和 GCC 国家，主要得益于充沛的石油美元收入)共有 7 国上榜，占比达 78.4%(约合 1.22 万亿美元)。具体而言，伊朗伊斯兰银行资产占比约占全球规模的 34.4%；紧随其后的是沙特(20.4%)、阿联酋(9.3%)、马来西亚(9.1%)、科威特(6.0%)、卡塔尔(6.0%)，这 6 国伊斯兰银行资产规模在全球占比均超过了 85.3%(约合 1.33 万亿美元)；其他国家合计不到 15%，其中排名较为靠前的是土耳其(2.6%)、印尼(1.8%)、巴林(1.7%)、苏丹(1.6%)和巴基斯坦(1.2%)。

5.2 "一带一路"沿线主要伊斯兰国家伊斯兰银行业发展现状

　　截至 2017 年底，全球伊斯兰金融市场规模达 2.43 万亿美元，其中 90%集中在以下 10 个伊斯兰金融核心市场,即:沙特阿拉伯、科威特、巴林,卡塔尔、马来西亚、阿联酋、巴基斯坦、印度尼西亚、土耳其和孟加拉,这 10 个国家都坐落在"一带一路"战略圈内。以下章节将逐一介绍这十大伊斯兰银行业核心市场发展现状。

5.2.1 沙特阿拉伯

沙特阿拉伯,简称沙特,是伊斯兰政教合一的君主制国家,位于亚洲西南部的阿拉伯半岛,东濒波斯湾,西临红海,同约旦、伊拉克、科威特、阿拉伯联合酋长国、阿曼、也门等国接壤。面积 215 万平方公里,海岸线长 2437 公里,人口 3293 万。伊斯兰教圣城——麦加位于其境内西部。每年从世界各地来此朝圣的穆斯林超过 1000 万人。沙特石油剩余可采储量约为 363 亿吨,约占世界储量的 26%;天然气剩余可采储量约为 8.2 万亿立方米,约占世界储量的 4.1%。沙特是全球最大的石油出口国,也是石油输出国组织(OPEC)的主要成员国。石油产业的收入约占全国财政总收入的 70%、该国出口收入的 90% 以及 GDP 的 50%。沙特货币(SAR:Saudi Riyal)里亚尔与美元挂钩,汇率稳定在 USD1 = SAR3.75,可自由兑换。截至 2017 年底,沙特吸引外资存量约为 2322.28 亿美元,其中中国对沙特投资存量约为 20.38 亿美元。

受石油价格连续下跌的影响,2016 年,沙特 GDP 增长为 -1.4%,约为 6449.36 亿美元,人均 GDP 为 19,983 美元。沙特 2006-2016 年的经济增长情况如下图。

沙特2006-2016年GDP状况(单位:10亿美元)

资料来源:世界银行(The World Bank)

据沙特商业投资部资料显示：

1) 2017 年,中沙双边贸易额为 499.84 亿美元,其中沙特从中国进口 182.2 亿美元;沙特出口中国 317 亿美元。中国为沙特第一大贸易伙伴。沙特实现贸易顺差 134.8 亿美元。

2) 2018 年,中沙双边贸易额为 614 亿美元,占沙特同期贸易总量的 17%。中国为沙特第一大贸易伙伴。沙特实现贸易顺差 169 亿美元。

3) 原油、有机化工产品、塑料及其制成品为沙特对中国出口的三大类产品。沙特自中国进口的主要商品是电器设备及其零部件、机械设备及其零部件和船舶等。

截至 2018 年底,中国与沙特尚未签署本币互换协议。

金融监管体系建设和政策演变

目前,沙特已经有一个稳定而成熟的伊斯兰金融体系。虽然沙特是一个纯粹的伊斯兰国家,但其政府和监管当局却从未在正式场合承认伊斯兰金融,也未在中央层面设立全国统一的伊斯兰监管委员会,相关的监管职能是由各伊斯兰金融机构内设的伊斯兰监管委员会各自承担的。总体而言,沙特金融业的主管机构是沙特中央银行(SAMA, Saudi Arabian Monetary Authority),以双轨制统一监管银行业和保险业。1966 年,沙特政府通过《银行业控制法》(BCL, Banking Control Law 1966)授予 SAMA 监管境内伊斯兰银行和传统银行的权利,SAMA 在《保险法》的授权下也负责监管境内伊斯兰保险公司和传统保险公司。1987 年,SAMA 成立了银行业纠纷协调委员会(BDC, Banking Disputes Committee),负责协调解决银行间的业务纠纷和有关金融方面的争议。

1996 年,沙特颁布了《银行管理法》,对沙特银行业务进行了规范。沙特中央银行负责境内银行监管。目前,沙特共有 28 家金融机构,其中沙特本国商业银行 12 家;伊斯兰银行 4 家(分别是 Al Rajih Bank, Bank Al Jazira, Albilad Islamic Bank, Alinma Investment Co.);外资商业银行 16 家。此外,沙特还有 5 家国有专业机构,如沙特农业银行、房地产开发基金、沙特工业发展基金、公共投资基金和沙特信托银行。其他各商业银行均设有专门的伊斯兰金融窗口或柜台。国际性伊斯兰金融机构——伊斯兰发展银行(IDB, Islamic Development Bank)总部设在沙特西部港口城市吉达。

目前,已有 16 家外资银行获准在沙特设立分行,其中 GCC 邻国 7 家(巴林 2 家、科威特 1 家、阿联酋 2 家、阿曼 1 家、卡塔尔 1 家),其余的还有 HSBC、JP

Morgan、Deutsche Bank、BNP Paribas、State Bank of India、National Bank of Pakistan、中国工商银行(ICBC)、渣打银行、孟加拉的 Bank of Bangladesh、土耳其农业银行、伊拉克贸易银行等。此外,日本 UFJ 也在申请在沙特首都利雅得建立分行。沙特内阁授权财政部负责审批外资银行在沙设立分支机构的申请,而获批后的具体设立手续则由沙特中央银行(SAMA)负责对接。

2003 年 6 月,沙特颁布了《资本市场法》,在现行银行的架构外,允许开办银行、金融公司,并成立资本市场监管局(CMA,Capital Market Authority)负责监管本地资本市场。沙特拥有 1 家证券交易所(TADAWUL),监管机构为沙特资本市场监管局。

2012 年,沙特政府在住房金融方面进行重大改革,通过《房地产金融法》并引入住房按揭和符合伊斯兰监管要求的全国统一的住房按揭保险方案,这为伊斯兰金融进入房地产市场铺平了道路。

2015 年 6 月 15 日,沙特阿拉伯对境外合格投资者开放其股票市场,并作了如下限制:1)单一境外合格投资者对沙特单一上市公司股权投资占比不超过 5%;2)所有境外合格投资者对沙特单一上市公司股权投资占比不超过 20%;3)所有境外合格投资者对沙特所有上市公司股权投资占比不超过 10%。

2015 年 12 月,经过近 10 年的酝酿,沙特颁布了《新公司法》,并于 2016 年 5 月 2 日起正式执行,以取代 1965 年颁布的《公司法》。《新公司法》共有 227 条,力图与国际惯例接轨,引入了资本充足率等概念,主要变化有:

1)《新公司法》授予沙特资本市场监管局作为沙特上市公司的监管机构;

2)在特定情况下,允许单一持股人成立有限责任公司与合资公司;

3)有限责任公司之个人股东不再为公司负债承担个人责任;

4)公司举债及交易伊斯兰债券必须符合伊斯兰监管的要求;

5)公司累计亏损超过注册资本之 50% 时须补充资本金直至注册资本之 50% 以上,否则需清盘等。

随着沙特对境外合格投资者开放其股票市场及《新公司法》的实施,沙特伊斯兰银行业将迎来更大的发展空间。

2016 年 4 月,沙特政府公布《2030 愿景》计划,旨在对沙特阿拉伯的经济进行一次规模极其庞大的整改,并计划用 14 年的时间将沙特从一个依赖石油出口的王国转变为一个依靠多方收入来源的现代、高效和多元化的经济体。《2030 愿景》包括政府内部高效率的竞选模式、非石油私营经济部门在国民经济中扮演更重要的角色、更积极地进行国有外国资产管理模式以增加收入等。此项计划的经济部分包括：未来五年的一揽子国家预算改革、法规变更、新政策发布等。
《2030 愿景》的主要内容有：

    1）将非石油出口占非石油国内生产总值的比率从 16％提高至 50％；

    2）将外国直接投资占国内生产总值的比率从 3.8％提高到 5.7％；

    3）将失业率从 11.6％降低至 7％；

    4）将中小企业对国内生产总值的贡献从 20％提高到 35％；

    5）将女性的劳动参与率从 22％提高到 30％；

    6）将私营行业对国内生产总值的贡献从 40％增加至 65％；

    7）将国有的沙特阿美石油公司从一家石油生产公司转变为一家全球性的工业集团；

    8）将公共投资基金（PIF）发展为全球规模最大的主权财富基金（资产规模超过 2 万亿美元；

    9）将非石油政府收入从 1,630 亿里亚尔（430 亿美元）增加至 1 万亿里亚尔（2,660 亿美元）等。

伊斯兰银行

截至 2016 年底，沙特有 4 家全牌照的伊斯兰银行，均在沙特本地股票市场（Tadawul）上市，分别是 Al Rajih Bank，Bank Al Jazira，Albilad Islamic Bank，Alinma Investment Co.，这 4 家伊斯兰银行资产规模占其国内银行资产规模的 25％，存款约占 28％。沙特伊斯兰银行客户移动服务的使用率约为 75％。沙特最大的伊斯兰银行为 Al Rajih Bank，有 539 家分支机构，资产余额约为 3070 亿沙特里亚尔，客户存款余额约为 2725.9 亿沙特里亚尔。第二大伊斯兰银行为 Alinma Investment Co.，有 76 家分支机构，资产余额为 1047.25 亿沙特里亚尔，客户存款余额约为 806.12 亿沙特里亚尔。

沙特其他 8 家本地商业银行也都在本地股票市场上市，且均有伊斯兰银行和传统银行经营牌照或同时提供伊斯兰银行窗口服务。目前，沙特伊斯兰银行业资产规模占国内银行资产规模的 55％，占全球伊斯兰银行业规模（除伊朗外）的 35％。此外，沙特最大的传统商业银行 NCB（National Commercial Bank）正在考虑在 2020 年前转变成一个全牌照的伊斯兰银行。

2016 年，为配合落实《2030 愿景》计划，沙特中央银行（SAMA）推出了《金融部门发展计划（FSDP）》，旨在将沙特经济活动中的非现金使用率从 16％提高至 28％（2020 年）和 70％（2030 年）。2016 年，沙特的电子交易规模约为 83 亿美元,预计到 2020 年将达到 220 亿美元。

伊斯兰基金

截至 2016 年底,沙特股票交易所(Tadawul)共有 199 只伊斯兰基金上市,资产管理总额约占全球的 40%(约 266 亿美元)。全球排名前 20 的伊斯兰基金有 10 只落户沙特,其中 NCB Capital 排名第一,资产管理总额约为 39.3 亿美元。

2016 年 11 月,沙特资本市场监管局(CMA)颁布了《新基金管理办法》(New Funds Regulations),对各类私募和公募基金的成立、发行和运营做出了具体规定。另外,CMA 还针对各类房地产公募基金颁布了《房地产信托基金管理办法》(REIT Regulations)。

伊斯兰保险(Takaful)

2003 年,沙特中央银行(SAMA)颁布了《互助保险公司监管法》(Law on Supervision of Cooperative Insurance Companies),规定所有保险公司必须以互助模式运营;伊斯兰保险公司如果实现盈利,则盈利之 10% 应按年直接回报给保单持有人。但该法案并未强制要求伊斯兰保险公司必须内设伊斯兰监管委员会,且也未限制伊斯兰保险公司投资方向和具体资产标的物(不论其是否符合伊斯兰监管规定)。沙特所有保险公司都在沙特股票市场(Tadawul)上市,所以它们必须同时满足沙特《资本市场交易法》的相关要求。

沙特是世界上第一大伊斯兰保险市场。截至 2016 年底,沙特有 35 家保险公司、2 家再保险公司、76 家持牌保险经纪公司和 76 家保险代理公司,其中 6 家是完全的伊斯兰保险公司(Takaful),29 家提供伊斯兰互助保险业务。沙特伊斯兰保费(contribution)收入 358 亿里亚尔(=96.46 亿美元),约占全球规模的 48%,在 GCC 占比更高达 77%。主要得益于沙特对车辆和个人健康实行强制保险,保险业实现盈利 25 亿里亚尔(=6.66 亿美元)。尽管如此,沙特伊斯兰保险的渗透率仍然较低,只有 1.5%。主要有 5 家保险商,即 Tawuniya、Bupa、Medgulf、Malath 和 Al Rajhi 的保费占比约为全行业的 65%,盈利约为全行业的 53%。健康(52%)、车辆(30%)、物业(5%)保险约占全行业的 87%。

伊斯兰债券(Sukuk)

2001—2016 年,沙特共发行了 95 只伊斯兰债券,其中国内发行 52 只,金额约 371.79 亿美元,约占全球伊斯兰债券国内发行量的 48.7%;国际发行 43 只,金额约 263.05 亿美元,约占全球伊斯兰债券国际发行量的 24.1%。

总体而言,沙特始终对伊斯兰金融市场保有巨大的影响力。随着沙特逐步向外国投资者开放股票和资本市场,实施"2030 愿景"计划以摆脱对石油经济的依赖,对国有企业进行私有化和混合所有制(PPP)改造,沙特伊斯兰金融在可预见的未来还有很大的发展空间。

5.2.2 马来西亚

马来西亚位于东南亚,位于太平洋和印度洋之间,由马来半岛南部的马来亚和位于加里曼丹岛北部的沙捞越、沙巴组成。马来西亚国土面积 33 万平方公里,海岸线长 4192 公里,人口 3170 万。马来西亚位于东南亚中心位置,马六甲海峡连通太平洋与印度洋,区位优势独特。马来西亚实行君主立宪议会民主联邦制(议会君主制)。根据宪法定义,马来人是实行马来风俗(习惯法)和文化的穆斯林,他们在政治上具有主导权。据《BP 世界能源统计年鉴》报告显示,马来西亚已探明石油储量约为 5 亿吨,天然气储量约为 2.7 万亿立方米。

马来西亚是新兴工业化市场经济体,也是东南亚国家联盟(ASEAN)成员国,2006—2016 年的经济增长情况如下:

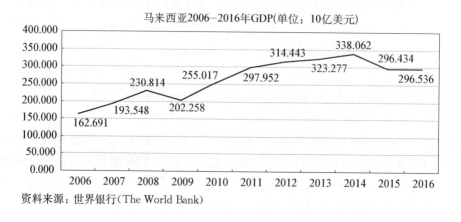

资料来源:世界银行(The World Bank)

2016 年底,马来西亚 GDP 达 295.36 亿美元,人年均 GDP 9508 美元;1 美元(USD)＝4.4839 马来西亚货币林吉特(MYR:Malaysian Ringgit)。马来西亚中央银行已将人民币纳入其外汇储备。2009、2012、2015、2018 年马来西亚先后四次同中国签署了为期三年的双边货币互换协议。最新一期协议总额为

1800亿人民币/1100亿马来西亚林吉特,三年期,到期日为2021年8月。

据马来西亚统计局资料显示:

1）2016年,中马双边贸易额为581.1亿美元,其中马来西亚从中国进口343.5亿美元,占马来西亚进口总额的20.4%;其中马来西亚出口中国237.6亿美元,占马来西亚出口总额的12.5%;中国为马来西亚第二大出口市场和第一大进口来源国;马来西亚与中国的贸易逆差为105.9亿美元。

2）2017年,中马双边贸易额为677.5亿美元,其中马来西亚从中国进口383.3亿美元,占马来西亚进口总额的23.8%;其中马来西亚出口中国294.2亿美元,增长23.8%;中国为马来西亚第二大出口市场和第一大进口来源国;马来西亚与中国的贸易逆差为89.2亿美元。

3）机电产品、矿产品和塑胶橡胶为马来西亚对中国出口的三大类产品。马来西亚自中国进口的主要商品是机电产品、贱金属及制品和化工产品。

在银行方面,2016年底,马来西亚有27家商业银行,11家投资银行,16家伊斯兰银行以及11家伊斯兰保险机构。截至2016年底,伊斯兰银行业资产规模为7420亿林吉特,占全国银行资产规模的28%。伊斯兰保险资产为269亿林吉特;伊斯兰资金规模为1500亿林吉特。最大的伊斯兰银行为Maybank Islamic,有402家分支机构,资产总额为1818亿林吉特。第二大的伊斯兰银行为CIMB Islamic,有350家分支机构,资产总额为666亿林吉特。

在证券市场方面,马来西亚股票交易所（Bursa Malaysia Berhad）是马来西亚唯一的股票交易所,经营股票、债券（包括伊斯兰债券）、金融衍生品等。分为主板市场（Main Market）和创业板市场（ACE Market）两部分。

经过近40年的发展,马来西亚已经成为世界伊斯兰金融中心,这主要得益于马来西亚:

1）完善的伊斯兰金融监管架构建设;

2）健全的伊斯兰监管法律与制度建设;

3）多样的伊斯兰金融产品与市场发展策略;

4）专业的伊斯兰金融技能培训与人才培养策略;

5）坚定的政府支持。

完善的伊斯兰法律和监管架构建设

早在马来西亚第一家伊斯兰银行（Bank Islam Malaysia Berhad）成立前的1983年,马来西亚起草了《伊斯兰银行法》（IBA, The Islamic Banking Act

1983),充分授权马来西亚中央银行(BNM)监管境内伊斯兰银行业务,并为伊斯兰银行开展业务在产品选择、服务领域等提供了更多的灵活性,这为伊斯兰银行最终融入现代金融体系创造了条件。马来西亚的第一家伊斯兰保险公司成立于1985年。在此之前的1984年,马来西亚就出台了《伊斯兰保险法》(The Takaful Act 1984),对伊斯兰保险的行业规范、运作流程与检查、保险公司资格认证、保费管理、信息披露等方面做出了详尽的要求。

随着金融业的发展,为应对新的监管形势,2009年马来西亚颁布了新的《马来西亚中央银行法》(The Central Bank of Malaysia Act 2009),以取代1958年颁布的旧版《马来西亚中央银行法》,其中有专门篇幅强调伊斯兰金融监管,新法规定在马来西亚中央银行设立伊斯兰监管顾问委员会(SAC-Shari'a Advisory Council),授权其专门负责伊斯兰银行业与伊斯兰保险业的伊斯兰监管、仲裁及相关伊斯兰条文解释工作。

在伊斯兰证券监管方面,2011年马来西亚修改了《伊斯兰证券管理条例》(Islamic Securities Guidelines 2011),对马来西亚证监会伊斯兰监管委员会(SAC of Securities Commission)的判例适用性及伊斯兰债券发行规则做出了更清晰的界定。

2011年,马来西亚中央银行(BNM)颁布了《伊斯兰监管管治架构条例》(SGF, Shari'a Governance Framework),规定了双层伊斯兰监管架构管理体系,即

1) 在中央银行设立全国统一的伊斯兰监管委员会;

2) 在各伊斯兰金融机构内部设立独立的伊斯兰监管委员会,该委员会像其他专业委员会(如风险委员会、审计委员会等)一样直接向该机构的董事会报告,并下设四个专门部门,如伊斯兰监管风险管控部、伊斯兰监管研究部、伊斯兰监管审查部、伊斯兰监管审计部。2014—2017年,马来西亚中央银行辖下的伊斯兰监管委员会向全国统一颁布了14套标准,内容涵盖了Murabaha(成本加价),Mudaraba(回报共享),Istisna(按进度付款),Kafalah(担保),Wakala(委托代理),Wadiah(保管),Qard(贷款),Ijara(租赁),Wa'd(保证),Rahn(质押)和Bai'al-sarf(货币兑换)。BNM的双层伊斯兰监管架构管理体系和相关管理标准已为多国伊斯兰监管机构借鉴。

2013年,马来西亚颁布了《伊斯兰金融服务法》(IFSA, Islamic Financial Services Act 2013),以取代1983年版的《伊斯兰银行法》(IBA, The Islamic Banking Act 1983),这为伊斯兰金融在马来西亚的发展提供了一个法律平台,

在伊斯兰监管方面,该法案授权马来西亚中央银行颁布各项伊斯兰监管条例,并要求其境内伊斯兰银行遵照执行。该法案要求同时从事家庭保险和综合保险的伊斯兰保险公司将其业务进行拆分并在2018年前重新取得相关经营牌照。

2014年,马来西亚证监会颁布了《可行性及社会责任伊斯兰债券发行管理条例》(Framework for the Issuance of Sustainable and Responsible Investment Sukuk-SRI Sukuk),列示了四种SRI Sukuk,即自然资源、可再生能源、社区发展及物业托管,进一步拓宽了个人和机构投资者的绿色投资渠道。

2015年,马来西亚证监会颁布了《伊斯兰债券在线注册及发行管理条例》,对符合监管要求并进行了充分信息披露的伊斯兰债券加快其审批进程并允许其在线发行。

在监管方面,马来西亚中央银行(BNM)还专门成立了金融科技拓展署(Financial Technology Enabler Group),负责制定、强化金融科技监管政策以及答疑解惑。2016年10月,马来西亚颁布了《金融科技沙盒架构管理条例》(Fintech Regulatory Sandbox Framework),旨在为金融科技创新及其在金融领域的运用提供一个真实的实验空间,并提供具体监管指导,降低系统性金融风险。马来西亚证监会(SC)建立了FINity@SC,旨在为金融科技公司提供创新平台,推动马来西亚证券市场更快、更成熟地发展。SC颁布了《认可之市场指导意见》(Guidelines on Recognized Markets),旨在为股权众筹基金及P2P融资平台管理提供具体的监管条例。2016年,马来西亚将世界上第一本从事符合伊斯兰教义P2P众筹金融业务(Shari'a-compliant peer-to-peer crowd funding)的牌照颁给了Ethis Kapital,该公司主要从事中小企业融资。之后马来西亚又有6家从事符合伊斯兰教义P2P众筹金融机构获得了经营牌照。

2017年1月,为进一步开放国内资本市场,马来西亚证监会取消了伊斯兰债券和传统债券在发行前必须进行信用评级的规定。

马来西亚中央银行(BNM)在金融发展方面有长远规划。在其《2001—2010年金融领域发展纲要》中,已经把伊斯兰金融作为主要发展目标之一,并设立了到2010年伊斯兰金融占其国内金融20%的目标(目前这一目标早已实现)。在其《2011—2020年金融领域发展纲要》中,BNM将伊斯兰金融国际化作为其发展目标,重点放在拓宽伊斯兰金融产品和服务,创新伊斯兰金融科技与服务方案以及拓宽跨境金融服务领域等。

伊斯兰银行

截至 2016 年底,马来西亚伊斯兰银行业资产约占全国银行业资产规模的 28％,达 7420 亿林吉特;伊斯兰贷款约占全国银行业贷款规模的 1/3,达 5500 亿林吉特,其中 60％为家庭贷款,7.7％为保险贷款,5.3％为教育和医疗贷款, 5.2％为房地产贷款。伊斯兰存款规模达 5290 亿林吉特,其中投资存款账户 (IA,Investment Account)存款达 737 亿林吉特,占比达 12.2％。为投资伊斯兰投资渠道,马来西亚中央银行(BNM)于 2016 年 2 月引进了投资存款账户平台(IAP,Investment Account Platform),IAP 由六家马来西亚伊斯兰银行组成的联营体共有,主要为中小企业提供融资,注册资本为 1.5 亿林吉特。这是第一个伊斯兰银行间的跨行一体化综合投资平台,用户可以根据自己需要和投资偏好参与、投资于该平台上的多种投资产品。

2010–2016年马来西亚伊斯兰银行业资产、贷款、存款规模变化一览
(单位:10亿林吉特)

资料来源:马来西亚中央银行(BNM)

伊斯兰保险(Takaful)

截至 2016 年底,马来西亚共有 44 家保险公司,其中 19 家财产保险、10 家寿险、4 家综合保险和 11 家伊斯兰保险公司。另有 7 家再保险、5 家伊斯兰再保险、30 家保险经纪和 36 家保险公估公司。

随着马来西亚于 1984 年推出《伊斯兰保险法》(Takaful Act 1984),1985 年 8 月马来西亚第一家伊斯兰保险机构——Syarikat Takaful Malaysia Berhad 成立并开始商业运作。截至 2016 年底,马来西亚共有 11 家伊斯兰保险机构及 8 万多保险代理人,保费收入达 75 亿林吉特(2015 年:68 亿林吉特),占全国保费收入的 14.6%。伊斯兰保险资产规模达 269 亿林吉特,占全国保险资产规模的 10%。家庭保险和综合保险占伊斯兰保费净收入的 76%。

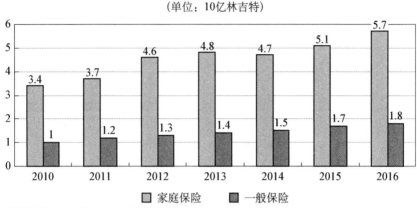

2010-2016年马来西亚伊斯兰保险保费净收入规模变化一览
(单位:10亿林吉特)

资料来源:马来西亚中央银行(BNM)

总体而言,与传统保险相比,马来西亚伊斯兰保险还存在诸多挑战,比如市场渗透率低(14.8%,传统保险 54%)、技术创新能力不足、管理低效等。为改变这种状况,马来西亚中央银行(BNM)从制度建设入手,先后颁布了《伊斯兰保险风险资本管理条例》(The Capital Takaful Framework 2014),《伊斯兰生命保险和家庭保险管理条例》(The Life Insurance and Family Takaful Framework 2015),《内部资本充足率检测流程》(The Internal Capital Adequacy Assessment Process 2017)等规章、制度,主要从伊斯兰保险商的资本风险管理、运营灵活性与透明度、产品设计与发布渠道、信息披露、市场惯例等方面对伊斯兰保险机构进行规范与引导,并积极鼓励市场竞争与创新和专才培养。

伊斯兰债券(Sukuk)

2016 年马来西亚保持住了全球伊斯兰债券领袖的地位,其中伊斯兰债券当年发行量达 1294.5 亿林吉特,全球占比达 46.4%;伊斯兰债券存量达 6610.8 亿林吉特,全球占比达 54%。

2009—2016 年,马来西亚共发行了 271 只伊斯兰债券,年均发行量约为 34 只。其中发行量最高的年份为 2013 年(50 只),之后随着全球经济走弱以及马来西亚中央银行停止短期伊斯兰债券的发行,马来西亚伊斯兰债券发行数逐年走低,2016 年,马来西亚共发行了 32 只伊斯兰债券,发行规模 1294.5 亿林吉

2010–2016年马来西亚伊斯兰保险保费资产投资规模一览
（单位：10亿林吉特）

资料来源：马来西亚中央银行（BNM）

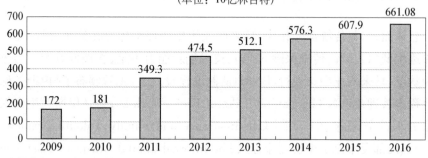

2009–2016年马来西亚伊斯兰债券存量规模变化一览
（单位：10亿林吉特）

资料来源：马来西亚证监会（Securities Commission Malaysia）

特,其中伊斯兰公司债券发行额达 648.2 亿林吉特,占比约为 50%。马来西亚灵活的外汇管理提高了其 Sukuk 国际发行地之首选地（Emas Designation）的地位。由马来西亚政府和跨国企业发行的以外币计价的伊斯兰债券极大地丰沛了国际伊斯兰债券市场的流动性。

伊斯兰资本市场

在过去 10 年中,马来西亚伊斯兰资本市场经过长足的发展（翻了三番）,特别是在市场规模、产品创新、金融媒介等方面成为了世界伊斯兰资本市场的领导者。截至 2016 年底,马来西亚伊斯兰资本市场规模约为 16,916.4 亿林吉特,其中伊斯兰股票（671 只）规模约为 10,305.6 亿林吉特,约占马来西亚股票（904

只)市场总市值的62%。再加上6,610.8亿林吉特伊斯兰债券市场的规模,马来西亚伊斯兰资本市场约占马来西亚本国资本市场总额的60%。

此外,截至2016年底,马来西亚有328只伊斯兰基金,在数量方面全球排名第一;共管理了149.6亿美元伊斯兰金融资产,规模排名世界第二(位列沙特之后)。

得益于坚定的政府支持、完善的法律与制度建设、健全的人才培训与机构发展模式、灵活多样的伊斯兰金融产品与市场发展策略,马来西亚已经建设成为世界伊斯兰金融中心。但要保持世界伊斯兰金融业领导者的地位,马来西亚还面临来自阿联酋迪拜、近邻印尼的挑战,持续开放及国际化是马来西亚伊斯兰金融的未来之路。

5.2.3 阿联酋

阿拉伯联合酋长国,简称为阿联酋,位于阿拉伯半岛东部,北濒波斯湾,西北与卡塔尔为邻,西和南与沙特阿拉伯交界,首都阿布扎比。于1971年宣告建国,由阿布扎比、迪拜等7个酋长国组成联邦国家。阿联酋属于伊斯兰君主共和制国家。阿联酋国土面积8.36万平方公里,海岸线长734公里,人口约940万。阿联酋的石油和天然气资源非常丰富。已探明石油储量为133.4亿吨,占世界石油总储量的9.5%,居世界第6位;天然气储量为214.4万亿立方英尺(6.06万亿立方米),居世界第5位。

阿联酋是海合会(GCC)成员国,经济支柱产业为石油生产、石油化工工业、旅游业、金融业及航运业。联邦政府财政收入来自各酋长国的石油收入。政府在发展石化工业的同时,把发展多元化经济、扩大贸易、增加非石油收入在国内生产总值中的比率当作其首要任务。早在2015年,阿联酋GDP中石油收入贡献度已经降低到40%以下,标志着阿联酋2012—2017年多元化经济战略取得初步成功。阿联酋著名港口城市迪拜已发展成为中东北非地区最大的金融、航运及旅游中心。2017年,阿联酋政府推出阿联酋2021愿景(UAE Vision 2021),其中围绕迪拜的区域战略规划有三个,即到2021年,将迪拜建设成为伊斯兰金融中心、清真业务中心和伊斯兰生活方式(包括文化、艺术、时尚和家庭旅游)体验中心。迪拜市政府还计划成立一个符合伊斯兰监管的伊斯兰进出口银行(IEXIM, Islamic Export-Import Bank)以促进伊斯兰贸易的发展。截至2017年底,阿联酋吸引外资存量约为1299亿美元。

2016年,阿联酋GDP增长为-0.03%,约为3570.45亿美元,人均GDP为

38,520 美元。阿联酋 2006－2016 年的经济增长情况如下：

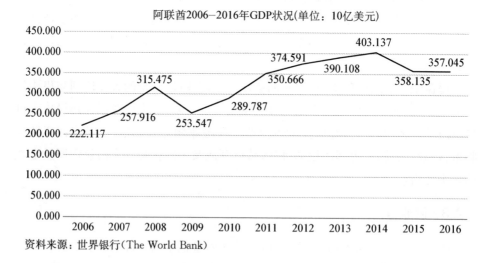

阿联酋2006－2016年GDP状况(单位：10亿美元)

资料来源：世界银行(The World Bank)

　　中国是阿联酋最大的贸易伙伴,而阿联酋是中国在中东地区的第二大贸易伙伴(仅次于沙特)、第一大出口市场和转口中心。2014－2016 年,中国与阿联酋双边贸易额合计达 1418 亿美元。2017 年,中阿贸易额超过 410 亿美元,其中阿联酋自中国进口 287.38 亿美元,阿联酋对中国出口约为 122.39 亿美元,中国实现贸易顺差约为 164.99 亿美元。中国农业银行迪拜分行是阿联酋人民币业务的清算行。2017－2018 年,累计人民币清算量超过 600 亿元。2015、2018年阿联酋两次同中国签署了为期三年、总额为 350 亿人民币的双边本币互换协议。

伊斯兰金融业监管体系
　　《阿联酋中央银行法 1985》授权阿联酋中央银行(UAE Central Bank)对国内传统金融和伊斯兰金融进行监管。目前,阿联酋实行双轨制监管。阿联酋中央银行要求境内伊斯兰金融机构在其内部单独设立伊斯兰监管委员会,成员不少于三人,由阿联酋伊斯兰宗教事务局监管署负责任命。迪拜国际金融中心的监管主体为迪拜金融服务局(DFSA)。2016 年,阿联酋中央银行开始筹划建立一个统一的全国伊斯兰监管委员会负责监管境内伊斯兰金融机构。
　　在伊斯兰保险(Takaful)方面,相关监管工作由保险监管局(IA, Insurance Authority)负责。该局在 2010－2014 年间先后颁布了一系列监管条规,对保险账户资金运作和管理提出特别要求,即伊斯兰保单只能以 Wakala(委托代理)或 Wakala 加 Mudaraba(委托代理加合伙制利益共享)结构运作;在投资方面,要求伊斯兰保险公司用欧盟 Solvency II 标准,并限制投资集中度风险。

在伊斯兰资本市场方面,相关监管工作由债券和商品监管局(SCA, Securities and Commodities Authority)负责。该局于 2014 年颁布了新版的《伊斯兰债券发行和交易标准及管理办法》(Standard for Issuing, Acquiring, and Trading Sukuk),对发行人资质审查、最低发行规模(由原先的 5000 万第那姆降低到 1000 万第那姆)、现金和债务占比(不超过伊斯兰债券发行额的 90%)、投资者保护、伊斯兰债券发行、交易结算、审批时间(不超过 5 个工作日)、强制上市管理做出了具体规定。这项新规特别是有关新发行 Sukuk 强制上市的要求极大地加强了迪拜在伊斯兰债券市场的地位。2016 年当年在迪拜上市(NASDAQ DUBAI)的伊斯兰债券规模达 115 亿美元,超过了在马来西亚和伦敦上市规模之和。

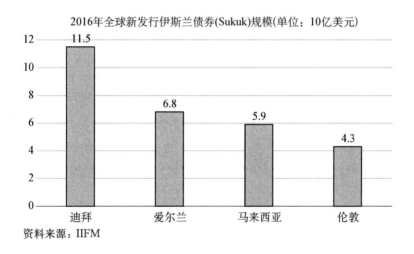

2016年全球新发行伊斯兰债券(Sukuk)规模(单位:10亿美元)

资料来源:IIFM

截至 2016 年底,在迪拜上市的伊斯兰债券规模达 467.1 亿美元(约占全球份额的 40%),远远高于爱尔兰(+35%)、马来西亚(+60%)和伦敦(+101%)。截至 2017 年底,在迪拜国际金融中心(DIFC)注册的金融服务企业超过 470 家。在可预见的未来,迪拜和马来西亚在伊斯兰债券中心和伊斯兰金融中心的竞争将会愈演愈烈。

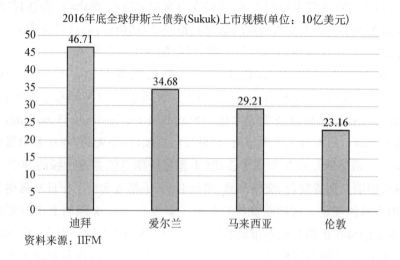

2016年底全球伊斯兰债券(Sukuk)上市规模(单位：10亿美元)

资料来源：IIFM

伊斯兰银行

阿联酋一直在伊斯兰金融业扮演一个先行者的角色。1975 年在阿联酋迪拜成立的 Dubai Islamic Bank(DIB)是世界上第一家伊斯兰商业银行；而 2002 年成立的 Sharjah Islamic Bank 则是第一家由传统银行转变而来的全牌照的伊斯兰银行，其前身是 National Bank of Sharjah。阿联酋的 Emirates Islamic Bank 是阿联酋第一家利用社交媒体进行银行交易的伊斯兰银行。

截至 2016 年底，阿联酋有 8 家全牌照的伊斯兰银行，另有 26 家传统银行提供伊斯兰银行窗口服务(其中 13 家阿联酋本土银行，13 家外资银行)。阿联酋的伊斯兰银行资产规模约为 1590 亿美元，约占银行资产总规模的 19.4%；伊斯兰银行存款余额约为 950.1 亿美元，约占银行存款总规模的 22.3%；阿联酋伊斯兰银行业平均资本充足率(CAR)约为 17.1%。

2011－2016 年，阿联酋伊斯兰银行业资产规模稳定增长。截至 2016 年底，阿联酋伊斯兰银行业资产约为 1590 亿美元，较 2011 年增长了 112%。阿联酋最大的伊斯兰银行为 Dubai Islamic Bank(DIB)，有 90 家分支机构，资产余额约为 1750 亿第那姆，客户存款余额约为 954 亿第那姆。第二大伊斯兰银行为 Abu Dhabi Islamic Bank，有 86 家分支机构，资产余额为 1223 亿第那姆，客户存款余额约为 580 亿第那姆。

伊斯兰保险(Takaful)

阿联酋是 GCC 地区第二大伊斯兰保险市场(仅次于沙特)，但市场渗透率

阿联酋伊斯兰银行业资产状况2011-2016年(单位:10亿美元)

资料来源:阿联酋中央银行

低,只有 6%。截至 2016 年底,阿联酋有 9 家 Takaful 公司,伊斯兰保险产品销售主要通过保险经纪商或保险代理完成,产品同质化严重,服务滞后,同业恶性竞争,其中 Islamic Arabic Insurance Co. (Salama,亏损 1.79 亿阿联酋第那姆),Dubai Islamic Insurance & Reinsurance Co. (亏损 0.37 亿阿联酋第那姆)导致全行业亏损 1.43 亿阿联酋第那姆。

穷则思变,阿联酋伊斯兰保险商如 Noor Takaful 开始学习马来西亚和印尼的同业利用伊斯兰银行既有的银行网点为渠道实行的"银保一体化"销售策略销售保险产品。而 Abu Dhabi National Takaful Company 则是借助于电子化营销战略实现了连年盈利(2016 年底盈利为 0.49 亿阿联酋第那姆)。

伊斯兰债券(Sukuk)

阿联酋主要有三家证券交易市场,分别是阿布扎比证券交易所(ADX)、迪拜金融市场(DFM)和迪拜纳斯达克(NASDAQ DUBAI),其中迪拜纳斯达克主要从事伊斯兰债券、国际股权融资、债券、金融衍生品、基金等交易。而 ADX 和 DFM 则主要负责阿联酋本土企业的股票上市交易,三家交易市场由电子网络连接,便于交易者及时获取信息。所有的上市公司和股票代理经纪公司统一由阿联酋证券商品管理局负责审查。

阿联酋政府致力于将迪拜打造成伊斯兰金融中心,而伊斯兰债券发行则是其重中之重。2016 年,阿联酋成功跻身于全球伊斯兰债券发行亚军(仅次于马来西亚),伊斯兰债券当年发行量达 67.5 亿美元,全球占比达 17%;另有 19 只国际发行的伊斯兰债券在迪拜纳斯达克（NASDAQ DUBAI）上市,使得在该市场上市的伊斯兰债券数量达到 67 只,金额超过 478 亿美元。

阿联酋迪拜2013−2016年伊斯兰债券(Sukuk)发行情况
（单位：百万美元）

资料来源：阿联酋中央银行

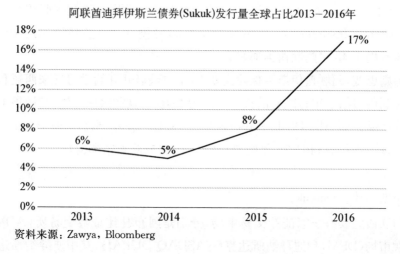

阿联酋迪拜伊斯兰债券(Sukuk)发行量全球占比2013−2016年

资料来源：Zawya，Bloomberg

　　2001−2017 年,迪拜共分销了 110 只国际伊斯兰债券（Sukuk）,金额超过718 亿美元,占全球发行量的 7.34％。2017 年底,迪拜伊斯兰债券市场存量达338 亿美元,占全球市场规模的 7.78％。2001−2017 年,迪拜发行了 96 只国际伊斯兰债券（Sukuk）,金额超过 636 亿美元,全球占比约为 29.04％。此外,迪拜以其独特的市场定位和对中东、北非地区日益增强的辐射力,已然成为中东地区的金融中心。各国选择迪拜发债是因为迪拜具有世界水平的股市和先进的管理系统,并能为伊斯兰金融业提供高质量的解决方案。此外,迪拜还积极仿效马来西亚,着手建立伊斯兰金融教育体系,为伊斯兰金融业发展输送人才。

迪拜从 2014 年一举超越伦敦,紧追马来西亚的吉隆坡,成为全球伊斯兰债券的第二大发行地。但在 2016—2017 年,被异军突起的沙特赶超,截至 2017 年底,迪拜(338 亿美元,全球占比:7.78%)在伊斯兰债券市场存量方面显著落后于沙特(794 亿美元,全球占比:18.27%),甚至落后于印尼(463 亿美元,全球占比:10.66%)。此外,阿联酋国内以本地货币——阿联酋第那姆(AED)计价的伊斯兰债券市场较小,2001—2017 年,共发行了 82.5 亿等值美元的以 AED 计价的伊斯兰债券,仅占全球伊斯兰债券以本币计算的发行量的 0.84%。此外,如何提振伊斯兰保险也是迪拜能否成为一个真正的伊斯兰金融中心的关键。

5.2.4 科威特

科威特,位于西亚地区阿拉伯半岛东北部、波斯湾西北部,在南部与沙特阿拉伯、北部与伊拉克分别接壤,东濒波斯湾,同伊朗隔海相望。科威特国土面积 1.78 万平方公里,水域面积 5625 平方公里,人口约 405 万。科威特属于伊斯兰君主世袭制酋长国,科威特的石油和天然气资源丰富,已探明石油储量 1049 亿桶,约为世界总储量的 10%,居世界第四位。天然气储量为 1.78 万亿立方米,占世界储量的 1.1%。石油出口占科威特外汇来源的 95%。科威特财政收入 80% 以上来自石油出口。石油、天然气工业为国民经济的支柱,其产值约占国内生产总值的 50%,非石油生产产值占国内生产总值的 50%。

科威特 2006—2016 年的经济增长情况如下:

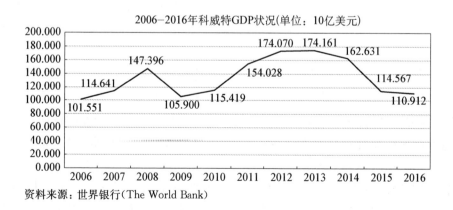

资料来源:世界银行(The World Bank)

2014—2016 年的石油价格暴跌给科威特财政带来严重困难。2016 年,科威特政府财政出现 17 年来的第一次赤字。科威特政府出台一系列改革措施,主要通过吸引外资、经济多元化转型等以降低对石油出口的依赖。同时,科威特政府还出台了 2035 国家转型计划,计划用 20 年时间将科威特打造成中东地区的金融中心、文化中心和世界的石化中心。此外,政府还通过大幅减少补贴(油、气、水、电等)、增税(征收 5% 增值税、10% 企业所得税、个人收入所得税)、提价(水、电)等措施渡过难关。截至 2016 年底,科威特 GDP 为 1109.12 亿美元,人均 GDP 为 27,372 美元;科威特货币科威特第纳尔(KWD:Kuwaiti Dinar)挂钩以美元为主的一揽子货币,币值较为稳定。USD1=KWD0.3028。

据中国海关统计数据显示,2017 年,中国同科威特双边贸易额达 120.4 亿美元,其中科威特从中国进口 31.1 亿美元,科威特对中国出口 89.3 亿美元。

伊斯兰银行业和金融监管

科威特伊斯兰银行活动起源于 1970 年代,当时科威特是伊斯兰合作组织(OIC, Organisation of Islamic Cooperation)的创始成员国,并主办了多次伊斯兰金融国际研讨会。之后,1977 年,科威特第一家全牌照伊斯兰银行 Kuwait Finance House (KFH)正式成立。

2003 年,科威特对《中央银行法 1968 版》进行了修订,确定由科威特中央银行(CBK, Central Bank of Kuwait)对其境内所有传统和伊斯兰银行实行监管。目前,科威特境内银行是双轨制,即伊斯兰银行与传统银行共生共存,共同发展。在 CBK 辖下设有一个伊斯兰监管中央委员会,所有有关伊斯兰监管方面的争议由科威特伊斯兰宗教事务部条文司负责,其裁决具有法律效力。

而伊斯兰保险(Takaful)的监管工作由科威特商工部负责。虽然有不少业内人士呼吁将 Takaful 置于一个新设的独立监管机构辖下,但这一提议并未被相关部门采纳。

而缺乏一个专业的监管也限制了科威特伊斯兰债券(Sukuk)的发行。在 2008 年全球金融危机爆发后,2009-2010 年有两只科威特伊斯兰公司债券到期不能兑付,这更加剧了全球投资者对科威特新发行的伊斯兰债券的疑虑。有鉴于此,科威特政府授权资本市场监管局(CMA, Capital Market Authority)于 2015 年颁布了《伊斯兰债券监管新规》,对伊斯兰债券(Sukuk)的发行、流通、交易、结构、管理、文件格式、规模、期限、可转换性、托管等做了进一步规范,并规定所有 Sukuk 的发行必须同时得到科威特中央银行(CBK))和资本市场监管局(CMA)的同意。

伊斯兰监管架构

科威特的《中央银行法》(CBK Law)授予了科威特中央银行(CBK)对境内所有伊斯兰金融机构及其伊斯兰监管委员会进行统一监管的法定权力。CBK参照伊斯兰金融机构会计与审计组织(AAOIFI)的相关标准，要求境内伊斯兰金融机构必须在其内部设立伊斯兰监管委员会(Shari'a Board)，成员最少为三人，由股东大会(而不是董事会)任命；该委员会的工作职责和治理标准必须体现在银行的公司章程中。同时，伊斯兰监管委员会必须每年向股东大会提交一份伊斯兰监管报告，内容涵盖了伊斯兰金融机构在伊斯兰监管合规性工作的方方面面；该报告将作为伊斯兰金融机构年报的一部分。但是，CBK并未在其辖下设立一个中央伊斯兰监管委员会，而是将这个职能交由科威特伊斯兰宗教事务部条文司负责。

2016年12月，科威特中央银行(CBK)颁布了《科威特伊斯兰银行伊斯兰监管新规》，该法规有1年试行期，并在2018年1月正式施行。主要对伊斯兰银行内设的伊斯兰监管委员会的职责如监督、人员构成(合适且合理——fit and proper是其核心)、伊斯兰内部及外部审计、政策执行、操作规程和整改措施等方面进行了详细的规定，并要求伊斯兰金融机构每季度必须向CBK提供一份相关的季度报告。

伊斯兰银行业

2012—2016年，科威特伊斯兰银行的复合增长率约为5%。截至2016年底，科威特共有6家全牌照的伊斯兰银行，其中5家为本土银行(分别是Kuwait Finance House，Al Ahli United Bank，Boubyan Bank，Kuwait International Bank，Warha Bank)，1家为外资银行，资产总额约为266亿科威特第那姆，约占科威特金融业规模的44%，伊斯兰银行渗透率约为46%(在GCC地区仅次于沙特)。伊斯兰银行存款余额约为215亿科威特第那姆，贷款余额约为150亿科威特第那姆。科威特最大的伊斯兰银行为Kuwait Finance House (KFH)，有65家分支机构，资产余额约为165亿KED。第二大伊斯兰银行为Ahli United Bank Kuwait，有31家分支机构，资产总额为37亿科威特第那姆。

近年来，科威特传统银行双管齐下，通过参股伊斯兰银行实现了传统业务和伊斯兰业务双轮驱动发展。如第三大伊斯兰银行Boubyan Bank约有58%和11.6%的股份分别被传统银行National Bank of Kuwait和Commercial Bank of

Kuwait 持有。

伊斯兰保险(Takaful)

截至 2016 年底,科威特有 12 家伊斯兰保险(TAKAFUL)和再保险(RE-TAKAFUL)。因为缺乏统一的监管机构和产品、渠道,科威特保险资产规模约为 2 亿科威特第那姆,在 GCC 国家中排名最末。

伊斯兰资产管理

科威特的资产管理业监管机构是资本市场监管局(CMA),CMA 下设监管机构——伊斯兰监管顾问委员会（ACSS，Advisory Council for Shariah Supervision)负责审批伊斯兰基金。截至 2016 年底,科威特的伊斯兰基金有 43 家,资产管理规模约为 44 亿科威特第那姆。

伊斯兰债券(Sukuk)

伊斯兰债券市场在科威特还处于初级阶段,因为目前科威特境内融资主要还是依靠银行贷款,而且政府尚未建立一个统一的伊斯兰债券市场监管机构,所以主要是公司在发行伊斯兰债券。

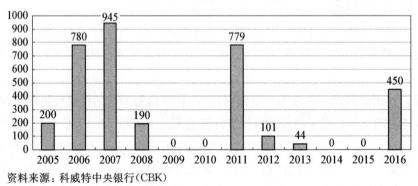

2005−2016年科威特伊斯兰债券(Sukuk)发行情况(单位：百万美元)

资料来源：科威特中央银行(CBK)

从上图可以看出,科威特伊斯兰债券市场规模有限,高光时刻出现在 2007 年,当年发行 9.45 亿美元伊斯兰债券。但由于 2008 年全球金融危机爆发时,科威特有两起发行伊斯兰债券的公司（Investment Dar 和 International Investment Group)破产倒闭,无法兑现,这对当地市场的口碑造成了不良影响。

直接导致 2009—2010 年两年时间的空窗期。之后市场虽有回暖,但阿拉伯之春带来的政治动荡加剧了投资者对该市场的观望情绪,2014—2015 年,该市场又出现了零发行窘态。

总体而言,在伊斯兰金融方面,科威特在 GCC 地区还是陪跑者。科威特政府的经济多元化转型改革措施能否成功以及伊斯兰金融体系、法律和监管架构能否及时落实将决定科威特伊斯兰金融未来的发展空间。

5.2.5　卡塔尔

卡塔尔,属于伊斯兰君主立宪制酋长国,位于亚洲西部波斯湾西南岸的卡塔尔半岛上,与阿联酋和沙特阿拉伯接壤。卡塔尔国土面积 1.14 万平方公里,海岸线长 550 公里,人口约 270 万。卡塔尔资源主要有石油和天然气。已探明石油储量为 28 亿吨,居世界第 13 位,天然气储量 25.8 万亿立方米,占全球总储量的 13%,居世界第 3 位,仅次于俄罗斯和伊朗。近年来,卡塔尔集中精力进行天然气开发,是全球第一大液化天然气(LNG)出口国。2017 年 6 月,沙特、巴林、阿联酋、埃及等多个阿拉伯国家与卡塔尔断交。GCC 面临巨大的分裂风险。2018 年 12 月,卡塔尔宣布退出 OPEC 组织。而沙特在 OPEC 中一直处于绝对领导地位,OPEC 也是沙特发挥其全球影响力的重要舞台。因此,未来海湾地区的地缘政治将日趋微妙与复杂。

卡塔尔 2006—2016 年的经济增长情况如下:

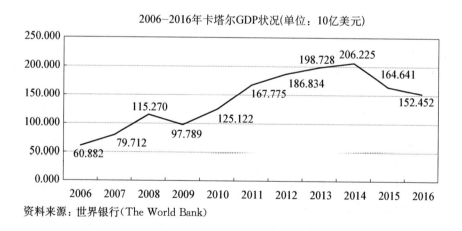

2006-2016年卡塔尔GDP状况(单位:10亿美元)

资料来源:世界银行(The World Bank)

2008 年,卡塔尔政府推出了 2030 卡塔尔国家愿景(QNV 2030—Qatar National Vision 2030),该计划含 4 个 5 年计划(QNDS, Qatar National

Development Strategies），重点是在人文（人民富强）、社会（工作友爱）、经济（竞争多元高效）和环境（和谐环保）四方面进行建设。其中第 2 个 5 年计划（2017—2021）重点是基建、服务和液化天然气（LNG）建设领域，目标是主办 2022 年世界杯足球赛（FIFA）场馆建设和配套服务以及摆脱 2014—2016 年的石油价格暴跌所带来的严重财政困难，和减少对 GCC 国家在经济方面的依赖。截至 2016 年底，卡塔尔人均 GDP59,343 美元。卡塔尔货币卡塔尔里亚尔（QAR：Qatari Riyal）挂钩以美元为主的一揽子货币，币值较为稳定。USD1＝QAR3.64。截至 2016 年底，卡塔尔吸引外资存量为 349.29 亿美元。

2014 年 11 月，卡塔尔同中国签署了为期三年、总额为 350 亿人民币的双边本币互换协议。此外，卡塔尔还获得了 300 亿元人民币合格境外机构投资者（RQFII）额度。2017 年，中国和卡塔尔双边贸易额为 80.77 亿美元，其中卡塔尔对中国出口 63.95 亿美元，从中国进口 16.82 亿美元。卡塔尔实现贸易顺差 47.13 亿美元。

伊斯兰银行业和金融监管

卡塔尔伊斯兰银行活动起源于 1982 年，卡塔尔第一家全牌照伊斯兰银行 Qatar Islamic Bank（QIB）正式成立。但伊斯兰银行在监管方面一直没有一套具体的法律规定。

2005 年，为多元化发展经济，吸引外资银行和国际性金融机构，卡塔尔政府成立了卡塔尔金融中心（QFC，Qatar Financial Center），并立法《卡塔尔金融中心法》（QFC Law）授权由卡塔尔金融中心监管局（QFCRA，Qatar Financial Center Regulatory Authority）负责监管外资金融机构；此外，卡塔尔政府还成立了卡塔尔金融市场（QFMA，Qatar Financial Markets），负责监管在卡特尔股票市场上市的银行（包括伊斯兰银行）。2007 年，卡塔尔金融中心监管局（QFCRA）颁布了《伊斯兰金融监管手册》，对伊斯兰金融机构设立、牌照管理、业务规范、伊斯兰监管委员会及其职能设立、伊斯兰金融窗口业务、信息披露、风险控制等做出了详细规定。

2011 年，卡塔尔中央银行（QCB，Qatar Central Bank）已经出台规定，禁止境内传统银行经营伊斯兰银行窗口服务。2012 年，卡塔尔通过了《中央银行法》并于 2013 年 1 月正式生效，授权卡塔尔中央银行（QCB）负责监管境内所有传统银行及伊斯兰银行业务，并要求伊斯兰金融机构必须在其内部设立伊斯兰监管委员会（至少含两名经股东会任命的、合格的穆斯林学者）。

2013 年 12 月,卡塔尔三家监管机构卡塔尔中央银行(QCB)、卡塔尔金融中心监管局(QFCRA)和卡塔尔金融市场监管局(QFMA)召开联席会议,统一部署推广伊斯兰金融和协调伊斯兰金融监管措施,并订立了 6 项发展目标,1)加强监管;2)扩大宏观审慎监管范围;3)加强市场基础设施建设;4)保护消费者与投资者;5)加强监管合作;6)加大人力资源投入。

2016 年 1 月,卡塔尔金融中心监管局(QFCRA)开始实施新版的《伊斯兰银行业务审慎经营原则》和《银行业务规范》。2016 年 4 月,卡塔尔中央银行(QCB)根据《中央银行法》将境内保险机构(包括伊斯兰保险——Tadaful 和外资保险在卡塔尔的分支机构)纳入监管范畴,并规定保险机构的最低注册资本不得低于 100 万 QAR,保险分支机构存款不得低于 35 万 QAR。

伊斯兰监管架构

在金融机构伊斯兰监管方面,卡塔尔目前有两套系统,一是卡塔尔中央银行(QCB),负责对境内所有伊斯兰金融机构及其伊斯兰监管委员会进行统一监管;另一个是卡塔尔金融中心(QFC),主要负责对境内所有非伊斯兰金融机构及其伊斯兰监管委员会进行统一监管。在 QCB 和 QFC 辖下并没有一个统一的全国伊斯兰监管中央委员会,这个职能主要由卡塔尔伊斯兰宗教事务部条文司下属的最高伊斯兰监管委员会负责。卡塔尔中央银行(QCB)将伊斯兰金融机构会计与审计组织(AAOIFI)标准在全国推广。

伊斯兰银行业

截至 2016 年底,卡塔尔有 8 家伊斯兰银行,其中有 4 家为卡塔尔本国的伊斯兰银行,伊斯兰银行资产总额约为 3270 亿 QAR,约占卡塔尔金融业规模的 25%。卡塔尔最大的伊斯兰银行为 Qatar Islamic Bank(QIB),有 31 家分支机构,资产余额约为 1390 亿卡塔尔里亚尔,客户存款余额约为 954 亿 QAR。第二大伊斯兰银行为 Masraf Al Rayan,有 13 家分支机构,资产余额为 915 亿 QAR,客户存款余额约为 580 亿 QAR。2011－2016 年,卡塔尔伊斯兰银行贷款规模年均复合增长率约为 21%(超过传统银行的 14%);伊斯兰银行存款余额约为 2909 亿 QAR。

伊斯兰保险(Takaful)

截至 2016 年底,卡塔尔有 6 家伊斯兰保险(TAKAFUL)和 5 家外资伊斯兰保险分支机构。最大的 3 家伊斯兰保险机构分别为 Damaan Islamic Insurance Company，Qatar Islamic Insurance Company 和 Al Khaleej。卡塔尔保险资产规模约为 9.46 亿 QAR，在 GCC 国家中排名靠后。

伊斯兰资产管理

2013 年，卡塔尔股票交易所和第二大伊斯兰银行 Masraf Al Rayan 联合推出了 Al Rayan 伊斯兰股票指数，这为卡塔尔伊斯兰资产管理投资回报率管理提供了一个参照标杆；2017 年，他们又联手推出了跟踪 17 家在卡塔尔上市的伊斯兰股票的交易所交易基金。为卡塔尔伊斯兰资产管理拓宽了投资渠道。

伊斯兰债券(Sukuk)

虽然还处于初级阶段，但是卡塔尔中央银行(QCB)还是很努力地推广伊斯兰债券市场。在 2010—2016 年，QCB 共发行了 30 只价值为 357.5 亿 QAR 的主权伊斯兰债券(Sovereign Sukuk)，期限一般为 3 年和 10 年。

2012-2016年卡塔尔伊斯兰债券(Sukuk)发行状况(单位：百万美元)

资料来源：卡塔尔中央银行(QCB)

从上图可以看出，卡塔尔伊斯兰债券市场规模有限，高峰时刻出现在 2012 年，当年发行 55 亿美元伊斯兰债券。但由于 2014 年下半年开始油价暴跌，市场需求疲软，卡塔尔境内融资主要还是依靠银行贷款和传统债券，伊斯兰债券年发行规模徘徊于 30 亿美元左右。

总体而言,因为地缘政治的影响:1)2017 年 6 月,沙特、巴林、阿联酋、埃及等多个阿拉伯国家与卡塔尔断交;2)2018 年 12 月,卡塔尔宣布退出 OPEC 组织。卡塔尔基本无望成为伊斯兰金融中心。

2.5.6 土耳其

土耳其,是一个横跨欧亚两洲的国家,北临黑海,南临地中海,东南与叙利亚、伊拉克接壤,西临爱琴海,并与希腊以及保加利亚接壤,东部与格鲁吉亚、亚美尼亚、阿塞拜疆和伊朗接壤。土耳其地理位置和地缘政治战略意义极为重要,是连接欧、亚大陆的十字路口。土耳其国土面积 78.35 万平方公里,海岸线长 7200 公里,陆地边境线长 2648 公里。人口约 8074.5 万(31 岁以下的年轻人口超过 50%),约 90% 的人口信奉伊斯兰教,是个世俗伊斯兰国家。土耳其政体为议会共和制。土耳其是经济合作组织(OECD)、伊斯兰会议组织(OIC)和 G20 成员国。

2016 年,土耳其 GDP 增长 3%,约为 8637.22 亿美元,人均 GDP 为 10,863 美元。货币为土耳其里拉(TRY:Turkish Lira),USD1=TRY5.483。

土耳其 2006—2016 年的经济增长情况如下:

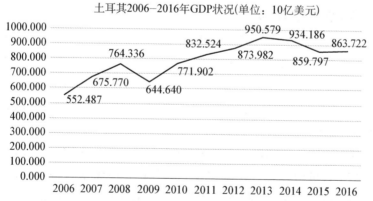

土耳其2006-2016年GDP状况(单位:10亿美元)

资料来源:世界银行(The World Bank),土耳其银行业协会(BAT, Banks' Association of Turkey)

截至 2016 年,土耳其是世界第 18 大经济体。年轻人口众多,熟练工人充沛,经济多年持续增长,金融业发达,监管完善;低储蓄率(约为 24%),高贸易赤字(约为 560 亿美元),对外资高度依赖(外债余额 4080 亿美元,其中政府部门 1240 亿美元、私营部门 2840 亿美元),美联储(FED)加息对其经济负面影响极大。2014－2016年,土耳其连续三年外贸赤字,分别为850亿美元、630亿美元和560亿美元,分别占当年GDP的13%、9%、9%。外债占GDP比重约为36%。

据土耳其统计局资料显示:

1) 2016年,中土双边贸易额为277.6亿美元,其中土耳其从中国进口254.3亿美元,占土耳其进口总额的12.8%;其中土耳其出口中国23.3亿美元,占土耳其出口总额的1.6%;中国为土耳其第十九大出口市场和第一大进口来源国;土耳其与中国的贸易逆差为231.1亿美元。

2) 2017年,中土双边贸易额为263.5亿美元,其中土耳其从中国进口234.1亿美元,占土耳其进口总额的10.0%;其中土耳其出口中国29.4亿美元,占土耳其出口总额的1.9%;中国为土耳其第十五大出口市场和第一大进口来源国;土耳其与中国的贸易逆差为204.7亿美元。

3) 矿产品、化工产品和纺织品为土耳其对中国出口的三大类产品。土耳其自中国进口的主要商品是机电产品、纺织品及原料和贱金属及制品。

2015、2018年土耳其两次同中国签署了为期三年、总额为120亿人民币的双边本币互换协议。

伊斯兰金融业监管体系

土耳其银行业监督管理局(BRSA-Banking Regulation and Supervision agency)是土耳其银行业的监管机构,下辖土耳其银行业协会(BAT, Banks'Association of Turkey),土耳其伊斯兰银行业协会(PBAT, Participation Banks'Association of Turkey),土耳其金融业协会(AFT, Association of Financial Institution)。

土耳其中央银行(CBRT, Central Bank of the Republic of Turkey)是土耳其银行业的主管机构。截至2017年底,土耳其有33家银行(其中私营9家、外资21家、国有银行3家),其中商业银行34家、政策性银行13家、伊斯兰银行5家。银行网点合计有11740个,从业人员21.1万人。银行业总资产超过3.3万亿欧元,其中国有/本地/外资银行占比分别为36%/28%/36%。银行业平均不良率约为2.9%,资本充足率约为16.9%。银行业集中度很高,最大5家银行的资产/存款/贷款占全行业比重分别为57%/60%/56%。

土耳其政府一直有将土耳其建设成为伊斯兰金融中心的雄心壮志,并通过完善立法体系为伊斯兰金融发展创造良好条件。具体看来:

➤ 1983 年,土耳其议会通过《特别金融机构法》(SPHs, Special Finance Houses)。

➤ 1999 年,《银行法》(Bank Law)涵盖了《特别金融机构法》。

➤ 2005 年,《银行法》(Bank Law)正式取代《特别金融机构法》,特别金融机构被重新定义为参与型银行(PBs, Participation Banks)。

➤ 2010 年,颁布《伊斯兰债券(Sukuk-Ijarah)管理办法》,对伊斯兰债券(租赁型)的发起人、销售流程和运营进行了统一规定。

➤ 2011 年,颁布了 Tax Amnesty Law,促进伊斯兰债券发行、销售和流通,将预提税(Withholding Tax)降低至 10%,并免除其他税项(如印花税、增值税等)。对发行期超过 5 年的伊斯兰债券免税。对租赁型伊斯兰债券(Sukuk Ijarah)实行税收中立(Tax Neutrality)。2011 年,Kuwait Turk 发行了土耳其第一只伊斯兰债券。

➤ 2012 年,《公共财政与债务管理法》(Public Finance and Debt Management Law)允许政府发行伊斯兰主权债券。2012 年,土耳其政府发行第一只伊斯兰主权债券。

➤ 2012 年,土耳其政府颁布了新版的《资本市场法》(CML, Capital Market Law)将伊斯兰债券正式纳入资本市场监管局(CMA, Capital Market Authority)的监管范畴,并对伊斯兰债券发行人(ALC, Asset Leasing Company)的发行资质、标的物选择、资产抵质押、清盘、发行程序与方式做出了详细的规定。2013 年,CMA 又对 CML 做出进一步修改,特别对投资者保护、信息披露、新债发行等方面做出了进一步的规定。此外,CMA 还规定了 4 种伊斯兰债券发行方式:1)Ijarah-Wakalah Sukuk(资产租赁委托式伊斯兰债券);2)Musharakah and Mudarabah Sukuk(合伙制式伊斯兰债券);3)Murabahah Sukuk(买卖式伊斯兰债券);4)Istisna'a Sukuk(建造合同定制式伊斯兰债券)。5)混合式(必须得到 CMA 允许)。

➤ 2014 年,土耳其政府修改税法,对所有伊斯兰债券发行采取税收中立原则。

➤ 2015 年,土耳其伊斯兰银行业协会(TKBB, Participation Banks Association of Turkey)发表《土耳其伊斯兰银行业战略规划 2015－2025》,提出在 2025 年前将伊斯兰银行业比重从 5% 提高至 15%。

➤ 2016 年底,土耳其银行业监管局(BDDK, Banking and Regulatory Supervision Agency)开始起草伊斯兰金融监管法案,以配合土耳其政府将伊斯坦布尔建设成为伊斯兰金融中心的雄心壮志,计划 2025 年前将伊斯兰银行业比重从 5% 提高至 25%;伊斯兰保险业提高至 23%。

➤ 2017 年,土耳其政府制定了 2018－2020 年中期发展规划(MTP, Medium Term Programme),总体思路为稳增长(保持 GDP5.5% 年增长率)、保就业(保持失业率低于 10%)、减逆差(在 2020 年前将外贸赤字降低到 GDP 的 3.9%)。为配合实现上述目标,土耳其中央银行(CBRT, Central Bank of the Republic of Turkey)在利率、存款准备金率、流动性管理、外汇管理等方面做出了一系列政策调整。

土耳其伊斯兰金融的发展与其经济发展同步,政府筹资主要通过伊斯兰资本市场解决。在过去 30 年里,土耳其通过积极的财政和监管措施调整,逐步完善的法律体系,减免税和积极引进外国投资者为伊斯兰债券市场快速发展创造了一个良好氛围。但汇率波动风险在很大程度上抵消了这种努力。

伊斯兰银行

土耳其伊斯兰银行又被称为参与型银行(Participation Bank),截至 2016 年底,土耳其有 5 家伊斯兰银行,分别是 KUVEYT TURK, TURKIYE FINANS, ALBARAKA TURK, ZIRAAT KATILIM, VAKIKATILIM;网点合计有 959 个,从业人员 1.5 万人。土耳其伊斯兰银行资产/存款/贷款占全行业比重分别为 5%/5%/6%。

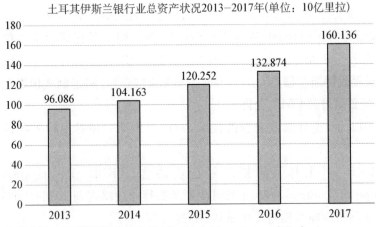

土耳其伊斯兰银行业总资产状况2013-2017年(单位:10亿里拉)

资料来源:土耳其银行业协会(BAT,Banks'Association of Turkey)

土耳其伊斯兰银行业资产年增长率状况2013—2017年

资料来源：土耳其银行业协会（BAT, Banks'Association of Turkey）

2013—2017年,土耳其伊斯兰银行业资产始终处于一个上升通道。其中,2013年增幅最大,达37%,之后2014年回落到8%;2015—2017均保持两位数的增长率。2017年底,土耳其伊斯兰银行业资产规模达1601.36亿里拉。

土耳其伊斯兰银行业在全行业资产占比状况2013—2017年

资料来源：土耳其银行业协会（BAT, Banks'Association of Turkey）

同传统银行相比,土耳其伊斯兰银行的发展脚步还是显得偏慢。2013—2017年,土耳其伊斯兰银行业资产规模在全行业占比由5.55%下滑到4.92%。究其原因,伊斯兰教虽然是土耳其的国教,但土耳其是一个世俗社会,因此没有一个中央政府层面的伊斯兰监管委员会,伊斯兰银行只是在各自机构内部设立了伊斯兰监管咨询委员会,在监管方面尚未形成统一的合力。此外,土耳其政府发行的国债是支付利息的,而这一点又不为伊斯兰银行所接受,导致伊斯兰银行无法投资土耳其国债,为其流动性管理带来很大的不便。尽管如此,为提高居民储蓄率,土耳其政府鼓励伊斯兰银行拓展养老基金等长期存款业务,并为超过10年的长期存款提供25%的年化回报率。Bank Asya 抓住政策红利机会,开立了近4万个养老金账户。

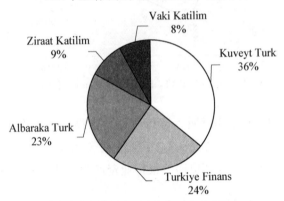

2017年土耳其5大伊斯兰银行资产占比状况

资料来源:土耳其银行业协会(BAT,Banks'Association of Turkey)

Kuveyt Turk(前身是 Kuwait Finance House)是土耳其第一大伊斯兰银行,成立于1991年,有386家分支机构,员工超过5500人,资产约为58亿里拉。Turkiye Finans 是土耳其第二大伊斯兰银行,成立于2005年,最大股东(60%)是沙特第一大商业银行 SNB(Saudi National Bank),共有316家分支机构,员工超过3600人。

伊斯兰债券(Sukuk)

土耳其伊斯兰债券市场的主管机构是土耳其资本市场监管委员会(CMB,Capital Markets Board of Turkey)。下辖土耳其资本市场委员会(TCMA,Turkish Capital Markets Association)和伊斯坦布尔债券交易所(BIST,Borsa Istanbul)。截至2017年,土耳其上市公司有411家,市值约为2270亿美元。公司债券市场规模约为180亿美元。

2013－2016年土耳其伊斯兰债券（Sukuk）发行情况

公司债券	发行金额（单位：百万美元）	平均到期时间（年）
跨境发行	2,669	5.01
国内发行	1,977	0.64
小计	4,646	
主权债券	发行金额（单位：百万美元）	平均到期时间（年）
跨境发行	2,250	7.5
国内发行	6,538	2.39
小计	8,788	
合计	13,434	

资料来源：IIFM

土耳其伊斯兰债券市场主要由政府债券（74％）为主导，企业债券（26％）为辅。

2013－2016年，土耳其政府发行了14只伊斯兰主权债券，金额达87.88亿美元，其中本地发行11只，国际发行3只。2013－2016年，土耳其发行了106只公司伊斯兰债券，金额达46.46亿美元。

2013–2016年土耳其公司伊斯兰债券(Sukuk)发行方式一览

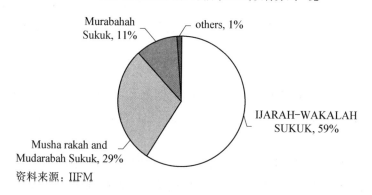

资料来源：IIFM

2016年底，土耳其有433只投资基金，投资额约为43,755.33万亿TRY。

伊斯兰保险(Takaful)

土耳其伊斯兰保险市场的主管机构是土耳其财政部，下辖土耳其保险业协会(IA，Insurance Association of Turkey)。截至 2017 年，土耳其共有 61 家保险公司，保险市场(含再保险资产规模约为 1520 亿美元，当年保费收入约为 470 亿美元。2012—2017 年，保险市场的复合增长率约为 19%。

5.2.7　印度尼西亚

印度尼西亚，简称印尼，位于东南亚，由约 17,508 个岛屿组成，是马来群岛的一部分，也是全世界最大的群岛国家，疆域横跨亚洲及大洋洲，别称"千岛之国"，也是多火山多地震的国家。北部的加里曼丹岛与马来西亚隔海相望，新几内亚岛与巴布亚新几内亚相连。东北部临菲律宾，东南部是印度洋，西南与澳大利亚相望。印尼国土面积 190.45 万平方公里，海岸线总长 5.4 万公里，海洋面积约 316.6 万平方公里。

截至 2016 年底，印尼人口约 2.61 亿，约 87% 的人口信奉伊斯兰教，是世界上穆斯林人口最多的国家。印尼政体为总统共和制。印尼油气资源丰富，共有 66 个油气盆地，其中 15 个盆地生产石油天然气。政府公布的石油储量为 97 亿桶，折合 13.1 亿吨，其中核实储量 47.4 亿桶，折合 6.4 亿吨。印尼天然气储量 176.6 万亿标准立方英尺(TCF)，折合 4.8 万亿—5.1 万亿立方米。

印尼央行与中国、日本和韩国在清迈协议框架下签有双边货币互换协议，分别为 40 亿、60 亿和 10 亿美元。2009 年印尼同中国签署为期三年，总额为 1000 亿人民币的双边本币互换协议。2013 年 10 月，两国续签该协议。2018 年印尼同中国签署了为期三年，总额为 2000 亿人民币/440 万亿印尼卢比的双边本币互换协议。

据印尼统计局资料显示：

1) 2017 年，中印双边贸易额为 585.7 亿美元，其中印尼从中国进口 357.7 亿美元，占印尼进口总额的 22.2%；其中印尼出口中国 228.1 亿美元，占印尼出口总额的 13.6%。

2) 矿产品、动植物油脂和贱金属及制品为印尼对中国出口的三大类产品。印尼自中国进口的主要商品是机电产品、贱金属及制品和化工产品。

印尼是新兴工业化市场经济体，也是东南亚国家联盟(ASEAN)成员国，2006—2016 年的经济增长情况如下：

2016 年，印尼 GDP 为 9,322.56 亿美元，人均 GDP 为 3,570 美元；印尼货币(IDR：Indonesian Ruipah)为印尼卢比，USD1＝IDR13200。

经过近 20 年的发展，印尼已经成为世界伊斯兰金融业一个快速成长的重要

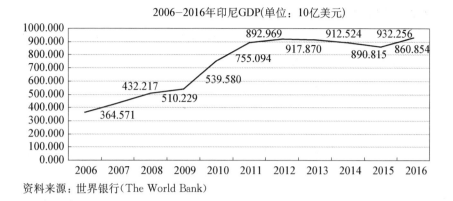

2006–2016年印尼GDP(单位：10亿美元)

资料来源：世界银行(The World Bank)

市场,并进入了伊斯兰银行业系统性重要国家名单。这主要得益于印尼：

1）政府坚定的支持；

2）金融监管局(OJK, Otoritas Jasa Keuangan)的重视和鼓励措施；

3）日益简化的业务与审批流程；

4）逐步完善的伊斯兰监管法律与制度建设。

伊斯兰金融资产规模

与其近邻马来西亚(注重伊斯兰投资银行与资本市场)相比,印尼伊斯兰金融业更注重扎根于零售业务、村镇银行(BPRS, Bank Pembiayaan Rakyat Syariah)、小微金融等,这进一步开拓了伊斯兰金融的包容性、普遍适用性与市场认知度。

据印尼央行资料显示,在银行方面,2016年底,印尼有117家商业银行,其中104家传统银行(有21家传统银行提供伊斯兰金融窗口服务),13家伊斯兰银行,166家伊斯兰村镇银行以及58家伊斯兰保险机构。截至2016年底,印尼伊斯兰金融业资产规模(不含伊斯兰股票)为661.8亿美元,其中伊斯兰银行业资产规模为272.1亿美元,占比为41.04%(约占全国银行资产规模的5.33%);伊斯兰非银行金融机构(含伊斯兰保险等)资产规模为63.6亿美元,占比为9.7%;伊斯兰资金规模为11.1亿美元,占比为1.68%;伊斯兰债券存量为315亿美元,占比为47.59%。

2016年,印尼伊斯兰债券发行规模为38.2亿美元。截至2016年底,印尼国内符合伊斯兰监管的股票市值为2359.4亿美元。

伊斯兰银行业

1992 年,印尼第一家伊斯兰银行——Bank Muamalat Indonesia 正式成立。之后,印尼伊斯兰银行业取得了长足的发展。在 2012－2016 年间,印尼伊斯兰银行业的年均增长率约为 20%。

截至 2016 年底,印尼伊斯兰银行业资产约占全国银行业资产规模的 5.33%,达 365.65 万亿印尼卢比(272.1 亿美元);其中伊斯兰商业银行占比约为 69.52%;伊斯兰窗口银行(IBU, Islamic Business Unit,利用传统银行网点提供伊斯兰金融窗口服务)占比约为 27.98%,伊斯兰村镇银行占比约为 2.5%。伊斯兰银行客户存款账户达到了 2220 万个,存款余额达 285.15 万亿印尼卢比(212.2 亿美元)。伊斯兰银行贷款余额达 254.64 万亿印尼卢比(189.5 亿美元);全行业贷存比(FDR)约为 89.3%;全行业资本充足率(CAR)约为 15.95%;不良贷款比率(NPF)约为 2.07%。

截至 2016 年底,印尼伊斯兰银行分支机构达 2654 个。最大的伊斯兰银行为 Bank Syariah Mandiri,有 136 家分支机构,资产总额为 78.83 万亿印尼卢比。第二大伊斯兰银行为 Bank Muamalat Indonesia,有 446 家分支机构,资产总额为 53.03 万亿印尼卢比。

伊斯兰资本市场

印尼伊斯兰资本市场发端于 1997 年,当时印尼一家伊斯兰金融机构——Danareksa 在当地发售了第一只符合伊斯兰监管的互助基金。之后 2000 年,印尼推出了雅加达伊斯兰股票指数(Jakarta Islamic Index);2002 年,印尼第一次发行伊斯兰公司债券;2008 年,印尼第一次发行伊斯兰主权债券(SBSN)。伊斯兰金融监管局(Bapepam-LK,之后改名为 OJK)2006 年颁布了伊斯兰资本市场监管条例,2007 年颁布了第一批符合监管的伊斯兰股票清单(EDS, Daftar Efek Syariah),之后每年 5 月和 11 月,OJK 都会颁布新的 EDS(一般含 300－400 只伊斯兰股票),以此指导场内投资者。2011 年,OJK 推出了伊斯兰股票网上交易系统,并开始交易伊斯兰股票和伊斯兰交易型开放式指数证券投资基金(Islamic Exchange Traded Funds)。

截至 2016 年底,印尼伊斯兰股票指数(IIEI, Indonesian Islamic Equity Index)为 172.08(较 2015 年上涨 18.62%);伊斯兰股票市值约为 3170.06 万亿印尼卢比(2859.4 亿美元),约占印尼国内股票市值的 55.1%。

从 2002 年至 2016 年,印尼一共发行了 102 只伊斯兰公司债券,金额达 20.71 万亿印尼卢比;截至 2016 年底,印尼伊斯兰公司债券存量余额为 11.878 万亿印尼卢比(8800 万美元,55 只伊斯兰公司债券)。

2011-2016年印尼伊斯兰公司债券发行状况(单位:10亿印尼卢比)

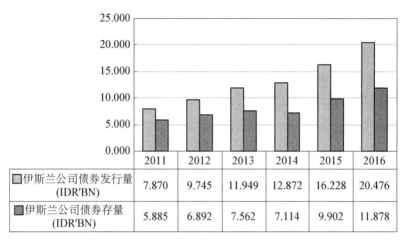

	2011	2012	2013	2014	2015	2016
伊斯兰公司债券发行量(IDR'BN)	7.870	9.745	11.949	12.872	16.228	20.476
伊斯兰公司债券存量(IDR'BN)	5.885	6.892	7.562	7.114	9.902	11.878

■ 伊斯兰公司债券发行量(IDR'BN)　　■ 伊斯兰公司债券存量(IDR'BN)

资料来源:印尼金融监管局(OJK)

从 2002 年至 2016 年,印尼还发行了 565.74 万亿印尼卢比的双币种(印尼卢比和美元)政府伊斯兰债券。截至 2016 年底,印尼政府伊斯兰债券存量余额为 411.37 万亿印尼卢比(307.1 亿美元),占国内政府债券余额的 15%。

2012-2016年印尼伊斯兰政府债券存量状况(单位:万亿印尼卢比)

资料来源:印尼金融监管局(OJK)

此外,截至 2016 年底,印尼有 136 只伊斯兰基金,共管理了 14.91 万亿印尼卢比(11.1 亿美元)伊斯兰金融资产,约占全国基金资产规模(252.1 亿美元)

的 4.4%。

伊斯兰非银行金融机构

截至 2016 年底,印尼伊斯兰非银行金融机构共有 127 个,包括伊斯兰保险(58)、伊斯兰金融公司(49,其中包括 7 个伊斯兰风险投资公司和 1 个伊斯兰基建投资公司)、伊斯兰信托(1)、伊斯兰小微金融机构(14)及其他非银金融机构(包括伊斯兰信用保险机构 5 家,伊斯兰出口信用保险机构 1 家);全行业资产规模达 85.48 万亿印尼卢比(63.6 亿美元),约占印尼金融业市场规模的 4.66%;其监管部门为印尼金融监管局(OJK)。

具体而言,截至 2016 年底,伊斯兰保险资产规模为 33.24 万亿印尼卢比(24.7 亿美元),占印尼非银行金融机构规模的 37.48%;伊斯兰金融公司资产规模为 35.74 万亿印尼卢比(26.6 亿美元),占印尼非银行金融机构规模的 40.30%。

印尼金融监管局(OJK)关于伊斯兰银行业发展蓝图 2015－2019

印尼在伊斯兰银行业快速发展的同时,也面临着以下挑战:

1) 政府和监管部门在伊斯兰银行业发展方向及相关监管方面缺乏协调;

2) 伊斯兰银行业在资本充足率、规模效益及运营效率等方面都有待提高;

3) 高企的筹资成本限制了贷款业务的发展;

4) 产品及服务同质化严重;

5) 人才不足及 IT 落后限制了产品及服务开发;

6) 公众对伊斯兰银行业认知不足;

7) 监管措施尚未优化。

为应对挑战,印尼金融监管局(OJK)推出了《关于伊斯兰银行业发展蓝图 2015－2019》,主要从以下几个方面着手:

1) 在制定政策时,加强监管局、政府及当事人等的联动,例如,2016 年,成立了印尼伊斯兰金融全国委员会(IFNC, Islamic Finance National Commitee);2017 年,成立了雅加达国际伊斯兰金融中心(JIFC, Jakarta International Islamic Financial Center)共同推进伊斯兰金融业及相关产业的发展。

2) 提高伊斯兰银行业的资本充足率、规模效益及运营效率,例如,推行双轨制银行体系,允许传统银行开设伊斯兰窗口银行业务(IBU, Islamic Business

Unit,利用传统银行网点提供伊斯兰金融窗口服务),并给出15年宽限期,允许传统银行将这些IBU彻底剥离,使之成为独立运作的伊斯兰银行,从而提高伊斯兰银行业的业务覆盖范围和市场渗透率。

3)改善融资结构,优化各类基金管理,如朝觐基金(Hajj Fund,预计有67.4亿美元)、永久基金(waqf,预计有89.3亿美元)、天课(zakat)、慈善基金(sadaqah),并将其引导至各类社会投资、建设活动中;鼓励伊斯兰银行以银团贷款的形式参与长期基建项目融资。

4)提高伊斯兰银行业的服务水平和产品开发能力,例如2015年,OJK允许伊斯兰银行推出产品而无需事先得到OJK批准;推出学生伊斯兰存款账户(Simple IB-Islamic savings account for student),通过简化存款手续、降低最低存款门槛等方法吸收学生存款。

5)加大人才培训力度与IT投资建设,例如,OJK推出了伊斯兰银行家证书等级考试,并与劳工部一起推出了伊斯兰村镇银行人才培训计划;OJK允许母公司与子公司共享IT系统和设施,并允许伊斯兰银行间在特定情况下为彼此提供IT(如灾难备份中心服务等)。

6)提高公众对伊斯兰银行业的认知度,由OJK下属消费者教育与保护部门落实每年具体执行计划,并每三年做一次问卷调查。

7)强化伊斯兰银行业务监管要求,例如,要求传统银行的伊斯兰窗口银行(IBU,Islamic Business Unit,利用传统银行网点提供伊斯兰金融窗口服务)业务占比不得低于其主营业务的10%等。

总体而言,印尼伊斯兰银行业务已经取得了长足的发展,鉴于其庞大的穆斯林人口和广阔的经济发展空间,印尼将会成为伊斯兰银行业越来越重要的发展力量。

5.2.8 巴林

巴林,属于世袭君主制的伊斯兰酋长国,位于亚洲西部,为波斯湾西南部的岛国,邻近卡塔尔和沙特阿拉伯之间。巴林国土面积750平方公里,人口约142万。巴林是海湾地区最早开采石油的国家,石油为国家经济的支柱(占国家财政收入来源的80%)。目前已探明的石油储量为2055万吨,天然气储量为1182亿立方米。从2010年起,巴林开始向多元化经济发展,建立了炼油、石化及铝制品工业,并大力发展金融业(2016年底约占全国经济规模的17.2%),成为海湾地区银行和金融中心。许多伊斯兰国际金融机构将其总部设于巴林,如 1991 年成立的伊斯兰金融机构会计与审计组织(AAOIFI, Accounting and Auditing Organization for Islamic Financial Institutions),2002 年成立的国际伊斯兰金融市场(IIFM, International Islamic Financial Market), 2005 年成立的伊斯兰国际评级公司(IIRA, Islamic International Rating Agency)和伊斯兰银行和金融机构代表大会(GCIBAFI, General Council for Islamic Banks and Financial Institutions)。得益于巴林在海湾和中东地区的独特地理位置和国际性国际机构地区总部的设立,巴林已经是伊斯兰金融业发展的领军力量,特别是在伊斯兰金融标准设立、会计和审计、法律服务、人才培训、专业设施提供等方面。

巴林 2006—2016 年的经济增长情况如下:

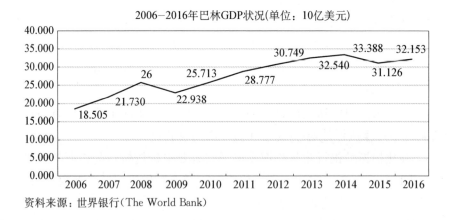

2006—2016年巴林GDP状况(单位:10亿美元)

资料来源:世界银行(The World Bank)

2014—2016 年的石油价格暴跌给巴林财政带来严重困难。巴林政府主要通过减少政府补贴(油、气、水、电、食品、肉类、医疗等)、增税(烟、酒)、提价(油、气、水、电)和来自海湾国家其他政府(如沙特、科威特等)的援助(57 亿美元)渡过难关。截至 2016 年底,巴林外汇储备余额为 54 亿美元,GDP 为 321.53 亿美元,人均 GDP 为 22,564 美元;巴林货币(BHD:Bahraini Danars)为巴林第那尔,币值较为稳定,为可自由兑换货币,USD1=BHD0.37702。截至 2017 年底,巴林吸收外资存量为 265.74 亿美元。

2017 年,中国和巴林双边贸易额约为 10.26 亿美元,其中巴林出口中国 1.24 亿美元,巴林从中国进口 9.02 亿美元。人民币与巴林第纳尔尚不能直接结算。

伊斯兰银行业

巴林是海湾地区（GCC）中体量最小的经济体，但得益于其较为规范的银行、保险和资产管理体系，巴林的金融业在海湾地区发挥着举足轻重的作用。2016年底，巴林境内有牌照的银行共有404家，传统银行与伊斯兰银行双轨制发展，监管工作统一由巴林中央银行（CBB，Central Bank of Bahrain；1973－2006年期间称巴林货币监管局，BMA，Bahrain Monetary Agency）执行。

巴林伊斯兰金融业起步于1970年代。1978年，巴林第一家伊斯兰银行——Bahrain Islamic Bank 正式成立，并开始提供工商业务服务。截至2016年底，巴林共有25家全牌照的伊斯兰银行，资产总额约为257亿美元，约占巴林金融业规模的11.8%。巴林最大的伊斯兰银行为 Al Bakara Banking Group，有615家分支机构，资产总额为249亿美元。第二大伊斯兰银行为 Al Salam Bank，有10家分支机构，资产总额为45亿美元。

2002年2月，伊斯兰流动性管理中心（LMC，Liquidity Management Centre）成立，总部位于巴林，主要为伊斯兰批发银行之资产流动性错配提供符合伊斯兰监管的流动性便利安排。2002年4月，总部位于巴林的国际伊斯兰金融市场（IIFM，International Islamic Financial Market）成立，IIFM 是由伊斯兰开发银行（IDB）以及巴林、文莱、印度尼西亚、马来西亚和苏丹的中央银行作为创始人共同发起成立的一个非盈利、中立的、国际性伊斯兰金融机构，现有60位机构会员。IIFM 旨在为集合旗下会员的各类专才，为伊斯兰金融产品、文件往来等建立一个标准机制，为伊斯兰金融机构、监管机构及市场参与各方建立一个统一的平台以便其交换意见，推选德高望重的伊斯兰学者进入伊斯兰监管委员会，建立和推广统一的伊斯兰监管标准平台，从而促进全球伊斯兰金融市场的发展。目前，IIFM 已经颁布了10套行业标准协议。

2015年，巴林中央银行（CBB）在其辖下专设了伊斯兰监管中央委员会，以伊斯兰金融机构会计与审计组织（AAOIFI）相关标准对境内伊斯兰金融机构进行统一监管。

伊斯兰保险(Takaful)

截至2016年底，巴林有8家伊斯兰保险（TAKAFUL）和再保险（RE-TAKAFUL）机构，保费收入总额约为1.8亿美元，约占其国内保险市场规模的23%。该行业目前面临的挑战主要有缺乏标准化的产品和会计标准、投资渠道有限、人才匮乏和公司治理有待提高。

伊斯兰资产管理

巴林的资产管理业在海湾地区的地位也十分重要,共有近2600家注册基金负责打理约40%的海湾地区高净值人群资产,而这些个人资产的年均复合增长率在2006－2016年间达到了10%,资产规模约为75.9亿美元。其中伊斯兰基金有91家,规模约为13亿美元。

伊斯兰债券(Sukuk)

2001年,巴林政府发行了世界上第一只国际型伊斯兰政府债券(金额1亿美元,5年期的伊斯兰租赁融资,Ijara债券)。之后2001－2016年期间,为调剂伊斯兰银行间的流动性,巴林中央银行(CBB)先后以Sukuk Al Salam(套期保值)形式按月发行了190期伊斯兰债券,期限分别为3个月和6个月,抵押品为大宗商品——天然气;以Sukuk Ijara(租赁融资)形式发行了138期短期伊斯兰债券(期限为182天)和23期长期伊斯兰债券以满足财政部需求,抵押品为政府有形资产。这两种伊斯兰债券都有固定回报率。相关投标买入通过巴林中央银行(CBB)的SSSS(Scripless Securities Settlement System)进行,而相关交割则通过各银行在CBB的账户由RTGS(Real Time Gross Settlement)系统T＋2完成。巴林政府约有20%的财政资金需求是通过发行Sukuk得以实现的。

2015年,巴林中央银行(CBB)为吸收当地伊斯兰银行的富余流动性,专门为零售银行开发出一种短期伊斯兰债券(Wakala,代理)。同时,CBB为刺激伊斯兰债券二级市场发展,允许个人直接在一级市场从持牌经纪人处购买政府发行的伊斯兰债券。

2011-2016年巴林伊斯兰债券(sukuk)发行情况(单位:百万美元)

资料来源:巴林中央银行(CBB)

伊斯兰金融法律和监管体系

在立法方面,巴林政府和中央银行将重点放在国际化和吸引外资。具体而言:

1) 在伊斯兰银行监管方面,2002 年,巴林中央银行(CBB)颁布了《审慎信息和监管条例》(Prudential Information Regulatory Framework),并在之后十几年内根据最新国际惯例和伊斯兰国际性金融机构如 AAOIFI、IFSB 的最新监管标准以及 Basel Ⅲ 相关标准对该条例做了大量增补。该条例就伊斯兰银行的牌照管理、高管构成、资本充足率、风险管控、业务和市场行为规范、金融犯罪预防、信息披露、会计报表、公司治理等方面都有详细的规定和指导。

2) 在伊斯兰保险监管方面,2005 年及 2015 年,巴林中央银行(CBB)先后颁布和更新了《伊斯兰保险及再保险监管条例》(Rulebook on Takaful and Retakaful),对消费者保护、保险公司保险及资质、承保续作(只允许以 Wakala,代理形式)、投资管理(只允许以 Mudaraba,合伙经营利润共享形式)、公司治理等方面做出了具体而严格的规定。这也为巴林奠定了伊斯兰保险法律首选适用国的地位。

3) 在伊斯兰基金监管方面,针对共同投资基金(CIU,Collective Investment Undertakings)巴林中央银行(CBB)2015 年颁布了新版《基金管理条例》(Volume 7 Rulebook on CIU),对在巴林设点经营和销售的基金做出了详细的规定和指导,并确定该条例同样适用于房地产信托基金和私人投资基金(PIU,Private Investment Undertakings)。

4) 在公司立法方面,2016 年,巴林政府颁布了新版的《商业公司法》(Commercial Companies Law),允许在巴林设立由外国人和外资 100% 控股的企业。同时规定允许已经在巴林开业的外资企业在新设分支机构时不再需要事先取得巴林本地担保人同意。

5) 在人才培养方面,巴林银行和金融学院会同 17 家伊斯兰金融机构推出了伊斯兰金融人才证书考试(4 级),巴林大学还推出了伊斯兰金融专业(本科)。同时,巴林还是世界伊斯兰银行大会(WIBC,World Islamic Banking Conference)主办国。

总体而言,巴林已经成为海湾地区银行和金融中心。许多伊斯兰国际金融机构将其总部设于巴林,如 1991 年成立的伊斯兰金融机构会计与审计组织(AAOIFI),2002 年成立的国际伊斯兰金融市场(IIFM)和 2005 年成立的伊斯兰国际评级公司(IIRA)和伊斯兰银行和金融机构代表大会(GCIBAFI)。得益于巴林在海湾和中东地区的独特地理位置和伊斯兰国际性国际机构地区总部的设立(如 AAOIFI、IIFM、IIRA、GCIBAFI 等),巴林已经是伊斯兰金融业发展的领军力量,特别是在伊斯兰金融标准设立、会计和审计、法律服务、人才培训、专业设施提供等方面。

5.2.9 巴基斯坦

巴基斯坦,位于南亚次大陆西北部,南濒阿拉伯海,东、北、西三面分别与印度、中国、阿富汗和伊朗为邻。巴基斯坦国土面积约 88 万平方公里,海岸线长840 公里。截至 2016 年人口约 1.93 亿,是世界第六大人口大国,其中 95% 人口信奉伊斯兰教,以逊尼派为主。巴基斯坦实行总统议会制政体。巴基斯坦的经济结构由主要是农业为基础转变为服务业为基础。农业(以种植业为主)占国内生产总值的 20%,但农村人口占总人口数的 66% 左右,农业吸收了全国 43.7% 的劳动力就业,国家外贸外汇收入的 42% 通过农产品出口实现。服务业占53%,其中批发和零售贸易占 30%。

早在 1960 年代,基于经济及宗教的考量,巴基斯坦是世界上第一批引进伊斯兰银行业的国家之一,截至 2016 年底,巴基斯坦伊斯兰银行业规模占全国银行业的 13%。

巴基斯坦是伊斯兰合作组织(OIC, Organization of Islamic Cooperation)成员国之一。巴基斯坦是中国"一带一路"战略的重要国家,由中国投资 450 亿美元的"中巴经济走廊"(CPEC, China Pakistan Economic Corridor)根本改变了巴基斯坦当地的基础设施建设和经济面貌,使得巴基斯坦稳居南亚次大陆第二大经济体,并在 2016 年超越马来西亚、印尼、土耳其和埃及,成为世界上经济发展最快的穆斯林国家。CPEC 建设分为三个阶段,第一阶段于 2017 年完成,第二阶段将于 2020 年完成,第三阶段预计将于 2025－2030 年完成。CPEC 也为巴基斯坦国内伊斯兰金融业(特别是伊斯兰项目融资)带来了巨大的商业机会。

2014 年 12 月,巴基斯坦同中国签署了为期三年,总额为 100 亿人民币的双边本币互换协议。2018 年 5 月,两国续签该协议,并将规模扩大为 200 亿人民币。2017－2018 财年,中国与巴基斯坦双边贸易额达 132 亿美元,占巴基斯坦贸易总额的 16.4%。巴基斯坦对中国出口商品主要有棉花制品、谷物和矿砂等。中国对巴基斯坦出口商品主要有电机、电气、音像设备及其零配件等。中国已连续四年成为巴基斯坦最大贸易伙伴,是巴基斯坦第一大进口来源国和第三大出口目的地国。中国在巴基斯坦直接投资存量约为 57.1 亿美元。

巴基斯坦 2006－2016 年的经济增长情况如下：

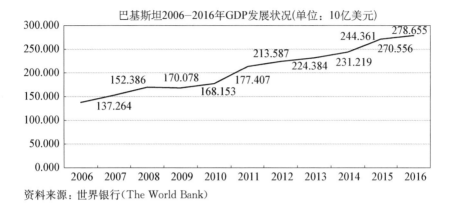

巴基斯坦2006-2016年GDP发展状况（单位：10亿美元）

资料来源：世界银行（The World Bank）

2016 年,巴基斯坦 GDP 为 2786.55 亿美元,人均 GDP 为 1,442 美元;巴基斯坦货币（PKR：Pakistani Rupee）为巴基斯坦卢比,USD1＝PKR140.10。

伊斯兰金融业监管变革

1980 年代,巴基斯坦中央银行 SBP（State Bank of Pakistan）曾经在银行业掀起了一场以去利息化（elimination of Riba）为中心的伊斯兰金融革命,其宗旨是在短期内在巴基斯坦境内建立一个全伊斯兰化的经济体系和金融体系。在监管制度上,为满足不以利息为基础的交易需要,SBP 首先修改了《银行公司法 1962 年版》（BCO,Bank Companies Ordinance 1962）,并推出《利益共享合伙制公司法 1980 年版》（Modaraba Companies and Modarabas Ordinance 1980）,引进 Modaraba 双层融资模式以运作符合伊斯兰监管的商业活动;其次 SBP 修改了《银行和金融服务法 1984 年版》（Banking and Financial Services Ordinance 1984）和《银行业裁决法案 1984 年版》（Banking Tribunals Ordinance 1984）,其目的是建立 个不以利息为基础的融资损失赔偿体系。

SBP 的上述改革实践首先在 1991 年 11 月受到了巴基斯坦联邦伊斯兰监管法庭（FSC,Federal Shariat Court）的挑战,FSC 裁定 SBP 改革"不符合伊斯兰的原则",之后巴基斯坦政府和金融机构的上诉被巴基斯坦高等法院的伊斯兰监管上诉法院（SAB,Shariat Appellate Bench）驳回。因此,巴基斯坦政府不得不暂停了上述较为激进的改革计划,并重新制定了一个渐进式的、相对温和的转型计划,允许传统经济/金融模式和伊斯兰经济/金融模式并行发展;SBP 也于2001 年颁布了《伊斯兰银行政策》,鼓励伊斯兰银行渐进、有序发展,并提出了三种伊斯兰银行模式:1)全伊斯兰制银行;2)传统银行之伊斯兰银行子公司;3)传统银行之伊斯兰分行(IBB,Islamic Banking Branch)。2003 年,巴基斯坦第一家全伊斯兰制银行——Meezan Bank 正式成立,这标志着巴基斯坦伊斯兰银行元年的开始。

2003 年,SBP 又颁布了《伊斯兰银行操作惯例》,内容涵盖了市场准入、牌照管理、网点要求、伊斯兰监管规章和运营细则等。2008 年,SBP 按照伊斯兰监管委员会(IFSB)的相关标准颁布了《伊斯兰银行风险管理条例》,内容涵盖了主要风险管理和惯例。2009 年,为支持巴基斯坦农业的发展,SBP 又颁布了《伊斯兰农业金融指引》。为提高伊斯兰银行业的透明度和保护储户利益,2008 年,SBP 还颁布了《伊斯兰金融机构资产池管理及损益分担之管理条例》,为伊斯兰金融产品行业标准化迈出了一大步。同时,为鼓励传统银行参与伊斯兰银行业的发展,SBP 将传统银行之伊斯兰银行子公司的最低资本要求从 100 亿巴基斯坦卢比降低到 60 亿巴基斯坦卢比。此外,对于传统银行所设立的伊斯兰银行窗口服务,为保证服务标准,SBP 要求传统银行必须首先取得 SBP 的书面同意,并在人员配备、培训、市场营销等方面都有具体规定。

2015 年,SBP 推出了伊斯兰银行发展第二个五年计划。目标是到 2018 年将伊斯兰银行在银行业市场占比提高到 15%。SBP 的主要举措包括优化政策环境,强化伊斯兰监管和合规体系建设,鼓励以合伙经营及参与型金融模式(如 musharaka、mudaraba 和 wakala)开发伊斯兰金融产品,加大推广力度以增进伊斯兰金融的市场认知度,参照卡拉奇银行同业拆借利率(KIBOR,Karachi Inter Bank Offered Rate)推出伊斯兰银行同业拆借指数等。

在伊斯兰保险(Takaful)方面,巴基斯坦证监会(SECP,Securities Exchanges and Commission of Pakistan)是主要监管机构,并于 2002 年推出了《伊斯兰保险监管纲要》,规定只有全牌照的伊斯兰保险公司可以在巴基斯坦境内经营伊斯兰保险业务;伊斯兰保险风险管控和投资业务必须基于 mudaraba 和 wakala 模式。2005 年,巴基斯坦境内第一家伊斯兰保险公司——Pak-Kuwait Takaful 正式开业。为鼓励竞争及提高伊斯兰市场渗透率,SECP 于 2012 年出台政策,允许传统保险公司开办伊斯兰保险窗口服务;并在 SECP 设立伊斯兰监管中央委员会,具体负责巴基斯坦境内伊斯兰保险公司的风险管控和评级工作;并对伊斯兰保险的产品设计、信息披露、保单持有人权益保护、索赔等方面做了统一规定,以便伊斯兰保险和传统保险能够并行发展。2004 年,SECP 先后颁布了《非银行金融机构审慎监管条例》、《modaraba(合伙制利益分享)运营模式审慎监管条例修正稿》,把监管重点放在以下 4 个方面:1)对 modaraba 运营模式进行充分界定;2)区分机构借款人和个人借款人的风险管理;3)对 modaraba 运营制定管理细则;4)KYC(Know Your Customer,了解你的客户)和反洗钱要求。2008 年,SECP 出台了新的《modaraba 管理准则(2008 年版)》,对 modaraba 公司和管理人员及其业务开展做出了具体规定,其监管审查的核心原则是"合适且合理"(fit and proper)。2015 年,SECP 又出台了《modaraba 管理准则(2015 年版)》,其中规定 modaraba 公司:1)必须至少成立三年;2)其中两年有盈利;3)公司评级至少为 A—,才会被允许对公众发行投资产品证书。而其单项投资额不得超过其注册资本的 5%。2016 年,SECP 出台了《modaraba 公司法草案修正案》,在公司上市、内控、投资者权益保护等方面进行详细规定;为杜绝以 modaraba 公司进行诈骗,SECP 规定单个个人不能用 modaraba 名义从事任何商业活动;modaraba 只适用合伙制公司;同时不允许 modaraba 公司进行揽取存款的业务;同时强制要求 modaraba 公司内部必须自行设置伊斯兰监管顾问。截至 2016 年底,巴基斯坦有 37 家 modaraba 公司和 25 家 modaraba 合伙人,资产规模约为 3.445 亿美元(约占非银行金融机构规模的 3.95%),其中主要三家 Standard Chartered Modaraba, First Habib Modaraba、Allied Rental Modaraba 资产规模约为 1.8 亿美元。

在伊斯兰债券(Sukuk)方面,SECP 最早于 2012 年颁布了《伊斯兰债券管理条例草案》,并于 2015 年出台了正式的《伊斯兰债券管理条例》。该条例就 Sukuk 发行人资格、发行流程、信息披露、报告要求等方面设立了先决条件,例如,发行人必须参加评级,且评级结果不得低于 BBB 级;发行人在公司内部必须至少设立 1 名伊斯兰监管顾问和 1 名投资代理;发行人出具的报告必须符合伊斯兰会计和审计组织(AAOIFI)的标准。为支持 Sukuk 的发展,巴基斯坦联邦财政委员会于 2016 年 11 月同意给予 Sukuk 和传统金融债券同等的税收待遇——税收中立(tax neutrality),并豁免之前对 Sukuk 发行所征收的印花税、资本利得税等双重税目。这极大降低了 Sukuk 发行的费用,为 Sukuk 未来在巴基斯坦的大发展铺平了道路。

伊斯兰银行监管体系建设

巴基斯坦中央银行 SBP(State Bank of Pakistan)意识到伊斯兰监管是伊斯

兰银行业稳健发展的核心,在 2003 年,SBP 新设了一个直属机构——伊斯兰监管中央委员会(CSB,Centralized Shariah Board),负责统筹、制定巴基斯坦境内与伊斯兰银行业相关的所有伊斯兰监管体系建设、规章制度、法律条文、标准设立。2008 年,CSB 出台了第一部相关监管条例,主要针对伊斯兰监管合规、伊斯兰审计、股票投资、回报分享、财务报表标准、信息披露等方面做出了详细规定。2015 年,CSB 出台了一部新版的《伊斯兰银行监管条例》,除了上述内容外,在针对伊斯兰银行各部门的工作范围与职责,特别是对董事会、高管队伍、伊斯兰监管委员会、伊斯兰监管合规部门、内部和外部审计等方面进行了详细的规定。此外,该条例还对伊斯兰银行内部设立伊斯兰监管委员会人选提出具体要求:1)人数不少于 3 人;2)必须符合 SBP 监管有关"合适且合理"(fit and proper)的相关甄选要求。在监管标准方面,SBP 与伊斯兰国际标准看齐,伊斯兰金融机构会计与审计组织(AAOIFI)和伊斯兰金融服务委员会(IFSB)的相关标准,例如风险管控、公司治理、财务报表、伊斯兰监管、伊斯兰监管合规等标准被广泛采用和执行。SBP 还对境内伊斯兰银行进行现场伊斯兰监管检查,并要求伊斯兰银行年报必须有乌尔都语(Urdu,巴基斯坦国语之一)翻译版以方便大众理解和查询。

伊斯兰银行业

在 2006—2016 年间,巴基斯坦伊斯兰银行业资产的年均复合增长率约为 32%,存款为 34%。截至 2016 年底,巴基斯坦共有 5 家全牌照的伊斯兰银行,16 家由传统银行设立的伊斯兰分行,此外 9 家传统银行还设立了 1220 个伊斯兰银行服务窗口。最大的伊斯兰银行为 Meezan Bank,有 571 家分支机构,资产总额为 6580 亿巴基斯坦卢比。第二大伊斯兰银行为 Bank Islami Pakistan Ltd,有 321 家分支机构,资产总额为 1800 亿巴基斯坦卢比。

伊斯兰保险(Takaful)

截至 2016 年底,巴基斯坦共有伊斯兰保险(Takaful)机构 5 家。此外,有 7 家传统保险机构设立了伊斯兰保险服务窗口。虽然伊斯兰保险收入在过去 6 年的年均复合增长率高达 34%,但因为该行业尚处于起步阶段,市场认知度亦有待开发,伊斯兰保险资产总额只有约 200 亿巴基斯坦卢比,其中家庭保险约占 70%,综合保险约占 30%。

伊斯兰债券(Sukuk)

2002 年,巴基斯坦第一次发行伊斯兰债券(Sukuk);之后巴基斯坦 Sukuk 市场缓慢起步。从 2005 年至 2016 年,巴基斯坦 Sukuk 共发行 98 只伊斯兰债券,金额 1.166 万亿巴基斯坦卢比,其中私募 91 只,金额 1.123 万亿巴基斯坦卢比;上市 7 只,金额 425 亿巴基斯坦卢比。具体情况如下图所示:

2005-2016年巴基斯坦伊斯兰债券(Sukuk)发行情况(美元：百万)

资料来源：巴基斯坦中央银行(SBP)、Thomson Reuters

巴基斯坦所发行的 Sukuk 有几个特点：1)80%是由政府发行的主权伊斯兰债券;2)80%是以巴基斯坦卢比发行的;3)主要解决国内基建资金缺口;4)主要发行结构是 Ijara(伊斯兰租赁模式),占比超过 85%。

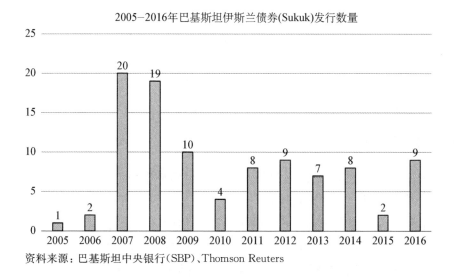

2005-2016年巴基斯坦伊斯兰债券(Sukuk)发行数量

资料来源：巴基斯坦中央银行(SBP)、Thomson Reuters

伊斯兰基金

2002 年,巴基斯坦成立了第一只伊斯兰基金。之后,该行业取得了长足的发展。2010-2016 年,巴基斯坦伊斯兰基金资产规模年均复合增长率高达 39.5%。巴基斯坦国内的自愿养老金系统(VPS,Voluntary Pension System)约有 2/3 的资产是由 9 只伊斯兰基金打理的。截至 2016 年底,巴基斯坦伊斯兰基金约为 2427 亿巴基斯坦卢比。

小微金融

为帮助农村人口脱贫,2015 年,巴基斯坦推出了全国金融包容战略(NFIS,National Finance Inclusion Strategy),计划以小微金融的形式帮助至少 50% 以上的农村成年人口(约 5000 万人),并在 2020 年实现中小企业贷款规模占全国银行贷款规模的 15% 以上。约有 15 家传统金融机构和伊斯兰金融机构参与其中。

伊斯兰股票指数

2015 年 11 月,巴基斯坦股票交易所以在该所上市的 238 只符合伊斯兰监管的股票为基础,推出了伊斯兰股票指数,为市场提供了一种新的伊斯兰投资品种。

总体而言,巴基斯坦伊斯兰银行业务已经取得了长足的发展,鉴于其庞大的穆斯林人口和广阔的经济发展空间,巴基斯坦将会成为伊斯兰银行业越来越重要的发展力量。为应对挑战,巴基斯坦中央银行(SBP)设立了银行与金融国家学院负责伊斯兰金融等级证书考试与培训,并积极与高校联动,在全国几所重点大学建立了伊斯兰金融人才培养基地。

5.2.10 孟加拉国

孟加拉国,简称孟加拉,是世界上第三大穆斯林聚居地,人口有 1.64 亿,其中 90% 为穆斯林。孟加拉政体是一院议会制。自 2004 年起,孟加拉年均 GDP 增长率超过 6%;世界银行预测,孟加拉 2021 年经济总量将达 3220 亿美元,是世界上经济增长最快的国家之一。其增长动力主要来自于国内需求。2016 年,孟加拉外商直接投资总额超过 20 亿美元,主要集中在油气、金融、交通、电信、服装和电力等领域。2016 年,孟加拉 GDP 增长 13.5%,约为 2214.14 亿美元,人均 GDP 为 1,359 美元。孟加拉 2006—2016 年的经济增长情况如下：

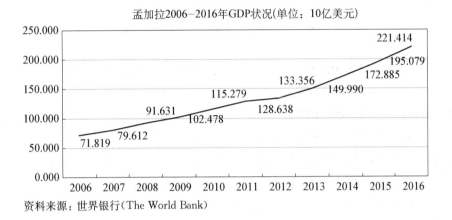

孟加拉2006-2016年GDP状况(单位：10亿美元)

资料来源：世界银行(The World Bank)

货币为孟加拉塔卡(BDT：Bangladeshi Taka)，USD1＝BDT83.64。

2016—2017 财年，孟加拉对华出口额约为 9.49 亿美元(主要商品为成衣)。中国已成为孟加拉第一大贸易伙伴，孟加拉则是中国在南亚的第三大贸易伙伴和第三大工程承包市场。

伊斯兰金融业监管体系

孟加拉银行(BB，Bangladesh Bank)是孟加拉国的中央银行(直属于财政部金融监管局)，也是银行业的监管机构。孟加拉目前对伊斯兰金融业尚未专门立法，但其《银行业法 1991 版》(Banking Companies Act，1991)对伊斯兰金融业经营和管理有具体规定，因此适用于相关伊斯兰金融机构。BB 对伊斯兰银行业持扶持态度，并出台了一些优惠政策，如：

——允许伊斯兰银行固定回报分享比例；

——允许伊斯兰银行从存放中央银行的存款账户中申请 10% 的管理费报销额度，从而提高其收益水平。

此外，BB 还出台了《伊斯兰银行业务指导原则》，作为对《银行业法 1991 版》的补充，其中特别对以下事项作出了专门规定：

——伊斯兰全牌照银行、传统银行的伊斯兰分行和从传统银行转变为伊斯兰银行的牌照管理；

——符合伊斯兰监管原则的存款管理；

——投资产品及其管理；

——中央银行要求的现金留存比例(Cash Reserve Ratio,6.5%)和法定流动性比例(SLR-Statutory Liquidity Ratio,5.5%)管理;

——伊斯兰监管委员会成员任命(合理且合适——fit and proper)及会计报告;

——采用 AAOIFI(The Accounting and Auditing Organization for the Islamic Financial Institutions)和 IFRS(International Financial Reporting Standards)等方面做出了相关规定。

孟加拉保险发展和监管局(IDRA,Insurance Development and Regulatory Authority)负责境内保险机构,包括伊斯兰保险(Takaful)的监管,其主要监管法律依据是《保险法 2010 版》(Insurance Act 2010)。

孟加拉目前对伊斯兰金融业尚未专门立法,相关伊斯兰监管由各伊斯兰金融机构内设的伊斯兰监管委员会独立负责。

2004 年,BB 引入了孟加拉政府伊斯兰投资债券。2014 年,为解决伊斯兰金融机构流动性管理问题,BB 发起建立了伊斯兰银行间资金市场,并把孟加拉政府伊斯兰投资债券作为主要投资标的物,期限分别为 3 个月和 6 个月,采用拍卖形式和回报共享模式。2017 年 4 月,BB 宣布允许在孟加拉的外资企业在取得证券交易委员会许可的前提下发行塔卡债券,孟加拉个人居民与本地企业均可购买。

伊斯兰银行

1974 年孟加拉签署伊斯兰发展银行(IDB)成立协议,并承诺以伊斯兰的基本原则发展本国经济和金融体系。1984 年,孟加拉第一家伊斯兰银行——Islami Bank Bangladesh Limited(IBBL)正式成立。随着经济的发展,孟加拉伊斯兰银行业也取得了长足的发展。

截至 2016 年底,孟加拉有伊斯兰银行 8 家,其中最大的三家分别是 Islami Bank Bangladesh Limited(IBBL,共有 318 家分行);First Security Islamic Bank Limit(FIBL,共有 158 家分行);Al-Arafah Islami Bank Limited(AIBL,共有 140 家分行)。另有 13 家伊斯兰小微金融机构,27 家传统银行开立的 25 个伊斯兰银行窗口服务,18 家传统银行开立的伊斯兰分行。伊斯兰银行总资产约占银行业总资产的 18%(约为 25 亿美元);伊斯兰银行总贷款约占银行业总贷款的 22%(约为 21 亿美元);伊斯兰银行总存款约占银行业总存款的 19%(约为 23 亿美元)。

伊斯兰债券(Sukuk)

孟加拉伊斯兰债券市场发端于 2004 年,孟加拉银行(BB)颁布了《伊斯兰投资债券管理细则》,发行了小额短期(3 个月和 6 个月)伊斯兰债券以帮助伊斯兰金融机构进行流动性管理。2015 年,BB 推出了 Sukuk 每周发行制度,期限分别为 3 个月和 6 个月,采用拍卖形式和回报共享模式。目前,该市场最大一笔公司伊斯兰债券发行人是 IBBL,发行金额为 30 亿塔卡。

伊斯兰保险(Takaful)

孟加拉伊斯兰保险市场起步于 1999 年。截至 2016 年底,孟加拉共有 11 家伊斯兰保险机构(Takaful);另有传统保险机构开立的 13 个伊斯兰保险窗口。伊斯兰保险资产规模达 9.29 亿美元,约占保险业的 17%。

伊斯兰资本市场

孟加拉资本市场监管局负责监管其资本市场,包括伊斯兰资本市场。孟加拉有两个股票市场,一个是 Dhaka Stock Exchange(DSE),另一个是 Chittagong Stock Exchange (CSE)。DSE 于 2014 年推出了 DSEX Shariah Index (DSES)伊斯兰股票指数;CSE 同年也推出了 CSEX All Shariah Index (CSES)伊斯兰股票指数,涵盖了 105 只在 CSE 挂牌上市的伊斯兰股票,市值占比约为 48%。此外,还有三只伊斯兰基金在 CSE 挂牌交易,市值约为 27.5 亿塔卡,市值占比约为 7%。

总结:

本章主要介绍了:

全球伊斯兰银行业发展现状;

"一带一路"沿线主要伊斯兰国家伊斯兰银行业发展现状。

截至 2017 年底,"一带一路"共覆盖 71 个国家和地区,GDP 之和约为 14.5 万亿美元,占全球 GDP 的 18.4%;人口总数预测为 34.4 亿人,占全球人口的 47.6%;对外贸易总额为 9.3 万亿美元,占全球贸易总额的 27.8%,在全球贸易版图中占据重要地位。2017 年,中国与"一带一路"国家的进出口总额达到 1.44

万亿美元,占中国进出口贸易总额的 36.2%。其中出口额 7742.6 亿美元,占中国出口额的 34.1%;进口额 6660.5 亿美元,占中国进口额的 39.0%。

截至 2017 年底,全球伊斯兰金融市场规模达 2.43 万亿美元。从 2007 年至 2017 年,该市场年均复合增长率超过 19%。预计到 2021 年,全球伊斯兰金融市场规模将达到 3.54 万亿美元。其中 90% 集中在以下 10 个伊斯兰金融核心市场,即:沙特阿拉伯、马来西亚、阿联酋、科威特、卡塔尔、土耳其、印度尼西亚、巴基斯坦、巴林和孟加拉,这 10 个国家都坐落在"一带一路"战略圈内。

如何充分了解地区差异及伊斯兰金融业行业特点,并把绿色金融要素融入到"一带一路"投资中去,这既是中国投资机构的长期利益所在,也是"一带一路"沿线国家可持续发展的要求。这对于推进"一带一路"战略顺利实施,实现亚太自贸区顺利建成将起到重要的建设作用。这也将成为不同经济体共同推进一体化的典范,更是包容性经济的生动体现,其影响将惠及亚太、利好全球,对主要伊斯兰国家伊斯兰银行业的发展也会产生深远的影响。

目前,马来西亚的吉隆坡已经是全球伊斯兰金融中心,而阿联酋的迪拜是中东地区的伊斯兰金融中心。未来,哪个金融中心会胜出还取决于其能否在伊斯兰金融业树立一个"思想领导"的地位,为行业创立统一的标准和监管架构;而且这些规范既能为不同区域接受,也能为全球伊斯兰金融业所普遍接受。

第六章

伊斯兰银行业金融产品及服务
（1）存款及投资账户

本章介绍伊斯兰银行业金融产品及服务，主要内容有：

本章主要介绍

- 伊斯兰存款资金的性质
- 伊斯兰存款账户的类别
- 伊斯兰银行收费服务项目
- 储户存款安全及投资者保护

如今，在主要伊斯兰国家，伊斯兰银行已成为整个银行体系的重要组成部分。伊斯兰银行的运行基础是遵循伊斯兰监管的要求，提倡风险共担和利润共享的合作伙伴原则，并摒弃了追求利息（Riba）的概念。

6.1 伊斯兰存款资金的性质

储户的存款是伊斯兰银行最重要的资金来源之一（其他来源还有股东权益和伊斯兰债券发行等），同时也是伊斯兰银行财务实力的体现。良好的存款基础有助于伊斯兰银行扩大经营规模，提高股东回报率。

总体而言，伊斯兰银行存款账户基本有三类：

一是活期账户（Current Account）；

二是储蓄账户（Savings Account）；

三是投资账户（Investment account）。

储户可以自由调配不同账户之间的资金。

从吸收存款的角度来看,伊斯兰银行的主要筹资渠道为与储户签署以下协议:

一是代客理财或信托(Amanah)协议;

二是代客保管(Wadiah)协议;

三是委托银行理财(Qard Hassan)。

而伊斯兰银行通常在和储户签署以下协议后进行资金管理和运用:

一是收益或利润分享协议(Mudarabah);

二是委托代理协议(Wakalah)。

伊斯兰银行在商业运作与合规监管方面均需遵循伊斯兰监管的要求,在存款、借款及投融资等业务方面均不得涉及利息(Riba)。那么储户与银行的收益及相关分配如何体现? 从实质上看,伊斯兰银行与储户的关系更像是一个合作伙伴关系。储户出于对伊斯兰银行的信任,将资金作为存款存入银行,委托银行理财(Qard Hassan);伊斯兰银行接受委托,代客理财,负责将众多储户存款汇集并投资于符合伊斯兰监管的工商业务活动及支持个人金融业务(如房贷、车贷和其他消费类贷款)等。如果从伊斯兰银行的角度来看,储户的存款可被视为一种投资委托。如果伊斯兰银行经营成功,其所获得的收益将按各储户的投资比率及相关合同约定进行分配。但如果投资失败,则伊斯兰银行与储户按事先合同约定的投资比例承担损失。

另外,储户还可以在伊斯兰银行开立一个投资账户,该账户资金有两种类型:

一是可赎回账户(Redeemable),可赎回且期限灵活;

二是永久投资账户(Permanent),不可赎回,储户开立此类账户主要是为了获得伊斯兰银行的投资收益。

这两类投资账户的资金均可被视为伊斯兰银行资本金的补充来源。储户设立投资账户主要是为了获得及分享伊斯兰银行的投资收益。鉴于此,伊斯兰银行与储户会事先签署相关协议,确定各自的投资收益分享比例(如果银行投资实现盈利)和损失承担比例(如果银行投资出现亏损)。

为了保证银行系统的稳定性,各国监管当局及中央银行均强制要求伊斯兰银行为其储户存款预留一定比例的现金储备。

6.2　伊斯兰存款账户的类别

伊斯兰银行通常将存款账户分为三类:

一是活期账户(Current Account);

二是储蓄账户(Savings Account);

三是投资账户(Investment Account)。

6.2.1　活期账户(Current Account)

对于伊斯兰银行而言,其活期账户存款的来源主要基于以下三个伊斯兰监管要求及原则:

一是信托(Amanah);

二是保管(Wadiah);

三是无息贷款(Qard,或称为 Qard Hassan)。

伊斯兰银行在吸收存款时便会与储户就适用上述三原则之一签订相应的存款协议。

若是以信托(Amanah)原则为基础的存款协议,伊斯兰银行将储户存款视为信托基金,且不能将该资金用于银行自身的业务运作;同时,在超出银行控制能力范围的事件(不可抗力事件如火灾、水灾等)发生时,银行也不保证上述资金的安全,即银行并不确保储户的资金安全。该类存款也没有收益。

若是以保管(Wadiah)原则为基础的存款协议,伊斯兰银行将储户存款视为信托基金并为其安全负责,银行可以将该资金用于银行自身的业务运作(只要这些业务活动符合伊斯兰监管的相关要求)。保管(Wadiah)项下的存款可以被视为储户委托伊斯兰银行进行的信托贷款,伊斯兰银行将其运用于符合伊斯兰监管的各项业务,并同时保证该资金的本金安全。因为储户可以随时支取这些资金,所以这类存放于伊斯兰银行的存款一般没有回报。但是,伊斯兰银行还是可以酌情考虑给予储户一定回报,以表示对储户对银行资金支持的感谢。而这一回报的多少及支付频率都没有定规,完全由伊斯兰银行自行决定。所以可以把这一回报看作是伊斯兰银行给予储户的一个礼物(Hibah)。

若是以无息贷款(Qard)或是委托银行理财(Qard Hassan)原则为基础的存款协议,伊斯兰银行将按照储户的授权将该资金运用于银行自身的业务运作(只要这些业务活动符合伊斯兰监管的相关要求)。伊斯兰银行可以将上述资金视为来源于储户的无息贷款(Qard)。储户可以随时支取这些资金,伊斯兰银行也不必为其支付任何回报。所以此类资金并不会影响伊斯兰银行的总体负债水平。但是,伊斯兰银行必须保证以无息贷款(Qard)原则为基础的存款之安全。此外,伊斯兰银行可以酌情考虑给予储户一定回报,以表示对储户对银行资金支持的感谢。而这一回报的多少及支付频率都没有定规,完全由伊斯兰银行自行决定。所以可以把这一回报看作是伊斯兰银行给予储户的一个礼物(Hibah),而不是股票分享投资收益(Dividends)。

总之,对于活期账户(Current account)项下的存款,从存款本金的安全及收益角度来看:

1) 伊斯兰银行对信托(Amanah)协议项下的存款安全没有绝对保证,且该存款没有收益;

2) 对于保管(Wadiah)(或)无息贷款(Qard)协议项下的存款本金安全则是有保证的;如果经营(投资)成功,伊斯兰银行可能酌情考虑给予保管(Wadiah)(或)无息贷款(Qard)协议项下的储户存款一定回报。

6.2.2 储蓄账户(Savings Account)

储蓄账户(Savings Account)的运作与活期账户(Current Account)的运作并不相同。储蓄账户的设立是基于利润分享基础上的。

通常,储户在伊斯兰银行开立储蓄账户(Savings Account)时,双方会首先签订一个利润分享合同(Mudarabah contract),储户作为投资者(Rabbul-mal),而伊斯兰银行作为基金经理(Mudarib)。双方事先约定:1)如果伊斯兰银行经营(投资)成功,双方按约定比例分享投资收益。双方可以就上述分享投资收益比例在每个月初重新调整一次。2)如果伊斯兰银行经营(投资)失败,资金方面的损失由投资者(Rabbul-mal)——即储户完全承担,而伊斯兰银行方面则承担投资管理方面所投入的人力成本。3)储蓄账户(Savings Account)的资金通常由伊斯兰银行并入其投资基金池并运用于符合伊斯兰监管要求的投资项目。且由其自行调配。

所以从存款本金的安全及收益角度来看,伊斯兰银行对储蓄账户(Savings Account)的存款安全没有绝对保证,但如果经营(投资)成功,该账户可以按事先约定比率分享投资收益。对于储户而言,在伊斯兰银行储蓄账户上的资金是一笔有固定期限的短期定期存款(通常为一个月)。

为了鼓励客人开立储蓄账户,伊斯兰银行通常会利用一些促销手段,如不定期且无固定金额的现金返还、减免手续费、允许储蓄账户客人优先使用银行服务等。

6.2.3　投资账户(Investment Account)

投资账户的设立是基于利润分享基础上的合伙关系(Mudarabah)。对于储户而言,在伊斯兰银行投资账户上的资金是一笔有固定期限的定期存款,且有机会参与分享银行的投资收益。

通常,储户在伊斯兰银行开立投资账户(Investment Account)时,双方会首先签订一个利润分享合同(Mudarabah Contract),储户作为投资者(Rabbul-mal)承诺伊斯兰银行,其在银行投资账户的存款在约定到期日前不会提前支取(不排除银行允许储户在提前通知的前提下提前支取存款)。伊斯兰银行作为基金经理(Mudarib),负责资金运作及投资。双方事先确定:

1) 如果伊斯兰银行经营(投资)成功,双方按约定比率分享投资收益。

2) 如果伊斯兰银行经营(投资)失败,资金方面的损失由投资者(Rabbul-mal),即储户按其投资资金比率完全承担。

3) 投资账户(Investment Account)的资金通常由伊斯兰银行并入其投资基金池,并运用于符合伊斯兰监管的投资项目,且由其自行调配。

4) 对于各个不同的投资基金池,伊斯兰银行若使用其自有资金参与项目投资,应事先告知各相关权利人,其权利与义务与该投资基金池之既有的现金投资人没有差别。

5) 与投资相关的各项费用由各自相对应的投资池(投资人)各自承担。

6) 银行为储户的定存资金颁发一票投资证书作为确认函。

投资账户(Investment Account)按期限及投资目的可以分为两类:

1) 限制性投资账户(Mudarabah Muqayyadah, Restricted Investment Account):储户授权伊斯兰银行根据其具体指示,将资金投资于指定项目或领域,投资期限有具体限制;

2) 非限制性投资账户(Mudarabah Mutlaqah, Unrestricted Investment Account):储户无条件地授权伊斯兰银行依据银行自身投资策略进行符合伊斯兰监管要求的投资活动。

投资账户的回报率取决于伊斯兰银行的投资决策和投资项目的执行质量。因为伊斯兰银行无法确定其未来投资回报率,所以在签约时也就不能给投资人承诺一个固定的投资回报率。但是伊斯兰银行会事先与投资人约定一个分享投资收益比率(如果投资成功的话)。对伊斯兰银行而言,投资账户的存款不是股东投资(权益),也非负债,而只是一笔投资款项,原因是投资账户的储户只是委托伊斯兰银行理财,且伊斯兰银行并未保证其相关的投资收益(率)。

所以从存款本金的安全性及收益角度来看,伊斯兰银行对投资账户(Investment Account)的存款安全没有绝对保证。但如果经营(投资)成功,该账户可以按事先约定比率分享投资收益。如果伊斯兰银行经营(投资)失败,资金方面的损失由投资者(Rabbul-mal)——即储户按其投资资金比率完全承担。损失上限为投资人的全部出资额。

此外,还有一种投资账户类别是利润分享合资伙伴投资账户(Combination of Musharakah Mudarabah),即伊斯兰银行及其投资账户储户均出资参与了某项目投资。

举例来说,如果在为储户建立投资资金池时,伊斯兰银行决定以自有资金参与投资,比如,如果储户出资 20,000 美元,伊斯兰银行也出资 20,000 美元,那么双方就实际上成为一个 50%/50% 的合资联营体。从本质上看,这个投资账户是建立在两个投资协议基础上的:1)利润分享合同(Mudarabah);2)合资伙伴关系合同(Musharakah)。如果伊斯兰银行与储户双方约定在这两个合同中利润分享的比率为伊斯兰银行/储户(40%/60%),那么,在投资结束时,假设投资项目实现了 2,000 美元的投资回报,伊斯兰银行与储户双方该如何分配呢?

答案如下:

1)首先,作为整个投资项目的基金经理(Mudarib),伊斯兰银行根据利润分享合同(Mudarabah)按事先约定的比率 40%,可以分享 $2,000 \times 40\% = 800$(美元)的收益,此时,项目回报还剩 1,200 美元。

2)其次,作为整个投资项目资金提供方之一,伊斯兰银行根据合资伙伴关系合同(Musharakah)按事先约定的比率 40%,可以分享项目剩余回报的 $1,200 \times 40\% = 480$(美元)的收益,即银行总回报为 $1,280(=800+480)$ 美元。

3)项目剩余回报 $720(=2000-800-480)$ 美元由各储户按其各自出资比率再进行分配。

6.2.4 伊斯兰银行存款账户与投资账户之异同

通常,伊斯兰银行把活期账户(Current Account)和储蓄账户(Savings Account)视为存款账户(Deposit Account),它们与投资账户(Investment Account)的异同点可以通过下表分析总结如下:

特点	活期账户 （Current Account）	储蓄账户 （Savings Account）	投资账户 （Investment Account）
采用的合同类型	信托(Amanah)； 保管(Wadiah)； 无息贷款(Qard,或委托银行理财 Qard Hassan)； 合伙制利益分享合同(Mudarabah)	无息贷款(Qard,或委托银行理财 Qard Hassan)； 合伙制利益分享合同(Mudarabah)	合伙制利益分享合同(Mudarabah)项下： 1）限制性投资账户(Restricted investment account)； 2）非限制性投资账户(Unrestricted investment account)
提取现金	按储户要求灵活支取；提供支票、自动柜员机(ATM)、借记卡等银行服务	按储户要求灵活支取；提供支票、自动柜员机(ATM)、借记卡等银行服务	若提前支取,储户应提前通知伊斯兰银行并由银行根据投资期限等决定是否同意储户支取款项
资金池	储户存款与股东资金及其他类资金混合在银行的一个资金池内	储户存款与股东资金及其他类资金混合在银行的一个资金池内	1）限制性投资账户(Restricted investmen-taccount)资金与伊斯兰银行的其他资金池有一隔断,单列使用； 2）非限制性投资账户(Unrestricted investment account)资金与股东资金及其他类资金混合在银行的一个资金池内
回报	1)对于以非合伙制利益分享合同(Mudarabah)为基础签约的存款,伊斯兰银行可以酌情考虑以礼物(Hibah)形式给予储户一定回报。而这一回报的多少及支付频率都没有定规,完全由伊斯兰银行自行决定。2)对于以合伙制利益分享合同(Mudarabah)为基础签约的存款,伊斯兰银行与储户双方按事先约定的比例分享投资收益。	1)对于以非合伙制利益分享合同(Mudarabah)为基础签约的存款,伊斯兰银行可以酌情考虑以礼物(Hibah)形式给予储户一定回报。而这一回报的多少及支付频率都没有定规,完全由伊斯兰银行自行决定。2)对于以合伙制利益分享合同(Mudarabah)为基础签约的存款,伊斯兰银行与储户双方按事先约定的比例分享投资收益。	伊斯兰银行与储户双方按事先约定的比例分享投资收益。

特点	活期账户 (Current Account)	储蓄账户 (Savings Account)	投资账户 (Investment Account)
风险	1) 对于活期账户（Current account）项下的存款，伊斯兰银行对信托（Amanah）协议项下的存款安全没有绝对保证，且该存款没有收益； 2) 对于保管（Wadiah）（或）无息贷款（Qard）协议项下的存款本金安全则是有保证的； 3) 对于以合伙制利益分享合同（Mudarabah）为基础签约的存款，伊斯兰银行与储户双方按事先约定的比例分担风险。	1) 伊斯兰银行对储户以无息贷款（Qard，或委托银行理财 Qard Hassan）形式签约的存款本金安全没有绝对的保证； 2) 对于以合伙制利益分享合同（Mudarabah）为基础签约的存款，伊斯兰银行与储户双方按事先约定的比例分担风险。	合伙制利益分享合同（Mudarabah）项下资金由伊斯兰银行与储户双方按事先约定的比例分担风险。

6.3 伊斯兰银行收费服务项目

伊斯兰银行所提供的收费服务项目包括伊斯兰信用卡（Halal credit card）、保管箱服务、转账、托收等。其中保管箱服务、转账、托收等服务与传统银行类似，按照服务类别收取相应手续费。但伊斯兰信用卡业务则有些许不同。

传统银行所提供的信用卡服务的主要运作模式是给予客户一定的透支额度便利，通过收取利息的方式实现盈利。

而伊斯兰银行摒弃了利息（Riba）的理念，所以上述模式并不可取。伊斯兰银行信用卡与传统的银行信用卡的主要区别在于发卡行与持卡人之间的三种契约形式，即 Kafalah、Wakalah 和 Qard。

1) Kafalah：发卡行代表持卡人向供货商和第三方保证付款；

2) Wakalah：发卡行被视为持卡人的代理，代表持卡人向供货商付款；发卡行同时向持卡人承诺在其需要时提供一定的贷款额度；

3) Qard：发卡行被视为持卡人的贷款人，并允许持卡人从发卡行提取现金，持卡人承诺按时归还借款。

伊斯兰银行的信用卡业务主要通过收取以下费用实现盈利：

1) Kafalah 费用(Membership fee)：此项收费可被看作是信用卡会员费,在发卡行与持卡人签约时就已确定,每年固定收费,与信用卡实际消费金额无关;

2) 代理费(Commission fee)：在发卡行与持卡人签约时就已确定,每年根据信用卡实际消费金额按一定比率收取;

3) 提现手续费(Cash withdrawal fee)：在发卡行与持卡人签约时就已确定,根据信用卡提现笔数,按每笔固定金额收取;

4) 迟还款手续费(Late payment fee)：在发卡行与持卡人签约时就已确定,根据持卡人迟还款金额与时间按比率收取。伊斯兰银行会将收到的迟还款手续费捐献给伊斯兰慈善基金。

6.4　储户存款安全及投资者保护

对于伊斯兰银行及其储户而言,因根据不同契约类型为基础而开立的账户类型不同,其相应的共享回报和共担风险也不相同。各国中央银行和监管机构在储户存款安全及投资者保护方面对伊斯兰银行的监管也有相应的规定。

具体而言,

1) 资本充足率要求(CAR, Capital Adequacy Ratio)和流动性要求：各国中央银行和监管机构对其辖内伊斯兰银行和金融机构皆有具体要求;

2) 金融会计标准要求：根据伊斯兰金融机构会计与审计组织(AAOIFI)金融会计标准第六号(FAS No. 6)的规定：

a) 对于限制性投资账户,伊斯兰银行可以将其置于表外业务管理;因为该账户的资金管理最终还是由储户自己决定,银行主要的功能是代理配置投资资产;所涉及资金并不与银行自有资金及其他资金池混合,而所投资资产的相应风险亦由客户承担;

b) 对于非限制性投资账户,伊斯兰银行应将其所管理的非限制性投资账户在资产负债表上按照投资期限、客户集中度等分布给予披露。非限制性投资账户的投资期限从 1 个月至 60 个月不等。储户如欲提前支取存款,应提前书面通知银行且征得其同意。

3) 存款保险：有些国家中央银行和监管机构会要求境内伊斯兰金融机构对其辖内储户存款购买保险。

4) 信息披露要求：伊斯兰银行参照国际证券委员会(IOSCO, International Organization of Securities Commission)的相关要求,即：

a）在账户开立时，伊斯兰银行应明示投资者相关投资风险；

b）各项信息披露应充分、透明；

c）投资账户业绩表现及相关计算应从投资者的角度出发；

d）投资账户业绩的最终表现应为扣除了由投资者直接与间接支付了的各项费用之后；

e）如果应由投资者直接与间接支付了的各项费用尚未扣除，伊斯兰银行作为资金管理方应明示。

此外，为保证储户的存款安全，全球 113 个国家和地区要求实行存款保险，各国监管机构对伊斯兰金融机构的存款还设有存款保险的要求。我们用下表对各国监管机构对伊斯兰金融机构之存款保险要求作一简单对比，可以看出：

1）世界上最早引进伊斯兰存款保险的国家是巴林，始于 1993 年。

2）而在系统性运作及立法管理方面最为完善的国家是马来西亚。

3）在管理架构上，各国主要采取以下 4 种类型：① 国有存款保险机构负责（主要国家有马来西亚、巴林、土耳其、印尼、苏丹、约旦和新加坡）；② 中央银行负责（科威特）；③ 私营保险机构负责（英国）；④ 无统一管理模式，由各伊斯兰银行根据各自与储户签订的存款协议执行（沙特、伊朗、阿联酋）。

4）在立法保障方面，马来西亚、苏丹、科威特、约旦和英国都有专门立法。

5）在存款本金保障方面，只有科威特中央银行提供 100％保障。

6）在有立法支持的国家，伊斯兰银行负责出资为储户存款购买保险。

7）由于：

a）各国的监管要求各不相同；

b）各国对分享收益投资账户（PSIA，Profit Sharing Investment Account）的定义和管理要求有较大差距；

c）符合伊斯兰监管的保险资金投资匮乏；

d）大多数国家尚未制订伊斯兰银行破产法及相应的应对政策；

e）伊斯兰存款规模在整个银行业占比还很低。

所以目前伊斯兰银行业尚未形成一个全球统一的伊斯兰存款标准和一个系统性和行之有效的伊斯兰存款保险机制。

8）此外，伊斯兰金融服务委员会(IFSB)分别在 2014 年及 2016 年颁布了有关伊斯兰金融机构安全性监管指引：①《伊斯兰监管最后贷款人的角色(2014)》(The Role of SLOLR)，2014；②《WP－06，加强伊斯兰金融安全网建设：伊斯兰存款保险计划之机制与角色》(WP－06，SCDIS)，但上述标准尚未被伊斯兰

各国伊斯兰存款保险运作异同对比

特点	穆斯林国家											非穆斯林国家	
	马来西亚	巴林	土耳其	印尼	苏丹	约旦	阿联酋	科威特	沙特	伊朗	巴基斯坦	新加坡	英国
成立时间	2005	1993	2005	2005	1996	2000	2010	2008	N.A.	N.A.	N.A.	2006	2001
管理架构	由国有存款保险机构负责，有国家专门立法管理	由国有存款保险机构负责，无国家专门立法管理	由国有存款保险机构负责，无国家专门立法管理	由国有存款保险机构负责，无国家专门立法管理	由国有存款保险机构负责，有国家专门立法管理	由国有存款保险机构负责，有国家专门立法管理	无统一管理模式，由各伊斯兰银行根据自与储户签订的存款协议执行	由中央银行负责	无统一管理模式，由各伊斯兰银行根据自与储户签订的存款协议执行	无统一管理模式，由各伊斯兰银行根据自与储户签订的存款协议执行	N.A.	由国有存款保险机构负责，无国家专门立法管理	由私营存款保险机构负责，有国家专门立法管理
强制性保险会员要求	V	V	V	V	V	X	N.A.	N.A.	N.A.	N.A.	N.A.	X	X
伊斯兰保费与伊斯兰非保费加以区分管理	V	N.A.	X	X	N.A.	N.A.	N.A.	N.A.	N.A.	N.A.	N.A.	X	X
根据伊斯兰教义管理资金	V	N.A.	X	X	V	N.A.	N.A.	N.A.	N.A.	N.A.	N.A.	X	X

续表

	穆斯林国家								非穆斯林国家	
伊斯兰银行与传统银行投保额限额相当	V	N.A.	V	V	N.A.	V	N.A.	N.A.	X	X
伊斯兰银行与传统银行保费费率相当	V	X	V	V	N.A.	V	N.A.	N.A.	V	V
保险限额	MYR 60,000	上限为存款余额的75%,最高不超过BHD 15,000	TRY50,000	IDR100-MN	投资账户:SDG4,000;活期账户:SDG3,000	JOD 50,000	100%	N.A.	SGD 20,000	GBP 35,000

资料来源:各国中央银行;图表例示:∨表示有;×表示没有;N.A.表示不适用。

金融机构普遍采纳。总之,伊斯兰存款保险还处于初级阶段。2018年8月,IFSB与IADI(International Association of Deposit Insurers,国际存款保险机构协会)签订谅解备忘录,双方拟共同制定伊斯兰存款保险制度有效运行的实施标准。2018年10月,IFSB与AAOIFI签订了谅解备忘录,双方就推广审慎伊斯兰监管国际标准等方面加强合作达成共识。

总结:

本章主要介绍伊斯兰银行业金融产品及服务,内容涵盖了:

——伊斯兰存款资金的性质;

——伊斯兰存款账户的类别;

——伊斯兰银行收费服务项目;

——储户存款安全及投资者保护。

伊斯兰银行的运行基础是遵循伊斯兰监管的要求,提倡利润共享和风险共担的合作伙伴原则,并摒弃追求利息(Riba)的理念。从吸收存款的角度,伊斯兰银行通常与储户签署以下三个协议之一:1)代客理财或信托(Amanah)协议;2)代客保管(Wadiah)协议;3)委托银行理财(Qard Hassan)协议。从资金运用的角度,伊斯兰银行通过与储户签署:1)收益或利润分享协议(Mudarabah);2)委托代理(Wakalah)代客投资,共享利润,共担风险。

伊斯兰银行的存款账户有三类:1)活期账户(Current Account);2)储蓄账户(Savings Account);3)投资账户(Investment Account)。

从存款的安全性看,活期账户(Current Account)项下:1)伊斯兰银行对保管(Wadiah)(或)无息贷款(Qard)协议项下的存款本金安全是有保证的;2)伊斯兰银行对信托(Amanah)存款安全基本有保证,除非发生不可抗力事件。关于储蓄账户(Savings Account)项下:伊斯兰银行对储蓄账户的存款安全没有绝对保证。关于投资账户(Investment Account)项下:伊斯兰银行对投资账户的存款安全没有绝对保证。

从存款的收益性来看,活期账户(Current Account)项下:1)保管(Wadiah)或无息贷款(Qard)存款可能会有收益(以礼物——Hibah形式体现),具体视伊斯兰银行的投资结果和收益分配决策由其自行而定。2)信托(Amanah)存款没有收益。储蓄账户(Savings Account)项下:如果伊斯兰银行经营(投资)成功,该账户储户可以按事先约定比率分享投资收益。如果伊斯兰银行经营(投资)失败,资金方面的损失由投资者(Rabbul-mal)——即储户完全承担。而投资账户(Investment Account)项下：投资回报率取决于伊斯兰银行的投资决策和投资项目的执行质量。如果伊斯兰银行经营(投资)成功,该账户可以按事先约定比率分享投资收益。如果伊斯兰银行经营(投资)失败,资金方面的损失由投资者(Rabbul-mal)——即储户按其投资资金比率完全承担。损失上限为投资人的全部出资额。

伊斯兰银行所提供的收费服务项目包括伊斯兰信用卡(Halal credit card)、保管箱服务、转账、托收等。伊斯兰银行信用卡与传统的银行信用卡主要区别在于发卡行与持卡人之间的三种契约形式,即 Kafalah,Wakalah 和 Qard。

各国中央银行和监管机构在储户存款安全及投资者保护方面对伊斯兰银行的监管都有相应的规定;在系统性运作及立法管理方面最为完善的国家是马来西亚;但各国的监管要求各不相同,目前尚未形成一个全球统一的伊斯兰存款保险标准。

第七章

伊斯兰银行业金融产品及服务
（2）投资、融资合同类型及其特点

本章介绍建立在利润共享和风险共担之投资经营伙伴关系（PLS-Profit and Loss Sharing Partnership）基础上的伊斯兰银行业之金融产品及服务，及其主要涉及的投融资业务与合同类型和特点，主要有：

本章主要介绍

- 伊斯兰银行投资、融资合同的基本类型
- 伊斯兰合同的基本要求
- 权益类合同（Equity contract）：MUDARABAH，MUSHARAKAH
- 资产支持类或债务金融化类合同（Asset based/Debt financing contract）：MURABAHAH，SALAM and ISTISNA'
- IJARA 租赁融资合同（Leasing contract）
- 伊斯兰保险（TAKAFUL）

7.1 伊斯兰银行投资、融资合同的基本类型

根据伊斯兰监管的要求，伊斯兰银行贷款不收利息，对储户存款也不付利息。那么，伊斯兰银行如何能够吸引储户资金？又是如何实现盈利呢？

我们首先可以从伊斯兰银行的资产负债表之构成一窥端倪。

伊斯兰银行的资产负债表

资产	负债
资产和融资组合相对多样化。产品可以是建立在利益共享、风险共担基础上的,也可以是建立在成本加价基础上的	由各种负债合同组成
股权投资是建立在 MUDARABAH 和 MUSHA-RAKAH(利益共享、风险共担)合同基础上的	活期存款:保本但没有回报,储户存款是以存款安全为目的
通过 MURABAHAH, IJARA, SALAM 和 ISTISNA' 等合同模式实现销售收入资产	投资存款账户(利益共享,风险共担):不保本,没有固定回报
MURABAHAH 贸易融资	类股权投资之存款账户(利益共享,风险共担)
以收费为基础的各项银行服务	股东权益
风险共担,不提供利息	留存收益:投资回报留存;投资风险准备留存

从伊斯兰银行的资产负债表可以看出,伊斯兰银行的运行是遵循伊斯兰监管的要求,提倡利润共享和风险共担的原则,并摒弃追求利息(Riba)的理念。

从吸收存款的角度,伊斯兰银行通常与储户签署以下三个协议之一:1)代客理财或信托(AMANAH)协议;2)代客保管(WADIAH)协议;3)委托银行理财(QARD HASSAN)协议。(详见本书第六章阐述)

从资产运营的角度,伊斯兰银行通过四种模式、七类合同构建资产,并以此应对经营过程中可能出现的各类风险。四种模式分别是:1)权益类合同(Equity Contract),主要有 MUDARABAH, MUSHARAKAH;2)资产支持类或债务金融化类合同(Asset Based/Debt Financing Contract):MURABAHAH, SALAM 和 ISTISNA';3)租赁融资合同(Leasing Contract):IJARA;4)保险合同(Insurance contract):TAKAFUL。具体分布如下图所示:

而根据这些权益类和债务融资合同是否是建立在利润共享和风险共担基础(PLS:Profit-Loss-Sharing),又可以进一步分为两类:

1)以利润共享和风险共担为基础(PLS):

MUDARABAH;MUSHARAKAH;

2)不以利润共享和风险共担为基础(Non-PLS):

MURABAHAH;IJARA;SALAM;ISTISNA'。

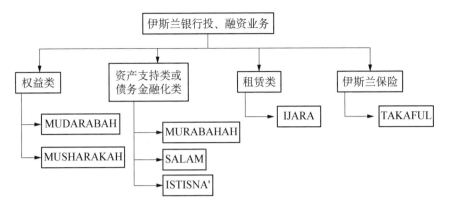

我们用下图简单阐述伊斯兰银行的投融资模式：

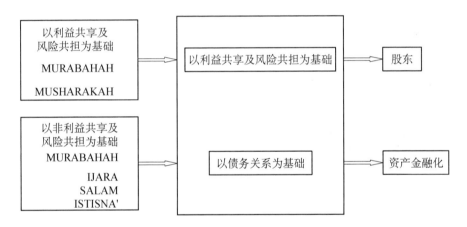

以利润共享和风险共担为基础（PLS）的融资模式可以较好地实现了：① 对签约各方的最大限度公平，签约各方按事先约定的比例（或出资比例）共负盈亏；② 有效降低社会财富分配不公现象，优化社会资源分配。

伊斯兰金融的利润分配原则为：

1）利润分配可以不按照投资各方的出资比例；

2）利润分配不按照分红具体的绝对数额，而是按照合同约定的各方分配比例；

3）只有在出资人收回其原始投资后，才能进行利润分配，而在此之前进行的利润分配只能视为中期部分资本利得，最终投资盈亏只有在出资人收回其原始投资后才能确认。

7.2 伊斯兰合同的基本要求

随着历史变迁,伊斯兰监管也在不断演化中。伊斯兰监管,即沙里亚法规(Shari'ah),是由传统伊斯兰学术界所建立的非成文伊斯兰法律,大部分穆斯林都坚守沙里亚法规。穆斯林认为伊斯兰监管要求是真主意志的言辞,并为伊斯兰社会构成一种责任体制和伊斯兰法律体系;而身在其中的穆斯林必须恪守并履行。对伊斯兰监管要求的解释被称为费格赫(Fiqh),其实质为对伊斯兰监管进行宗教界定而设定的规则。伊斯兰法学家以此衍生出监管渊源学(Usul al-fiqh,"法学理论"、"法理准则")。根据伊斯兰教的法理,法律根源有四,以优先次序排列为:《古兰经》(Quran)、《圣训》(Hiths,穆罕默德的言行)、穆斯林法学家的共识(Ijma)及类比论证(Qiyas)。

在合同交易内容方面,伊斯兰监管要求:

1) 合同不含伊斯兰监管所禁止从事的活动,例如:

——购买和交易不纯商品;

——购买和交易无用商品;

——收取利息(Riba);

——赌博;

——色情;

——过度风险交易(Gharar fahish)或投机交易。

2) 合同要素必须齐整,并含有可执行的各项条件,例如:

——合同双方在非受迫情况(非自愿情况)下,理解并同意合同金额及其各项条款;

——合同签署时,合同所指向的标的物确实存在且可以被交付,不应存在欺诈、无法交付等不确定性(Gharar)行为。

7.3 权益类合同(Equity contract):MUDARABAH, MUSHARAKAH

7.3.1 权益类合同之 MUDARABAH

7.3.1.1 MUDARABAH 的基本特点

MUDARABAH 是建立在以利润共享和风险共担(PLS)为基础上的投资经

营合伙制利润分享合同。

首先我们来了解一下几个伊斯兰金融术语：

Rabb al-mal,资本提供方,是公司投资者和股东,通常不直接参与公司经营,但可以为职业经理人设定特定条件以确保其善用资本,妥善经营;

Mudarib,职业经理人,通常不直接出资,而是通过提供专业知识和管理技能,负责公司的日常经营,促进企业发展并实现盈利,从而参与分享公司收益。

MUDARABAH 的主要特点如下：

1) 即公司的所有权与经营权适当分离,投资者负责出资,职业经理人负责经营;

2) 公司经营或资产运作所得利益由双方按照合同的事先约定进行分享;

3) 该模式并未赋予出资人(资本提供方)为企业经营作决断的权利,企业的日常经营由职业经理人负责;

4) 公司投资回报取决于公司具体的盈利情况：

a) 如果企业盈利,投资者/职业经理人可以按事先约定的比例进行分红;

b) 投资者(出资人)可以对公司所募集资金拟进行投资的领域设置条件;

c) 参与各方(出资人和经营者)承诺风险共担;

d) 若企业经营失败,则金钱方面的损失由出资人按比例承担,而经营者(职业经理人)损失的则是其参与企业经营所投入的时间和精力。

有趣的是,2016 年两位诺贝尔经济学奖得主有关不完全契约理论与伊斯兰金融中 MUDARABAH 合同的设计和理念在许多方面不谋而合,在如何处理"合伙情况下,谁说了算"的问题上,双方更有惊人的相似之处。

2016 年本特·霍姆斯特罗姆(Bengt Holmström)和奥利弗·哈特(Oliver Hart)赢得了该年度诺贝尔经济学奖。他们发展了思考如何书写合同的现代化方式,这些合同涉及多个领域,包括汽车保险、首席执行官的奖金以及公共服务的提供等。虽然许多合同设计要素在被契约理论正式纳入之前就已广泛存在,但契约理论有助于理解绩效奖金的设计。

现代契约理论认为,若存在显著不确定性(即伊斯兰金融中的 Gharar),最好支付固定薪酬。霍姆斯特罗姆教授的研究显示,对股东来说更好的做法是根据其公司相比业内同行的相对表现来奖励管理人员;如果存在难以观察一个人行动的效果的情况,那么考察此人时与绩效相挂钩的薪酬比例就应该越低。哈特教授的高见是,在试图罗列未来情形徒劳无益的情况下,重要的是写明若合同双方意见不同,哪一方将有权做出决定。这在财务契约中(比如为创业者提供资金)最为有用。哈特教授发现,与其把人才当作雇员,支付工资让他们创新,不如让他们成为拥有控制权的创业者,获益于通过自己努力所取得的大部分利润。不完全契约正视企业内部的所有权和控制权的分离问题,并指出资源不一定是价格体系主宰的,也可能是由拥有不对称信息的合作伙伴所签署的契约支配的。在某种程度上,MUDARABAH 合同可以说是不完全契约理论的一个完美案例。现在我们来看一下伊斯兰银行 MUDARABAH 合同的运作模式。

MUDARABAH 基本运作模式如下:

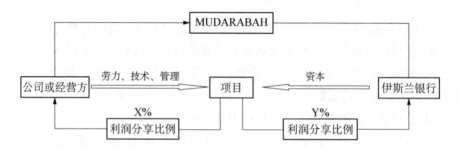

7.3.1.2 两种 MUDARABAH 合同类型

1）限制性 MUDARABAH(MUDARABAH MUQAYYADAH)：资本提供方(Rabb al-mal)为公司设定投资领域;

2）非限制性 MUDARABAH(MUDARABAH MUTLAQA)：职业经理人(Mudarib)在不超出其经营能力的范围,享有充分决策自由,经营企业。

我们用下图简单阐述两种 MUDARABAH 模式:

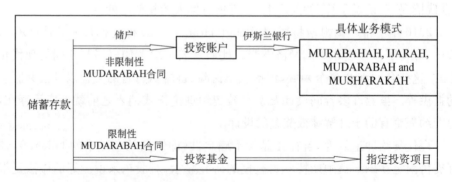

7.3.1.3 适用于伊斯兰银行业的双重 MUDARABAH 合同类型

因为伊斯兰监管禁止利息(Riba),所以伊斯兰银行不为储户存款提供利息。这与传统金融中的银行有很大的区别。但是伊斯兰银行不为存款提供利息不等于存款账户没有回报。MUDARABAH 合同则为储户提供了一个在符合伊斯兰监管的前提下提高资产回报的途径,其实现方式是通过签订双重

MUDARABAH 合同。双重 MUDARABAH 运作模式如下：

1）第一重 MUDARABAH 合同

储户与伊斯兰银行签订非限制性 MUDARABAH 合同，将其存款存入银行，这就相当于为银行注入投资资本；此时，储户成为资本提供方（Rabb al-mal，出资人）。而银行的角色更像是职业经理人（Mudarib），负责以专业方式帮储户理财。银行可以将该资金并入其自有资金池进行运营（主要是支持符合伊斯兰监管的各类工商业务、贸易融资和个人贷款），储户无权干预银行的日常经营活动。有些伊斯兰银行还会收取银行账户管理费。作为出资人，储户本金并无100%保证。双方可以约定一个分红比例，在投资实现盈利时进行分红。

2）第二重 MUDARABAH 合同

伊斯兰银行与符合伊斯兰监管的企业签订限制性 MUDARABAH 合同，承诺为企业提供贷款，这就相当于为企业注入运营资本；此时，伊斯兰银行成为资本提供方（Rabb al-mal，出资人），而接受贷款的企业则更像是职业经理人（Mudarib）。伊斯兰银行可以限定该资金的使用用途及投资方向，并监督企业资金的使用情况。伊斯兰银行不能要求该企业提供一个固定的投资回报率，但双方可以协商确定一个分红比例，在企业取得盈利并扣除相关运营费用后，可以进行分红。

在双重 MUDARABAH 合同模式下，如果企业经营成功并实现盈利，在第二重 MUDARABAH 合同（伊斯兰银行和企业）和第一重 MUDARABAH 合同（伊斯兰银行和储户）签约各方按照各自约定的分红比率进行分红。如果企业经营失败，伊斯兰银行（包括相关储户）方面的最大损失为其所投入的资金，而企业（或是银行）的最大损失为其为经营所投入的人力、物力、精力。

7.3.1.4 单一 MUDARABAH 或联合 MUDARABAH 合同类型

在单一 MUDARABAH 合同（Individual MUDARABAH）项下，伊斯兰银行资金来源可以为储户存款和（或）其自有资金，银行只为某个个人独资企业或单一企业提供融资，其基础是建立在以利润共享和风险共担（PLS, Profit and Loss Sharing）为基础上的投资经营合伙制利润分享、风险共担合同。

在联合 MUDARABAH 合同（Joint MUDARABAH）项下，伊斯兰银行贷款资金来源是某一群储户长期存款所形成的资金池，储户在存款到期前不会提前支取，银行授信对象不只局限于某个个人独资企业或单一企业，其基础是建立在以利润共享和风险共担（PLS）为基础上的投资经营合伙制利润分享、风险共担合同。

7.3.1.5　MUDARABAH 合同运作模式案例分析

MUDARABAH 案例分析之一

假设伊斯兰银行 A 以 MUDARABAH 模式（非限制性）将 1 百万美元贷款给 B 公司,合同期限为 1 年,双方约定:

1) 银行的目标利润率是 12%;

2) 如果合同到期时,B 公司运用该笔贷款实现的利润率超过 12%,则 B 公司有权分享超额利润的 90%。

在合同项下,伊斯兰银行 A 为资本提供方(Rabb al-mal),是 B 公司投资者和股东,但不直接参与公司经营;B 公司则扮演了职业经理人(Mudarib),负责善用资本,妥善经营。

我们接着假设,1 年合同到期时,B 公司出现了三种经营结果:

3) 公司实现盈利 10 万美元;

4) 公司实现盈利 30 万美元;

5) 公司出现亏损 20 万美元。

请问,在这三种情况下,伊斯兰银行 A 与 B 公司是如何共享收益和共担风险的。

分析如下:

1) B 公司实现盈利 10 万美元

因为 B 公司借款本金为 1 百万美元,公司实现盈利 10 万美元,则利润率为 10%,没有达到银行的目标利润率 12%,所以 B 公司无权参与利润分配。

伊斯兰银行 A 的具体分红=10 万美元

B 公司的具体分红=0 万美元

2) B 公司实现盈利 30 万美元

因为 B 公司借款本金为 1 百万美元,公司实现盈利 30 万美元,则利润率为 30%,超出了合同设定的 12% 的目标值;所以 B 公司有权参与超额利润的二次分配。

伊斯兰银行 A 的具体分红

$=12\% \times 100 + 10\% \times (30 - 12\% \times 100) = 12 + 1.8 = 13.8$(万美元)

伊斯兰银行 A 分红收益率=13.8/30=46%

B 公司的具体分红

$=90\% \times (30 - 12\% \times 100) = 16.2$(万美元)

B公司分红收益率＝16.2/30＝54％

3）B公司出现亏损20万美元

在MUDARABAH合同项下，投资亏损资金由资本提供方（Rabb al-mal）全部承担，所以伊斯兰银行A计提20万美元亏损；B公司除了投入经营的人力和精力外，并没有具体资金方面的损失。

MUDARABAH案例分析之二

假设：

1）伊斯兰银行以MUDARABAH模式构建了以下资产组合：

可用于投资资金	美元(百万)	投资比例
股东	200	100％
投资账户：1年	250	90％
投资账户：6个月	800	80％
投资存款账户	1,500	60％
资金总额	2,750	

2）在合同到期时，该资产组合共实现90(百万)美元投资收益。该资产组合的投资分红比例（或利润分配比例）如下：

投资分红比例	职业经理人(经营方)	储户	总计
股东	100％	0％	100％
投资账户：1年	10％	90％	100％
投资账户：6个月	18％	82％	100％
投资存款账户	25％	75％	100％
拟分配收入(美元,百万)	90		

请问各方的实际利润该如何分配？各方的实际投资收益率是多少？

分析如下：

在这个案例中，需要特别注意的是，对于伊斯兰银行的股东来说，因其是以自有资金投资,所以不必与职业经理人(经营方)共享投资收益,即股东可以拿走其自有资金的100%投资收益。

单位:美元(百万)	1 可用于投资资金	2 投资比例	3 已投资金(1×2)	4 已投资金占所有投资资金比例%	5 可分享利润(4×90)	6 职业经理人(经营方)可分享利润占比%	7 经营方可分配利润(5×6)	8 扣除经营方可分配利润后的剩余利润(5−7)	9 投资回报率(8÷8)
股东	200	100%	200	10.18%	9.16	100%	9.16	0	0.00%
投资账户:1年	250	90%	225	11.45%	10.31	10%	1.03	9.27	4.12%
投资账户:6个月	800	80%	640	32.57%	29.31	18%	5.28	24.04	3.76%
投资存款账户	1,500	60%	900	45.80%	41.22	25%	10.31	30.92	3.44%
总计	2,750		1,965	100%	90.00		25.77	64.23	

从以上两个案例分析,可以比较清楚地了解 MUDARABAH 模式下伊斯兰金融的利润分配原则,即:

1) 利润分配可以不完全按照投资各方的出资比例;

2) 利润分配不按照利润的绝对数额,而是按照合同约定的各方分配比例;

3) 只有在出资人收回其原始投资后,才能进行利润分配,而在此之前进行的利润分配只能视为中期部分资本利得,最终投资盈亏只有在出资人收回其原始投资后才能确认。

7.3.1.6 MUDARABAH 运作模式的主要风险点

1) 信用风险与违约风险:

因为 MUDARABAH 运作模式蕴含的道德风险高,所以这一模式相应的金融风险也高。如果企业经营不善或职业经理人破产,投资人将血本无归,因为该模式并未要求职业经理人为企业运作提供抵押品或担保品。

如何防范:投资人在投资前应做好尽职调查(特别是职业经理人的操守及履职能力);在投资期间,尽量做到信息透明,减少信息的不对称性。

2) 操作风险

因为在投资期间储户对其投资存款并无监管权,如果伊斯兰银行利用储户资金过度投资,这就构成操作风险。此外,伊斯兰银行如果不能为储户提供有足够市场竞争力的投资回报,则会面临储户在投资结束后撤资的资金压力。如果因为伊斯兰银行内部人员渎职或行为不当而造成资金损失,储户的投资存款就会成为银行的真实负债,伊斯兰银行必须承担偿付责任。

如何防范:伊斯兰银行应着力做好人员培训和合规制度建设,落实内、外部审计,防范风险。监管机构应明确落实各项监管条规。

3) 被替代商业风险(DCR, Displaced Commercial Cisk)

被替代商业风险指的是因为伊斯兰银行因无法为其投资账户储户提供与市场相当的投资回报,所面临的因储户撤资而造成的银行存款下降的系统性风险。因为市场竞争,为争取储户投资存款而提高储户投资存款回报率,伊斯兰银行可能将投资资金投入期限更长的项目,从而造成资金错配,进而损害股东权益。

如何防范:从审慎性原则出发,为保护投资者(银行储户)和银行股东权益,伊斯兰金融机构会计与审计组织(AAOIFI)和伊斯兰金融服务局(IFSB)等伊斯兰国际性金融机构均鼓励伊斯兰银行按一定比率预留利润分配均衡补偿准备(PER, Profit Equalization Reserve)。只有在扣除该项准备后,职业经理人(Mudarib)才能按事先约定的比率分享结余的投资收益。如果在项目投资结束清盘时,该准备项下仍有结余,则签约各方按事先约定的比率分享该结余。伊斯兰银行也可以用 PER 调高投资回报,提高投资资本金等。

此外,AAOIFI 和 IFSB 还鼓励伊斯兰银行计提投资风险准备金(IRR, Investment Risk Reserve)。IRR 与 PER 最大的不同在于,IRR 的计提基数＝投资收益－职业经理人按比例分享的收益。IRR 主要是为了在伊斯兰银行投资亏损时进行补强,熨平投资收益率。各国伊斯兰银行对 IRR 与 PER 的计提比率没有统一标准。在马来西亚,这一比率为 15％－30％不等。

7.3.2　权益类合同之 MUSHARAKAH

7.3.2.1　MUSHARAKAH 的基本特点

MUSHARAKAH 是建立在以利润共享和风险共担(PLS)为基础上的投资经营合伙制利润共享和风险共担合同。

MUSHARAKAH 是以股权投资为基础的合伙契约。它与世俗/传统资本市场的股权投资类似,惟其投资品必须是被伊斯兰监管要求所允许的股票、证券或其他资产。该类股权合伙契约有三种类型:一是工作伙伴合伙契约关系(Shirkah al-Amal);二是信誉伙伴合伙契约关系(Shirkah al Wujoh);三是资本或出资伙伴合伙契约关系(Shirkah al-Amwal)。该类股权伙伴关系合同的参与各方亦遵循利润共享、风险共担原则。盈利分享比率由当事各方事先约定,若发生亏损,则损失按出资方的实际出资额比率各自承担,亏损最大额为投资人所投资的全部资金。

若伊斯兰金融机构以 MUSHARAKAH 模式进行资产运作,该合同允许伊斯兰金融机构实际参与和控制联营体的日常管理和运营事务并享有表决权,以规避经营方可能出现的操作风险。该类合同将募集资本投资于银行指定或认可的项目。视项目在资本募集期需求量的变化,募集资本的余额可能随之增加或减少。该余额即是当时决定项目利润分成或亏损分担比率的基数。因其灵活的股权形式和事先约定的利润共享(亏损分担)比例,MUSHARAKAH 被广泛运用于包括个人消费贷款、服务、生产和流通行业、政府土地开发以及大型电站建设及运营合同中。

MUSHARAKAH 基本运作模式如下:

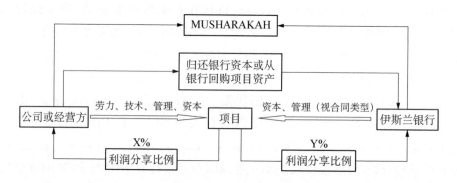

7.3.2.2 MUSHARAKAH 的类型:限制性与非限制性 MUSHARAKAH

按合同是否存在限制性条款,MUSHARAKAH 合同可分为限制性与非限制性 MUSHARAKAH 两大类。

限制性 MUSHARAKAH (Shirka al'Inan):

1) 不同股东享有不同的权利和不同的投资收益分享比例;

2) 各股东只按自身的投资比例承担有限责任,并不对其他股东负责。

非限制性 MUSHARAKAH (Mufawada):

1) 所有股东一律平等(享有相同的投资出资比例,相同的权利和相同的投资收益分享比例等）；

2）各股东不仅按自身的投资比例承担有限责任，而且对其他股东负有连带担保责任。

此外，按合同的存续时间，还有一种永久性 MUSHARAKAH（Permanent MUSHARAKAH），该模式主要运用于大型电站运营等项目，它有两个特点：

1）所投资的项目没有界定合同到期日，只要投资参与方愿意，各方假定该项目将永续经营；

2）该项目将永续经营的基本技术条件已经存在。

7.3.2.3 MUSHARAKAH 运作之案例分析

MUSHARAKAH 案例分析之一 MUSHARAKAH MUTANAQISA（间失性 MUSHARAKAH，意即逐步退出伙伴关系）

举例来说，有为青年阿里准备结婚购房，但自有资金不足，于是找伊斯兰银行融资。假设阿里看中的房产价值为 1 百万美元，阿里和伊斯兰银行双方签订 MUSHARAKAH MUTANAQISA（间失性 MUSHARAKAH）合同，阿里自付 30 万美元，银行贷款 70 万美元，期限 10 年。阿里和伊斯兰银行于是结成了 30%/70%的投资合作伙伴关系，其操作模式如下：

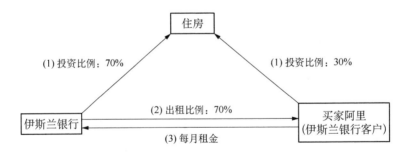

具体操作为银行代表阿里以 1 百万美元（含阿里自付 30 万美元和银行贷款 70 万美元）将该房产买下，并随后将其出租给阿里，阿里同意按月支付租金给银行。假设阿里和银行约定分 120 期（10 年）按购买价回购银行所持有的 70%产权。每月租金为 1 万美元。

1）从产权关系来看，在租赁开始时，阿里和银行各自拥有该房产的 30%/70%产权。

2）而阿里所付的每月租金可以理解为分成两部分：a)阿里支付给银行（所拥有该房产的 70%产权）使用权；b)阿里分期每期回购银行所拥有该房产的

70％产权之 1/120（即 10 年分 120 期还款）。

3）在合同关系结束时，银行合计收到 120 万美元（其中 70 万美元为本金，50 万为投资回报）；阿里则最终拥有该房产的 100％产权。

在伊斯兰银行的个人金融及消费贷款中，MUSHARAKAH MUTANAQISA 的运用最为广泛。MUSHARAKAH MUTANAQISA 可以被称为间失性 MUSHARAKAH（Diminishing MUSHARAKAH，意即逐步退出伙伴关系），它可以被理解为一种首付抵押贷款，其特点是一方承诺从另一合作伙伴方以市场价或双方约定的价格逐步收购某项资产之所有权（或股权），直至 100％拥有该项资产之所有权。

该运行模式主要运用于家庭消费贷款（购房、购车、购买电器等）、小企业贷款以及 MUSHARAKAH 伊斯兰债券发行中。

MUSHARAKAH 案例分析之二 MUSHARAKAH SUKUK

2006 年，卡特尔地产投资公司以 MUSHARAKAH SUKUK 形式发行了一笔 10 年期、2.70 亿美元的伊斯兰债券，如下图所示：

卡塔尔地产投资公司伊斯兰债券

债券结构	MUSHARAKAH	募集资金投向	THE PROCEEDS OF THE ISSUE OF THE SUKUK CERTIFICATES WILL BE USED BY THE ISSUER TO PAY THE ISSUER'S CONTRIBUTION TO THE MUSHARAKAH
状态	关闭	回报参考率	3 MONTHS LIBOR+120 BPS
债券类型	公司债	回报发放频率	QUARTERLY
债券规模	USD270,000,000	第一次回报发放	30-Nov-06
最小认购额	USD100,000	第一次回报发放	ON EACH 31AUG, 30NOV, 28FEB AND 31MAY OF EVERY YEAR, CERTIFICATE HOLDERS WILL RECEIVE FROM PROCEEDS RECEIVED FROM AND IN RESPECT OF THE TRUST ASSETS, A PEROIDIC DISTRIBUTION AMOUNT
最小认购增加额	USD1,000	LEAD MANAGER	QATAR NATIONAL BANK
MOODY'S 评级	Baa2		DUBAI ISLAMIC BANK
行业	地产	CO-LEAD MANAGER	GULF INTERNATIONAL BANK
债券交易地	Lexembourg SE		STANDARD CHARTERED BANK
期限	10 YEARS		DUBAI ISLAMIC BANK
到期日	31-Aug-16	BOOK RUNNERS	GULF INTERNATIONAL BANK
内嵌期权类型	CALLABLE		QATAR NATIONAL BANK
			STANDARD CHARTERED BANK

整体融资规模（包括一笔银团贷款）达USD375MILLION

这款卡特尔地产投资公司发行的伊斯兰债券（SUKUK），以该公司所拥有的一幅土地为标的物，还款来源为土地开发、销售及地上附着物所产生的现金流。从 2006 年起，卡特尔地产投资公司用募集的资金共 3.75 亿（含 2.7 亿美元伊斯兰债券 SUKUK 及 1.05 亿美元银团贷款)对该土地进行开发建设和销售，历经 10 年，并成功于 2016 年 8 月债券到期日完成了所有 2.7 亿美元伊斯兰债券和 1.05 亿美元银团贷款的偿付。

MUSHARAKAH 案例分析之三 MUSHARAKAH

有为青年阿里婚后奋发图强，准备开一家咖啡馆，先期投资约 3 万美元。阿里找到伊斯兰银行，请求帮助。双方协商，达成如下 MUSHARAKAH 合同。

项目描述		咖啡店
资本金		USD30,000
期限		1 年
	其中	
	银行资本投入占比	80%
	阿里资本投入占比	20%
银行参与经营管理		0%
阿里参与经营管理		100%
经营方分红		25%
实现利润		USD1,000

阿里经营有方，1 个月后咖啡店实现利润 USD1,000。

请问：

1）伊斯兰银行与阿里参与分享利润的比率各是多少？

2）如果咖啡店的盈利水平保持不变，伊斯兰银行与阿里的月度与年度投资回报率各是多少？

3）如果咖啡店的盈利水平保持不变，合同结束时伊斯兰银行与阿里的实际分红为多少？

解析：

1）这是一款限制性的 MUSHARAKAH 合同。伊斯兰银行和阿里按各自出资额比率，即 80%/20% 分享投资收益。同时，银行不参与经营，是一个沉默股东(silent shareholder)，而阿里则全权负责经营，因此按合同规定享有 25% 的经营方分红比率。

就咖啡店实现的 USD1,000 利润而言,25%应划归经营方,即阿里首先分得 USD250。

在剩余的 USD750 利润中,伊斯兰银行和阿里再按 80%/20%比率分享投资收益,即,伊斯兰银行收益＝80%×USD750＝USD600,而阿里收益＝20%×USD750＝USD150。

所以,最终的利润分配比率为:

伊斯兰银行＝600/(1000×100%)＝60%

阿里＝(250＋150)/(1000×100%)＝40%

2) 如果咖啡店的盈利水平保持不变,伊斯兰银行与阿里的月度与年度投资回报计算如下:

月度投资回报率:

伊斯兰银行＝600/(80%×30000)＝2.50%

阿里＝400/(20%×30000)＝6.67%

年度投资回报率:

伊斯兰银行＝2.5%×12＝30.00%

阿里＝6.67%×12＝80.04%

3) 如果咖啡店的盈利水平保持不变,合同结束时,伊斯兰银行与阿里的实际年度分红计算如下:

伊斯兰银行＝60%×1000×12＝7200(美元)

阿里＝40%×1000×12＝4800(美元)

7.3.2.4 MUSHARAKAH 运作模式主要风险点

1) 信用风险:伊斯兰银行面临两类风险

a) 资本减损风险(Capital Impairment Risk):如果所购置资产价格下跌,而合作伙伴的还款能力和意愿出现问题,银行前期所投入资本就面临减损的风险;

b) 违约风险(Default Risk):合作伙伴违约或破产。

2) 操作风险:银行尽职调查不到位,合作伙伴经营能力不强,管理不善,项目投资失败。或所购置资产价格下跌,而合作伙伴的还款能力和意愿出现问题,银行前期所投入资本就面临减损的风险。

7.4　资产支持类或债务金融化类合同（Asset based/Debt financing contract）：MURABAHAH，SALAM and ISTISNA'

7.4.1　MURABAHAH 成本加价合同

MURABAHAH 的基本特点

伊斯兰金融机构从供应商处购买商品，以成本加利润的价格将其售卖与客户，并给其一个固定的还款账期。买卖双方的关系是建立在信托（Amanah）原则上的，即卖家在出售商品给买家前，须如实报告其真实成本。而买家对卖家的以成本加利润的价格始终了解，并同意以分期付款或最终一次性付款的方式完成该合同。在合同存续期，该利润加成比率保持不变，所以 MURABAHAH 融资的成本有一个上限。如该合同未约定退款条款，提前还款可能可以享受退款优惠。

MURABAHAH 是目前伊斯兰金融市场上最为流行的贷款合同。伊斯兰银行不是将资金直接借给借款人，而是按照借款人指示，代借款人以成本加价的方式购买所需商品；购买完成后，伊斯兰银行将与借款人签订 MURABAHAH 合同，并按照合同规定将上述商品立即转交给借款人；借款人按照合同规定承诺将在贷款到期日偿还（双方可以选择一次性或分期还款）伊斯兰银行全部款项（贷款＋购买商品成本加价部分）。成本加价部分即为伊斯兰银行的资金回报。在借款人偿还全部本金＋回报前，伊斯兰银行始终保有所购买商品的所有权。

MURABAHAH 基本运作模式如下：

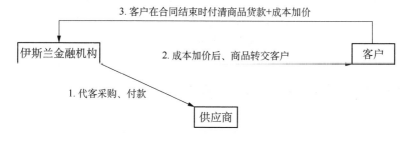

MURABAHAH 的好处是：

1）对银行来说，保证专款专用，回报透明，可预期；

2) 对借款人来说,可以先取得商品,后付货款,缓解流动性压力,资金成本透明。

MURABAHAH 合同签约条件是:

1) 合同签约方必须是有民事行为能力、心智健全之成年人;

2) 合同签约方不存在被迫或受胁迫签约情况;

3) 合同主要要素(如货币、到期日、还款条件等)明确;

4) 合同签约方双方措词明确。

MURABAHAH 之特别规则:

1) 合同出资方的目的是为卖而买,即银行的功能是代客购买其指定的资产;

2) 所购买商品必须真实存在,且符合伊斯兰监管的要求;

3) 伊斯兰银行作为商品购买人,在借款人偿还所有款项前,始终保有商品所有权,同时也承担商品灭失或毁坏的风险;

4) 如果借款人违约,伊斯兰银行只对代购商品应收款项享有追索权,对于代购商品成本加价部分无追索权,且不能对借款人追加罚款;

5) 伊斯兰银行可以要求借款人提供第三方担保,并要求借款人为商品购买保险,且指定伊斯兰银行为保单受益人。

MURABAHAH 之运用:

1) 公司业务短期流动资金贷款(如原材料购买)或固定资产融资(土地、厂房、机器设备等);

2) 个人金融消费贷款(如房、车、电器等)。

MURABAHAH 和传统利息贷款的不同点:

1) MURABAHAH 的标的物是某一符合伊斯兰监管要求之资产;

2) 伊斯兰银行作为商品购买人,在借款人清偿所有款项前,承担商品灭失或毁坏的风险,所以,向借款人收取购买商品成本加价部分合情合理;

3) 成本加价部分是固定的,而非浮动的。

MURABAHAH 交易案例之银行间资金拆借

假设:

1) 有家伊斯兰银行 A 希望在伊斯兰银行间交易市场向伊斯兰银行 B 拆借 3 百万美元,期限 1 个月;

2) 伊斯兰银行 B 的资金机会成本是每年 3%;

3) 伦敦金属交易所(LME)当前每盎司(OZ)黄金现货价格为 1,000 美元。

请问：

1) 伊斯兰银行 B 为该项业务定价几何？

2) 伊斯兰银行 A 与 B 如何在 MURABAHAH 模式下完成该项业务？

解析：

1) 伊斯兰银行 B 需要为该项业务进行成本加价，期限 1 个月

其成本＝(3,000,000×3%)×(1/12)＝7,500(美元)；

2) 伊斯兰银行 A 与 B 在 MURABAHAH 模式下完成该项业务的步骤为：

i) 伊斯兰银行 A 与 B 签订 3 百万美元，期限 1 个月的 MURABAHAH 融资协议，伊斯兰银行 A 为资金拆出行，伊斯兰银行 B 为资金拆入行；

ii) 伊斯兰银行 B 以 3 百万美元在伦敦金属交易所(LME)以每盎司 1,000 美元价格买入黄金现货 3000 盎司＝3,000,000/1,000＝3,000(盎司)；

iii) 伊斯兰银行 B 随即将 3000 盎司黄金现货出售给伊斯兰银行 A，

出售总价＝3,000,000＋7,500＝3,007,500(美元)

折合每盎司黄金价格＝3,007,500/3000＝1,002.50(美元)

iv) 伊斯兰银行 A 承诺一个月后按照每盎司 1,002.50 美元归还 3000 盎司黄金给伊斯兰银行 B；

v) 此时，在伊斯兰银行 A 的资产负债表上体现：

资产＝3000 盎司黄金

负债＝3000 盎司黄金(1 个月后归还)；

vi) 伊斯兰银行 A 签署一份授权书给伊斯兰银行 B，允许 B 卖出 3000 盎司黄金；

vii) 伊斯兰银行 B 依据授权在伦敦金属交易所(LME)以每盎司 1,000 美元价格卖出 3000 盎司黄金，收回 3,000,000 美元，并将其转给伊斯兰银行 A；

viii) 一个月后合同届满，伊斯兰银行 A 向伊斯兰银行 B 支付 3,007,500 美元。

此外，MURABAHAH 还有两个变种，亦称 TAWARRUQ 和 BAI AL MUAJJAL。

1) TAWARRUQ(反向 MURABAHAH，REVERSE MURABAHAH)：

借款人将银行代购商品返售给该商品的最初卖家。这种做法最为伊斯兰宗教学者厌恶和讨伐，因为他们认为这样的商品买卖只是一个幌子，试图掩盖以利息为基础的钱钱交易，而这正是伊斯兰监管所禁止的。

2）BAI AL MUAJJAL（赊销）

BAI AL MUAJJAL（赊销）是与 MURABAHAH 相似的一种运作模式，允许卖家在完成商品销售和货款回笼后再向供应商付款。合同双方可以事先约定付款方式（分期付款或是一次性付款）。

MURABAHAH 的主要风险点：

1）信用风险：

因借款人还款能力恶化而出现的违约风险。

如何防范：银行做好尽职调查和风险评级，并计提足够的风险准备金。

2）操作风险：

a）不同主权国家对 MURABAHAH 合同标准规定并不相同；

b）银行以先买再卖（商品）方式给客户融资也会引起各方争议。

3）市场风险：

在非限制性 MURABAHAH 合同项下，客户可能在签约后临时毁约，这可能使银行不得不在公开市场上变卖已经购买的商品，从而存在交易费用和损失的可能。

7.4.2　SALAM（套期保值合同或远期付款合同）

伊斯兰监管对商品之有效销售的基本要求是：实质占有和推定占有。即

1）商品在销售时应真实存在；

2）销售方在销售商品前应取得商品之所有权，并在实质占有和推定占有理念下占有该商品。

只有两种例外情况，一是 SALAM，二是 ISTISNA'。SALAM 和 ISTISNA' 是伊斯兰远期交易合同。

根据伊斯兰商法，SALAM 是一个套期保值合同，合同双方藉此锁定未来某商品的价格。SALAM 的阿拉伯语意思是即时付款，延期交货。据 SALAM 合同，买家是提前全额付款，即卖家提前收到全额货款。而买卖双方所购商品的交付是在其共同约定的未来某日。此类合同项下的商品价格往往较为波动，例如可可粉、大豆、小麦等。

从实质上看，SALAM 是远期交付合同，购买方即期付款，销售方远期交货。因为农产品从最初投入到产出需要一段时间，所以这种合同最初发端于农户或农产品融资。

SALAM 之特点：

1）SALAM 合同项下,借款人通过向伊斯兰银行远期销售商品取得即期借款,银行必须即期全额付款。因为如果银行不是即期而是远期放贷,这就会与商家商品远期交付同时发生,继而形成以债养债的销售模式,而这是被伊斯兰监管所禁止的。

2）SALAM 合同项下,商品价格、数量、交付地、交付时间等要素必须明确;商品品质有统一标准界定,流动性良好,且在公开市场上可以公开交易。

3）SALAM 合同不适用于建筑、土地、专项设备等交易。

4）如果借款人到期无法交付合同约定商品,借款人应将贷款本金如数归还银行,银行承担投资收益损失的风险。为规避这一风险,银行一般会同时签订一个背靠背合同(PARALLEL SALAM),同第三方续做一个类似的远期商品交易,卖出商品,收回现金。

5）SALAM 合同通常运用于农产品远期交易或中、小企业短期贸易融资和流动资金贷款以及政府短期债券融资。

举例来说,2014 年 8 月,巴林中央银行 Central Bank of Bahrain (CBB)曾代表巴林政府发行了一款 SALAM 伊斯兰债券(SUKUK AL-SALAM),金额为3600 万美元,期限 3 个月,回报率为 0.7%。债券标的物为大宗商品——铝。该债券的主要购买人为巴林的各家伊斯兰银行。该债券的结构为巴林政府承诺向伊斯兰银行即期借款 3600 万美元,期限 3 个月,同时远期交付同等价值的铝(含0.7%银行投资回报)。对投资者而言,该债券的信用风险和市场风险类同于巴林政府的主权风险。

SALAM 的主要风险点:

1）信用风险

银行预付商品货款,但合同届满,卖方无法交付商品。

如何防范:银行可以要求卖方提供第三方担保,同时还可以要求取得商品的抵押权。

2）市场风险

在背靠背合同(PARALLEL SALAM,亦称并行 SALAM 或平行 SALAM)项下,如果第二个 SALAM 合同之卖方无法交付商品,则银行为了履行第一个SALAM 合同,将不得不在公开市场购买同类商品。如果此时商品市场价格高于 PARALLEL SALAM,则银行将产生损失。

3）操作风险

在背靠背合同(PARALLEL SALAM)项下,如果第二个 SALAM 合同之卖方提前交付合格商品,那么银行不能拒绝收货,由此产生的商品存储、保险等费用将由银行承担。

7.4.3 ISTISNA' 融资模式

同 SALAM 类似,ISTISNA' 也是伊斯兰金融项下的一个远期交易融资模式,但其在付款规则方面较 SALAM 更为宽松,享有更高的自由度。

ISTISNA' 常用于制造或建造一个特定的商品(建筑物、工程项目、船舶、飞机等),其合同指向的标的物必须符合伊斯兰监管要求,因此在伊斯兰制造或建筑业领域颇为流行。根据双方签订 ISTISNA' 合同的具体约定,在规定的时间,根据双方商定的规格完成制造或建筑合同。此外,ISTISNA' 合同亦可运用于收费公路等 BOT 项目建设。

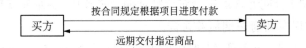

一个 ISTISNA' 合同可以由承包商/开发商/生产商与最终用户直接订立,这样的 ISTISNA' 是个两方合同。但典型的 ISTISNA' 会引进伊斯兰银行。首先最终用户(或项目委托人)与伊斯兰银行签订第一个 ISTISNA' 合同,确定拟购买商品、价格及交付时间;之后伊斯兰银行与最终承包商/建筑商签订第二个 ISTISNA' 合同(背靠背合同),确定拟购买商品、价格及交付时间。这时 ISTISNA' 就变成一个三方合同,这样的 ISTISNA' 亦称为平行 ISTISNA'(Parallel ISTISNA'),即甲方(工程委托人)委托伊斯兰银行监管工程款账户,根据乙方(建筑商/制造商/承包商/开发商)的施工进度/工程进度进行分期付款。

举例来说,有公司(最终买家)在 2016 年报价 5000 万美元盖一新写字楼,并请伊斯兰银行介入负责相关融资业务以及监管工程款账户,其具体运作模式如下图所示:

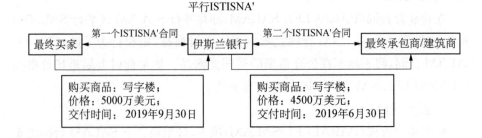

1) 在第一个 ISTISNA' 合同,签约双方为公司(最终买家)和伊斯兰银行。

最终买家将详细提供其写字楼项目的具体要求,如大楼布局、规划、使用的材料、品质标准、工程完成时间、指定的承包商/建筑商等。

伊斯兰银行相当于为最终买家提供一份三年期贷款,其报价包含投资回报。

双方确认同意该报价后,还将确认贷款归还方式(可以选择一次性还款或部分预付款加分期还款方式)。

2) 在第二个 ISTISNA' 合同,签约双方为伊斯兰银行和承包商/建筑商。

伊斯兰银行负责监管工程款账户,保证专款专用,支付所有与项目直接相关费用(4500 万美元)给承包商/建筑商,并按工程进度付款。

在工程交付时间上,伊斯兰银行要求承包商/建筑商早于第一个 ISTISNA' 合同三个月交付写字楼。

工程的具体要求与第一个 ISTISNA' 合同约定的一致。

在工程价格上,较第一个 ISTISNA' 合同少了 500 万美元,这是伊斯兰银行的投资回报。

3) 在项目全部完成并由伊斯兰银行转交给公司(最终买家)时,公司将按照第一个 ISTISNA' 合同的约定支付给伊斯兰银行 5000 万美元。

ISTISNA' 的主要风险点:

1) 信用风险:有以下几种情况

a) 完全有追索权的 ISTISNA'(Full recourse ISTISNA'):工程还款来源完全取决于客户的自有资金而非工程所能带来的现金流。工程已开工建设,但客户却无法按合同规定付款给伊斯兰银行。

b) 有限的和无追索权的 ISTISNA'(Limited and non-recourse ISTISNA'):工程还款来源部分或全部取决于工程所能带来的现金流,与客户信用状况无关。

2) 操作风险:有以下几种情况

a) 项目延期:在平行 ISTISNA' 合同项下,承包商/建筑商却无法按合同规定如期完工、交付项目,导致伊斯兰银行对客户违约,被迫支付罚款。

b) 项目超支:承包商/建筑商完成项目费用超出合约规定,伊斯兰银行被迫支付超支款项。

c) 项目不达标:完成项目未达到客户合同要求,伊斯兰银行可能面临法律诉讼。

3) 工程完工风险:伊斯兰银行代表客户已支付预付款和(或)部分工程款,

但承包商/建筑商却无法按合同规定如期完工、交付项目。伊斯兰银行被迫另请其他的承包商/建筑商完成项目。

如何防范：伊斯兰银行做好尽职调查，并聘请有资质的监理负责项目监理和顾问。

4）市场风险：

项目开工，原材料进场，但客户违约。伊斯兰银行不得不为原材料和项目寻找买家。通常的处置价格都低于原价。

如何防范：

a）在合同中加入违约罚款条款；

b）安排客户为该项目的具体监理人；

c）对项目及土地进行抵、质押；

d）要求第三方担保等。

7.4.4 ISTISNA′和SALAM的不同点

1）指向标的物不同

ISTISNA′通常适用于特别定制的资产或商品，而SALAM基本适用于所有大宗商品交易。

2）付款方式不同

ISTISNA′买家可以选择一次性还款或部分预付款加分期还款方式，而SALAM通常要求买家先期付款。

3）合同取消方式不同

在工程正式启动前，ISTISNA′允许买家和卖家单方面取消合同，而SALAM的合同取消需要在合同签约各方正式同意后才有效。

4）商品交付期是否固定

ISTISNA′对此没有明确规定，但最终买家可以给出一个最后交付期限，如果卖家逾期交付，那么买家将不承诺一定收货或按之前合同价格付款收货，而SALAM的交货期是固定的。

7.5 IJARA租赁融资合同

IJARA之基本运作模式

从技术角度看，IJARA是一个卖方合同，它卖出的不是有形资产，而是一个在一定期限内的 USUFRUCT(资产使用权)。IJARA 合同适用的资产包罗万象,从房产、机器设备到飞机,不一而足。特别适用中小企业融资及发行伊斯兰债券(SUKUK)。

IJARA 合同同时包含租赁(lease)和雇佣(hire)两个概念:

1) 出租方(MUJIR)将资产使用权(USUFRUCT)租赁给承租方(MUSTA'JIR),承租方支付的租金称为 UJRAH;

2) 雇主方(MISTAJIR)雇佣劳务(AJIR)服务。

IJARA 合同的基本运作模式如下:

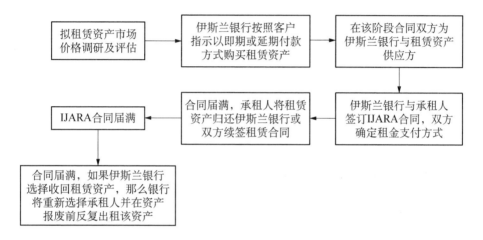

IJARA 合同与传统租赁有些许相似,又有几分不同。主要不同点在于:

1) 出租方在租赁期间必须始终持有租赁资产所有权;

2) 若承租人违约或迟付租金或损坏承租资产,出租方可以选择废除合同或选择继续履行合同,但不能收取罚款;若承租人损坏承租资产,出租方可以要求承租人赔偿损失;

3) 出租方在持有租赁资产所有权的同时也负责资产的保险、处置、报废和维修;

4) 承租人的资信状况、资产所能带来的现金流可能性都是金融租赁的考量重点。

IJARA 之特点:

1) 出租方负责维护资产以确保其能持续产生现金流;

2) 合同之所有要素需明晰、确定(如资产之具体状况、租赁用途、租金总额、还款方式、还款时间表等);

3）进行租赁的资产不能为低值易耗品；

4）租金通常是浮动的，并以 LIBOR（伦敦同业拆借利率）为参照标杆。这也反映出伊斯兰金融业尚未形成全球统一的定价模式的尴尬，参考 LIBOR 定价，有助于伊斯兰金融机构与传统金融机构公平竞争。

IJARA 之运用

1）IJARAH WA IQTINA（先租后买，又称为 IJARA MUNTAHIYA BITTAMLEEK），其运作模式如下图所示，

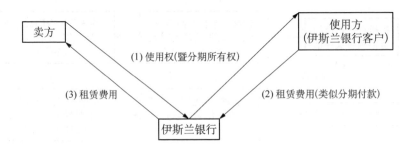

该模式与一般 IJARA 相似，惟其：

——出租方承诺在租赁合同到期时，将出租资产按事先约定的残值卖给承租人。实际上，该模式给了承租人一个购买期权，如果承租人放弃权利，那么出租人在合同到期时将收回该资产。

——承租人承诺银行租赁某资产，以便银行代其购买该资产。承租人承诺以租金支付银行购买该资产的费用及相关收益。合同到期时，银行（出租方）以礼物形式将该资产赠与承租人。

2）IJARA 之利润共享租赁伙伴关系（IJARA based on PLS）：

这种模式常见于伊斯兰银行住房金融业务中。与 Diminishing MUSHARAKAH 同属伊斯兰金融创新，有异曲同工之妙。

IJARA 之经营性租赁（Operating Leasing）

经营性租赁（Operating Leasing），是指出租方将自有资产在其使用寿命期内按 IJARA 合同约定出租给承租人使用，由承租人支付租金，直至资产报废或淘汰为止的一种租赁方式。这种租赁的出租人除提供租赁资产外，还负责租赁资产的维修和保养等服务。其特点是：

1）租赁资产由出租方负责采购；

2）出租方不仅提供融资便利，还提供资产维修、保养等技术性服务；

3）租赁合同是可撤销的。

IJARA 案例之经营性租赁

举例来说，有为青年阿里准备为其经营的咖啡馆添置 5 台空调，总价 1.2 万美元，但自有资金不足，于是求助于伊斯兰银行。双方协商签订一份 IJARA（经营性租赁合同），由银行出资 1.2 万美元购买这 5 台空调，同时将空调租赁给阿里，期限 3 年。伊斯兰银行出租资产三年的回报要求分别为：第一年，900 美元；第二年，700 美元；第三年，500 美元。

假设：

1）合同届满，5 台空调尚余残值 3 千美元；

2）出租方（伊斯兰银行）负责为租赁资产（5 台空调）购买伊斯兰保险（TAKAFUL），保费每年 600 美元；

3）出租方（伊斯兰银行）负责承担租赁资产灭失或损坏损失。

请问：作为出租方，伊斯兰银行每年对租金应该如何定价才能保证其收益？

解析：

经营性融资合同基本信息		单位：美元
租赁资产成本		12,000
3 年折旧，每年		3,000
伊斯兰保险（TAKAFUL），每年		600
伊斯兰银行租赁回报要求	第一年	900
	第二年	700
	第三年	500

单位：美元	第一年	第二年	第三年
伊斯兰银行融资	3,000	3,000	3,000
伊斯兰保险保费	600	600	600

续表

单位：美元	第一年	第二年	第三年
银行投资回报要求	900	700	500
阿里同学每年租金支出	4,500	4,300	4,100
阿里同学每季租金支出	1,125	1,075	1,025

所以，伊斯兰银行租金定价为第一年4,500美元，第二年4,300美元，第三年4,100美元。在合同存续期，出租方（伊斯兰银行）负责承担租赁资产灭失或损坏损失。合同届满，出租方（伊斯兰银行）还持有5台空调所有权（残值3,000美元）。银行可以选择和阿里续签合同，或将空调另租他人。

IJARA案例之融资性租赁

融资性租赁（Financing Leasing），是指出租方根据承租人对租赁资产的特定要求和对供货人的选择，出资向供货人购买指定资产，并租赁给承租人使用。承租人承诺分期按时向出租方支付租金，在租赁期内租赁资产的所有权属于出租方所有，而承租人则拥有租赁资产之使用权。在租赁合同结束时，出租方可以决定是否最终转移资产的所有权给承租人。融资租赁实质上是将融资、融物合二为一，并将与资产所有权有关的绝大部分风险和报酬作了相应转移的租赁。

举例来说，有为青年阿里准备为其经营的咖啡馆添置5台空调，总价1.2万美元，但自有资金不足，于是求助于伊斯兰银行。双方协商签订一份IJARA（Financing Lease，融资性租赁合同），由银行出资1.2万美元购买这5台空调，同时将空调租赁给阿里，期限3年。伊斯兰银行出租资产三年的回报要求分别为：第一年，900美元；第二年，700美元；第三年，500美元。

假设：

1）合同届满，5台空调没有残值（3年直线折旧完毕），银行将其作为礼物赠送给阿里；

2）承租人（阿里）负责为租赁资产（5台空调）购买伊斯兰保险（TAKAFUL），保费每年600美元；

3）承租人（阿里）负责承担租赁资产灭失或损坏损失。

请问：作为出租方，伊斯兰银行每年对租金应该如何定价才能保证其收益？

解析：

经营性融资合同基本信息		单位：美元
租赁资产成本		12,000
3 年折旧, 每年		4,000
伊斯兰银行租赁回报要求	第一年	900
	第二年	700
	第三年	500
伊斯兰保险(TAKAFUL), 每年		600

单位：美元	第一年	第二年	第三年
伊斯兰银行融资	4,000	4,000	4,000
银行投资回报要求	900	700	500
阿里同学每年租金支出	4,900	4,700	4,500
阿里同学每季租金支出	1,225	1,175	1,125
伊斯兰保险保费	600	600	600
阿里同学每年租金支出(含保险)	5,500	5,300	5,100
阿里同学每季租金支出(含保险)	1,375	1,325	1,275

所以,伊斯兰银行租金定价为第一年 4,900 美元,第二年 4,700 美元,第三年 4,500 美元。在合同存续期,承租人(阿里)负责承担租赁资产灭失或损坏损失。合同届满,出租方(伊斯兰银行)将 5 台空调(残值为零)作为礼物赠送给阿里。

IJARA 与 MURABAHAH 异同比较：

1) IJARA 与 MURABAHAH 之相似之处：二者均为债务类合同。

a) 在 IJARA 项下,伊斯兰银行并非租赁资产的天然所有人,换言之,银行是受客户(承租人)委托而购买资产,进而将该资产租赁给承租人的;

b) 在 IJARA 项下,承租人按期分期支付资产租赁租金,其总额应该是(租赁资产购买费用＋伊斯兰银行要求的投资回报)和租赁资产保险费用(若合同规定该费用由承租人负担)之和。

2) IJARA 与 MURABAHAH 之不同之处：

a) 资产所有权及相关权益转让

在 IJARA 项下,在合同存续期内,租赁资产始终归伊斯兰银行(出租方)所有,而其经营权则归承租人所有。合同届满,如果资产尚有残值,出租方可以重新选择其他承租人签订租赁合同,或选择和原承租人续签合同,或将该资产以名义价格形式(或礼物形式)赠与承租人。在 MURABAHAH 项下,合同届满,伊斯兰银行将资产所有权及相关权益全部转让与承租人。

b) 现金流

在 MURABAHAH 项下,资产所能产生的现金流在合同签订之时就已确定,未经双方同意,任何一方不能随意增加或减少；

在 IJARA 项下,租赁资产所能产生的现金流确定相对灵活,比较能反映合同存续期内的经济与营商环境变化。

IJARA 的主要风险点

1) 信用风险

因承租人还款能力恶化而出现的违约风险。

如何防范：在合同存续期内,租赁资产始终归伊斯兰银行(出租方)所有；如果出现承租人违约,银行有权重新处置该租赁资产。当然,重新处置资产存在一定的风险与成本。

2) 市场风险

若承租人违约,银行不得不以低于原合同价格重新处置租赁资产。

如何防范：因为伊斯兰银行在合同存续期内持有租赁资产所有权,且可能已收取承租人之预付款(HAMISH GIDDIYA),所以可以部分化解市场风险。

3) 操作风险

a) 承租人将租赁资产用于不符合伊斯兰交易的经营活动；

b) 合同届满,续租风险；

c) 承租人违约,但租赁资产(如房屋)是其唯一居所,银行有权重新处置该租赁资产,但租户(作为弱势群体)一般受法律保护；

d) 承租人损坏租赁资产且拒绝赔偿；非承租人过失但租赁资产遭受损坏,银行有义务为承租人新购置资产。

如何防范：出租方可通过购买伊斯兰保险防范此类风险。

7.6 伊斯兰保险(TAKAFUL)

7.6.1 伊斯兰保险之历史沿革与特点

伊斯兰保险(Takaful)由阿拉伯语词根 Kafala 衍生而来,意思是保证,互相保护,互相保证,互相协助,互相帮助。

伊斯兰保险的概念约有 1400 年的历史,遵从于伊斯兰监管的要求,即穆斯林之间应该互相协作、互相帮助、共担责任,其宗旨是为参保的穆斯林提供人寿保险、财产保险和再保险业务。伊斯兰保险就是建立在互相帮助概念基础上的,每位参保人所提供的金钱捐赠都被放入一个共同互助基金中,该基金为需要资金援助的参保人提供援助。

原则上讲,伊斯兰保险与传统的互助保险最显著的不同在于伊斯兰保险的运作须遵循伊斯兰监管,此外,伊斯兰保险要求保险基金所进行的投资活动必须符合伊斯兰监管,保险基金必须成立伊斯兰监管监事会监督其运作等。而在索赔方面也有特别的规定,如伊斯兰保险不承保有违伊斯兰监管的行为,如自杀、酗酒而亡等。

伊斯兰保险的保费可被视为参保的穆斯林为帮助其他穆斯林兄弟姐妹而对保险基金所作的捐助(捐赠),而非用于牟取利息的工具。

7.6.2 伊斯兰保险业务的类型

伊斯兰保险必须在伊斯兰监管规定的范畴内制定保障计划。参与方(投保人)通过缴纳献金(TABARRU)的方式奉献一笔资金给伊斯兰保险基金会或保险公司,同时接受一份契约(Aqad),并成为该保险基金会或保险公司的一名参与者;参与方(投保人)在签署契约时同意,在该保险基金会项下的任何一名参与方面对任何不幸事件及损害(如发生死亡、残障、财产损失等)时,与其他参与方(投保人) ·起互相帮助。

为遵从伊斯兰教法有关避免"利息"(RIBA)和"交易的不确定性(Gharar)"的规定,伊斯兰保险业采取了与投保人共负盈亏的经营方式。因此所有投保人实际上是伊斯兰保险基金会或保险公司的合作伙伴。具体说来,投保者交给保险公司的保费被统称为保险基金;保险基金又分为互助基金和投资基金两类。互助基金所占保险基金的份额根据投保人的年龄和投保期限额从 2.5% 到 10%

不等,其余资金(90％以上)则注入到投资基金,保险费的支出则由互助基金提供。来自投资基金的盈利则根据事先约定的比例在投保人和保险公司之间进行分配。

伊斯兰保险的基本运作模式如下:

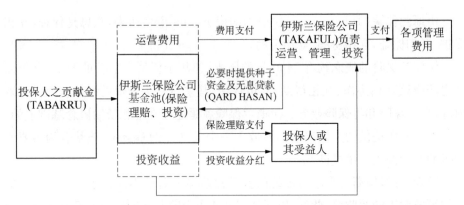

伊斯兰保险业务的类型可以被划分为三种类型:家庭保险(人寿保险),综合保险和再保险。

1) 家庭保险(人寿保险 Takaful life policy or family Takaful):这类保险一般有一个确定的期间,比如 10－20 年。如果参保人在保单到期前遭遇不幸过世或致残失去生活能力的话,保险机构将照单赔偿;如果参保人在保单到期后遭遇不幸过世或因致残而失去生活能力的话,保险机构将不予赔偿。但是,在伊斯兰保险的架构下,参保人之前所捐献给伊斯兰保险的资金连同该资金产生的投资收益将被退回给参保人或其指定受益人,以帮助他们渡过可能出现的财务困难。

2) 财产保险(Takaful non-life policy or general Takaful):包括财产保险、农业保险、责任保险、保证保险、航行等以财产或利益为保险标的物的各种保险。

3) 伊斯兰保险再保险(Takaful reinsurance):也称分保,是伊斯兰保险人在原保险合同的基础上,通过签订分保合同,将其所承保的部分风险和责任向其他保险人进行保险的行为。转让业务的是原保险人,接受分保业务的是再保险人。伊斯兰保险再保险为其他保险人提供了一个可以抵御更高风险的资金池。

根据瑞士再保险(Swiss Re)及伊斯兰金融服务委员会(IFSB)报告显示,过往 10 年,全球伊斯兰保险市场增长明显,截至 2017 年底,全球伊斯兰保险市场保费贡献规模约为 284 亿美元(2008 年:164 亿美元),预计 2020 年将达到 300 亿美元。具体如下图所示:

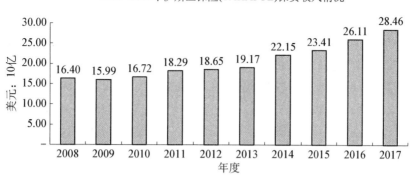

2008-2017年伊斯兰保险(TAKAFUL)保费收入情况

资料来源：Swiss Re Institution Economic Research and Consulting（2018），Islamic Financial Services Board（IFSB）

从伊斯兰保险市场保费贡献的地域来看，截至 2017 年底，海合会国家（GCC）占比达 44%（125.73 亿美元），中东北非地区（MENA，GCC 国家除外）占比达 32%（91.56 亿美元），东南亚占比达 10%（28.18 亿美元）。这三个地区合计占比达 86%。沙特是伊斯兰保险业最发达的国家，约占全球规模的 35%，以及海合会国家（GCC）地区的 79%。目前海合会国家伊斯兰保险市场远未饱和，尤其是家庭保险渗透率低。但由于各国监管法律不一致，缺乏有效金融工具以及专业人才，伊斯兰保险市场仍充满挑战。

有关伊斯兰保险的详细内容请见本书第九章。

总结：

本章主要介绍了建立在利润共享和风险共担的投资经营伙伴关系（PLS，Profit and Loss Sharing Partnership）基础上的伊斯兰银行业金融产品及服务，及其主要涉及的投融资业务与合同类型，内容涵盖了：

——伊斯兰银行投资、融资合同的基本类型

——伊斯兰合同的基本要求

——权益类合同（Equity contract）：MUDARABAH，MUSHARAKAH

——资产支持类或债务金融化类合同（Asset based/Debt financing contract）：MURABAHAH，SALAM 和 ISTISNA'

——租赁融资合同（Leasing contract）：IJARA

——伊斯兰保险合同（ITAKAFUL）

　　伊斯兰银行通常与储户签署以下三个协议之一来吸收存款：1）代客理财或信托（AMANAH）协议；2）代客保管（WADIAH）协议；3）委托银行理财（QARD HASSAN）协议。

　　在资产运营方面，伊斯兰银行通过四种模式、七类合同构建资产，并以此应对经营过程中可能出现的各类风险：1）权益类合同（Equity Contract），主要有MUDARABAH，MUSHARAKAH；2）资产支持类或债务金融化类合同（Asset based/Debt financing contract）：MURABAHAH，SALAM 和ISTISNA'；3）租赁融资合同（Leasing contract）：IJARA；4）保险合同（Insurance contract）：TAKAFUL。

　　而根据这些权益类和债务融资合同是否是建立在利润共享和风险共担基础（PLS：Profit-Loss-Sharing），又可以进一步分为两类：

　　1）以利润共享和风险共担为基础（PLS）：MUDARABAH 和MUSHARAKAH；

　　2）不以利润共享和风险共担为基础（Non-PLS）：MURABAHAH；SALAM；ISTISNA' 和 IJARA。

　　以利润共享和风险共担为基础（PLS）的融资模式较好地实现了：① 对签约各方的最大限度公平，签约各方按事先约定的比例（或出资比例）共享收益，共担风险；② 有效降低社会财富分配不公现象，优化社会资源分配。

第八章

伊斯兰银行业金融产品及服务
（3）贸易融资及财资类产品

本章主要介绍

- 伊斯兰贸易融资及伊斯兰会议组织成员国(OIC)间贸易现状
- 伊斯兰贸易融资合规性要求和监管原则
- 伊斯兰信用证(Islamic Letter of Credit)
- 伊斯兰保函(Islamic Letter of Guarantee)
- 伊斯兰财资类产品及主要市场(Islamic Treasury Products and Market)

8.1　伊斯兰贸易融资及伊斯兰会议组织成员国(OIC)间贸易现状

8.1.1　伊斯兰贸易融资

伊斯兰贸易融资，是指在商品贸易中，伊斯兰银行对贸易商提供的、基于商品贸易结算相关的原材料采购、生产、存货、应收账款、应付账款等的短期融资或信用便利。贸易融资通常包含四个主要功能：1)付款便利；2)融资便利；3)风险规避；4)资信提供等。

传统金融是以利息为基础的，因此，传统贸易融资主要是借助银行信贷安排来实现的。因为伊斯兰银行禁收利息（Riba），所以伊斯兰金融与传统金融有很大不同，伊斯兰贸易融资主要是通过"风险共担、收益共享"模式来实现的。在贸易活动中，伊斯兰银行为达成交易通常为买卖双方扮演中介机构的角色，例如代理（Wakalah）出口商向进口商收款，或在信用证条款下代表进口商向出口商承诺(Kafalah)付款。

据世界贸易组织(WTO)报告显示,2017 年,全球贸易总量达 23.01 万亿美元,其中商品贸易同比增长 11%,达 17.73 万亿美元,服务贸易同比增长 8%,达 5.28 万亿美元。排名前三的贸易国分别为中国、美国和德国。

8.1.2 伊斯兰会议组织成员国间贸易现状

伊斯兰会议组织(OIC, Organization of the Islamic Conference)

OIC 成立于 1970 年 5 月,总部设立于沙特阿拉伯西部商业港口城市吉达,共有 57 个会员国家。OIC 主要通过其下属机构伊斯兰开发银行(IDB, Islamic Development Bank)通过为伊斯兰会议组织成员国家和穆斯林社区提供参与投资符合伊斯兰监管要求的股票和基金的机会以及提供符合伊斯兰监管的财政援助,促进其经济发展和社会进步。

从 2014 年下半年起,石油价格一路走低,全球经济增长乏力,需求疲软,美元走强,各国货币贬值不断,这些因素都对伊斯兰会议组织成员国经济造成了很大的冲击。据伊斯兰贸发局伊斯兰中心(Islamic Centre for Development of Trade)年度报告显示,2016 年,OIC 成员国贸易总额约为 3 万亿美元(2015 年:3.4 万亿美元),其中出口 1.4 万亿美元,进口 1.6 万亿美元,美元服务约占 27%。OIC 排名前 4 名的贸易国家是阿联酋(4610 亿美元)、马来西亚(3580 亿美元)、土耳其(3410 亿美元)和沙特(3150 亿美元)。2016 年,OIC 成员国间贸易额约为 5563 亿美元,较 2015 年(6942 亿美元)同比下降 20%;排名前 5 名的贸易国家是阿联酋(997 亿美元)、土耳其(644 亿美元)、沙特(543 亿美元)马来西亚(350 亿美元)和印尼(348 亿美元)。

国际伊斯兰贸易融资公司(ITFC, International Islamic Trade Finance Corporation)

ITFC 是伊斯兰发展银行(IDB, Islamic Development Bank)旗下专门负责伊斯兰贸易融资的机构,成立于 2005 年 6 月,2008 年 1 月起正式开始运作,总部位于沙特阿拉伯西部商业港口城市吉达,在全球有 6 个区域代表处,分别位于土耳其伊斯坦布尔、孟加拉国达卡、印尼雅加达、塞内加尔达喀尔、摩洛哥拉巴特和阿联酋迪拜。其宗旨是促进伊斯兰会议组织(OIC)57 个成员国间及其与世界其他国家间的贸易往来。

2017 年底,IFTC 注册资本达 7.34 亿美元,总资产为 9.39 亿美元,ITFC 共为 53 个项目批准了 49 亿美元贸易融资。贷款主要投放的领域为能源(70%)、粮食和农业(15%)、金融机构(10%)与实业(5%);贷款主要投放的区域为亚洲(53%)、中东北非地区(37%)和非洲撒哈拉以南地区(10%),实现利润 1322 万美元。2008－2017 年,ITFC 共为 603 个项目批准了 402 亿美元贸易融资。

限制伊斯兰会议组织(OIC)会员国家间贸易的主要问题有:

1) 各会员国家中央银行间缺乏双边或多边清算协议和安排,使得其贸易结算不得不利用国际清算中心如伦敦、纽约、法兰克福、巴黎、香港、吉隆坡、迪拜等地的跨国联行服务,费时费力且交易成本高;

2) 各会员国家贸易及金融信息不对称,推高了买方信贷保险、卖方信贷保险以及政治风险保险的成本;

3) 伊斯兰金融机构由于自身的风险厌恶偏好及对担保品的过度要求,也严重窒息了伊斯兰贸易融资的发展;

4) 交易产品匮乏,目前市场上只有寥寥数种产品可供选择,如基于伦敦金属交易所(LME),或马来西亚证交所的棕榈油交易相关合约基础上的 Murabahah(成本加价法)交易,或是基于 Tawarruq(现货买卖,远期付款)基础上的大宗商品交易;

5) 缺少符合伊斯兰监管要求的贸易基金、商品交易基金以及结构性贸易融资基金的介入;

6) 2008 年全球金融危机后,伊斯兰银行对贸易融资银团贷款参与度与活跃度也有所降低;

7) 伊斯兰银行及企业有时过度利用 Murabahah(成本加价法)交易进行流动性管理而非用于真实的贸易;

8) 伊斯兰贸易基础数据及资料库建设尚未成型,对企业(特别是中小企业)资信评估存在不小障碍。

8.1.3 伊斯兰出口及投资信用保险机构

目前全球主要跨国多边伊斯兰出口信用保险机构(ECA,Export Credit Agency)有:

1) 伊斯兰出口投资信贷保险公司(ICIEC,Islamic Corporation for the

Insurance of Investment and Export Credit），1994 年成立于沙特西部城市吉达，注册资本 2.88 亿 ID（伊斯兰第那姆），穆迪信用评级 Aa3，系伊斯兰发展银行（IDB）52.1%控股子公司，有 44 个成员国股东，其宗旨是促进伊斯兰国家间贸易发展；

2）阿拉伯出口投资信贷保险公司（Dhaman，The Arab Investment and Export Credit Guarantee Corporation），1974 年在科威特成立，主要为阿拉伯国家间投资项目之非商业风险提供保险，2016 年主权机构风险评级为 AA；

3）世界银行旗下的国际金融公司（International Financial Corporation of World Bank）；

4）非洲发展银行旗下的非洲贸易保险公司（African Trade Insurance Agency of African Development Bank）；

5）此外，活跃在这一领域的国家级出口信用保险公司有中国出口信用保险公司（SINOSURE）、韩国进出口信用保险公司（K-SURE）、日本出口信用保险公司（NEXI）、沙特出口信用保险公司等；而活跃在这一领域的、最重要的三家商业保险机构则是 COFACE（法国，成立于 1946 年）、EULER HERMES（德国，成立于 1917 年，系 ALLIANZ AZ 旗下子公司）以及 ATRADIUS（荷兰 NCM 子公司，成立于 1925 年，2001 年被德国 GERLING CREDIT 收购）。

这些出口信用保险机构所提供的保险额每年约为 3 万亿美元，约占全球贸易额的 10%。

8.2 伊斯兰贸易融资合规性要求和监管原则

8.2.1 伊斯兰贸易融资合规性要求和监管原则

伊斯兰贸易融资的监管原则在于以真实贸易为基础，保证参与各方的平等权益。从伊斯兰贸易融资之合规性要求与监管原则来看，应在操作中避免以下因素：

1）利息（Riba）；

2）不确定性（Gharar）；

3）投机（Maysir，Qimar）；

4）其他不合规之商业活动（Haram）。

8.2.2　伊斯兰贸易融资常用的三种工具

伊斯兰贸易融资中常见的现实问题有两个：

1）如何证明这些伊斯兰贸易融资结构性产品有真实贸易背景而非一种"钱生钱"的游戏？

2）如何合理运用传统金融的定价工具（如LIBOR）为伊斯兰融资回报率参照标杆，并将其嵌入伊斯兰贸易融资结构性产品中？

为解决上述问题，伊斯兰银行通常会使用以下三种工具使伊斯兰贸易融资达到相关监管要求。

1）Musharakah

伊斯兰银行与客户结成风险共担、收益共享的合作伙伴关系，签订贸易合同，其中有关货物的具体规定视客户要求而定，相关费用由双方按合同约定比率分担，双方事先约定投资分红或亏损分担比率（该比率不一定按照双方的出资比率）。

2）Murabahah

伊斯兰银行（代理人）和客户（委托人）之间签订的代理合同，银行垫资代客户开立伊斯兰信用证进口商品，并在"成本加价"基础上将该商品出售给客户。客户还款条件视具体代理合同而定。

3）Wakalah

伊斯兰银行（代理人）和客户（委托人）之间签订的代理合同，主要用于开立伊斯兰信用证。该合同允许使代理人因其所提供的服务而收取相关服务费用（ujrah）。

8.2.3　伊斯兰贸易融资主要产品

伊斯兰贸易融资通常可以分为三类，进口贸易融资、出口贸易融资和伊斯兰保函三种类型，如下表所示：

进口贸易融资	出口贸易融资	伊斯兰保函
伊斯兰信用证（MUSHARAKAH, MURABAHAH, WAKALAH）	信用证押汇	投标保函
提货保函	伊斯兰保理	履约保函

进口贸易融资	出口贸易融资	伊斯兰保函
MURABAHAH 流动资金贷款	伊斯兰银行承兑汇票	预付款保函
银行承兑汇票	伊斯兰出口信用保险项下融资	质保金保函
国外进口单据托收（FIBC-I）	伊斯兰出口信用保险项下再融资（装运前）	海关保函
国内进口单据托收（DIBC-I）	伊斯兰出口信用保险项下再融资（装运后）	税务保函（ZAKAT GUARANTEE）
	伊斯兰承兑汇票融资	提货担保（SHIPPING GUARANTEE）
	国外出口单据托收（FOBC-I）	
	国内进口单据托收（DOBC-I）	
	应收账款融资	

　　上述伊斯兰融资产品首先萌芽于马来西亚并逐渐流行起来，原因是马来西亚有领先的伊斯兰金融创新意识、金融理念以及较为完善的伊斯兰金融法律体系。

8.2.4　伊斯兰贸易融资产品在监管方面的技术问题

　　1）伊斯兰信托收据（ITR，Islamic Trust Receipt）
　　在红条款信用证项下，伊斯兰开证行授权通知行或加保银行在受益人提供信用证项下所要求的单证之前，通过伊斯兰信托收据为其提供短期融资便利。这其中涉及到利息（Riba）偿付的问题，而 Riba 是被伊斯兰金融监管机构所禁止的。
　　2）伊斯兰提货担保（ISG，Islamic Shipping Guarantee）
　　提货担保是指当进口货物先于货运单据到达时，伊斯兰银行为进口商办理提货向承运人或其代理人出具的，并由伊斯兰银行承担连带责任的书面担保（Kafalah）。伊斯兰银行因其所提供的服务而向客户收取服务费（Ujarah）。然而，大多数伊斯兰监管机构认为，书面担保（Kafalah）合同的订立应处于本能的自愿和善意（Uqad Tabarru），因此伊斯兰银行不应就该项服务收费。
　　3）伊斯兰票据承兑（IAB，Islamic Accepted Bills）

伊斯兰票据承兑是指伊斯兰银行为其客户开立承兑汇票,并按汇票票面金额打一折扣后将款项贷记客户账户,客户承诺在汇票到期时将按照汇票票面金额将款项归还银行。而汇票票面金额与折扣金额之间的差额亦涉及到利息(Riba)偿付问题。

4) 远期债务交易(Bay'Dayan)

在汇票到期前,汇票持有人(伊斯兰银行)可以和第三方进行票据买卖,惟其交易价格不得低于成本价。该项交易涉及远期债务交易(Bay'Dayan)。伊斯兰学者对该交易的合规性争议颇多,目前尚无定论。

此外,需要特别注意的是,大多数伊斯兰学者将应收账款贸易融资归类为现金资产交易,并要求该交易必须是以即期的、市场平价交易为基础。

8.3　伊斯兰信用证(Islamic Letter of Credit)

信用证是国际贸易中最主要、最常用的支付方式。

伊斯兰信用证(Letter of Credit,L/C),是指伊斯兰开证银行应申请人(买方)的要求并按其指示向受益人书面开立的、载有一定金额的、在一定的期限内凭符合规定的单据付款的书面保证文件。

伊斯兰金融机构会计与审计组织(AAOIFI, Accounting and Auditing Organization for Islamic Financial Institutions)作为国际性伊斯兰金融监管机构,对于伊斯兰信用证(Islamic Letter of Credit)交易,有详尽的规定:

1) 伊斯兰信用证包含两个合同,其本质上是一个主合同即承诺(Kafalah)付款合同,同时辅以一个代理(Wakalah)合同;伊斯兰银行应客户委托同时负责审查信用证项下的合同、文件等;

2) 交易的货物必须符合伊斯兰监管的基本要求;

3) 伊斯兰银行只负责审查信用证项下所要求的各项单据;

4) 买方开立伊斯兰信用证并不表示其最终一定付款;信用证到期也不代表交易合同一定失效;

5) 伊斯兰银行在处理伊斯兰信用证时所提供的服务包括代理(Wakalah)审查信用证项下的合同、文件等,并同时保证在单单相符、单证相符情况下进行付款;

6) 伊斯兰开证行可以和信用证申请人事先签订成本加价合约(Murabahah Agreement),对其提供的现金抵押品进行投资;在这种情况下,开立伊斯兰信用证并不影响买卖双方中止合同的权利；且信用证申请人既可以是买方，也可以是伊斯兰银行。

伊斯兰信用证主要有以下几种类型：Musharakah LC、Murabahah LC 和 Wakalah LC。本节主要阐述其各自的运作模式和流程。

8.3.1 Musharakah LC

伊斯兰银行与买方/进口商为了特定的商业目的而签订 Musharakah 伙伴关系合同，之后伊斯兰银行为买方/进口商开立 Musharakah LC，为其进口提供贸易融资。

Musharakah LC 运作模式

1）买方/进口商委托伊斯兰银行为其开立 Musharakah 信用证；

2）买方/进口商向伊斯兰银行缴纳部分质押金；

3）在推定交货时，伊斯兰银行审查议付行所提交的进口单据，并代表买方/进口商以自有资金＋买方/进口商质押金向议付行付款；

4）买方/进口商凭上述进口单据提货，并依据与伊斯兰银行签订的 Musharakah 伙伴关系合同销售（处置）进口货物；

5）买方/进口商与伊斯兰银行按签订的 Musharakah 伙伴关系合同分享投资利润。

Musharakah LC 运作流程图：

举例说明：

沙特买方/进口商和本地汽车销售商签订了一个轮胎销售合同，合同金额 200 万美元，假设该项目毛利率为 20％（即 40 万美元）。但买方/进口商财力有限，需借助伊斯兰银行的贸易融资完成该合同。其具体运作为：

1）买方/进口商和伊斯兰银行签订了一个 Musharakah 伙伴关系合同，合同金额 160 万美元，并确定了双方的投资比率以及利润（损失）分享比率。

2）此时，伊斯兰银行和买方/进口商结成了一个利益共享、风险共担的贸易伙伴关系，假设买方/进口商为该伙伴关系投资 10 万美元，伊斯兰银行投资 150 万美元，双方的利润（损失）分享比率并不一定完全按照双方的投资比率来确定。

3）伊斯兰银行代表买方/进口商向位于马来西亚的出口商开立一张 160 万美元 Musharakah LC 进口轮胎信用证。

4）马来西亚出口商按照 Musharakah LC 要求发货并将成套单证寄给伊斯兰银行提示付款。

MUSHARAKAH LC具体运作流程

步骤	流程	当事人
1	向伊斯兰银行申请MUSHARAKAH额度，要求开立信用证	→ 进口商/买方
2	获得银行审批的额度后，依照MUSHARAKAH协议按比例将款项存入银行账户	→ 进口商/买方
3	开立信用证并将其送达出口商/卖方银行	→ 进口商/买方银行(开证行)
4	接收信用证并通知出口商/卖方	→ 出口商/卖方银行(通知行)
5	确认信用证各项条款并将相关文件送达通知行	→ 出口商/卖方
6	审查信用证项下单据，合格后付款，并将文件送达开证行	→ 出口商/卖方银行(议付行)
7	审查文件，以自有资金及进口商/买方存款向议付行付款，放行单据给进口商/买方供其提货	→ 进口商/买方银行
8	依照MUSHARAKAH协议按比例收取相关货物及其销售款项	→ 进口商/买方银行

5）伊斯兰银行对照 Musharakah LC 审核单证并付款 160 万美元。

6）伊斯兰银行通知买方/进口商办理提货手续。

7）买方/进口商提货并完成销售 200 万美元。

8）伊斯兰银行和买方/进口商按照事先约定的比率分享投资收益 40 万美元。

8.3.2 Murabahah LC

伊斯兰银行与客户为了特定的商业目的签订 Murabahah 伙伴关系合同,之后伊斯兰银行为客户开立 Murabahah LC,为其进口提供贸易融资。Murabahah LC 实质上是一个成本加价(Murabahah)、延期付款的代理合同(Wakalah)。

Murabahah LC 运作模式:

1) 买方/进口商与伊斯兰银行签订 Murabahah 合同,委托伊斯兰银行为其进口货物开立 Murabahah 信用证;

2) 伊斯兰银行指定买方/进口商为其代理人进口相关货物;

3) 伊斯兰银行开立 Murabahah 信用证,进口该货物;

4) 在推定交货时,伊斯兰银行审查议付行所提交的进口单据,并代表买方/进口商向议付行付款(垫资);

5) 伊斯兰银行取得进口单据,并代表买方/进口商提货;

6) 伊斯兰银行将该货物按照双方约定的成本加价(Murabahah)的价格出售给买方/进口商;

7) 买方/进口商在延期(完成该货物销售后)将伊斯兰银行所垫付款项归还伊斯兰银行。

Murabahah LC 流程图(见下页):

举例说明:

沙特买方/进口商准备在当地生产、销售运动器材,为备货需要从马来西亚进口 500 万美元原材料,并需求沙特当地伊斯兰银行开立 Murabahah LC。双方约定,由伊斯兰银行代为出资 500 万美元开证,并将进口货以 510 万美元(Murabahah,成本加价)销售给买方/进口商,还款期三个月,三个月后买方/进口商将 510 万美元归还伊斯兰银行。

8.3.3 Wakalah LC

Wakalah LC 本质上是一个内嵌式代理(Wakalah)合同,伊斯兰银行负责代理客户进口开证、付款,其业务不涉及银行垫资,客户需自行准备全部开证资金。

Wakalah LC 运作模式:

1) 买方/进口商委托伊斯兰银行开立信用证;

2) 买方/进口商将进口开证所需款项存入伊斯兰银行;

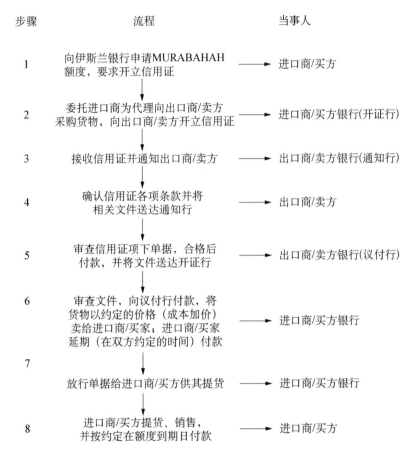

MURABAHAH LC具体运作流程

3）伊斯兰银行开证并代理买方/进口商购买货物及向议付行付款；

4）伊斯兰银行放单并向买方/进口商收取服务费用。

Wakalah LC 运作流程图：

举例说明：

客户委托沙特伊斯兰银行开立 1 个月即期 Wakalah 信用证，金额 USD600 万元，开证费 0.1%（每月），假设开证日 1USD＝3.75SAR（SAR 为沙特货币里亚尔），那么 1 个月后客户需要支付给沙特伊斯兰银行的费用为：

$600 \times 3.75 \times 0.1\% \times 1 = SAR2.25(万)$

WAKALAH LC具体运作流程

步骤	流程	当事人
1	向伊斯兰银行申请WAKALAH额度，要求开立信用证	→进口商/买方
2	获得银行审批的额度后，依照WAKALAH协议将款项(含信用证金额及其相关银行费用)存入银行账户	→进口商/买方
3	开立信用证并将其送达出口商/卖方银行	→进口商/买方银行(开证行)
4	接收信用证并通知出口商/卖方	→出口商/卖方银行(通知行)
5	确认信用证各项条款，发运货物并将相关文件送达议付银行	→出口商/卖方
6	审查文件，向出口商付款并将相关文件送达开证行	→出口商/卖方银行(议付行)
7	审查文件，以进口商/买方存款向议付行付款	→进口商/买方银行
8	放行单据给进口商/买方供其提货	→进口商/买方银行

WAKALAH LC/MURABAHAH LC/MUSHARAKAH LC 之异同

相关要素	MUSHARAKAH LC	MURABAHAH LC	WAKALAH LC
开证保证金	必须	视伊斯兰银行与买方/进口双方约定而定	必须
货物保险	必须	必须	必须
融资方式	以 MUSHARAKAH 方式将进口货物销售给买方/进口商	以 MURABAHAH 方式将进口货物销售给买方/进口商	买方/进口商自有资金

续表

相关要素	MUSHARAKAH LC	MURABAHAH LC	WAKALAH LC
开证费用	伊斯兰银行释放单据时根据 MUSHARAKAH 合同向买方/进口商收取服务费用	伊斯兰银行释放单据时根据 MURABAHAH 合同向买方/进口商收取服务费用	伊斯兰银行释放单据时向买方/进口商收取服务费用
释放单据前之货物所有权	伊斯兰银行和买方/进口商	伊斯兰银行	伊斯兰银行
信用证之申请人名字	买方/进口商	伊斯兰银行	买方/进口商

综上所述,对于进口商/买方而言,MUSHARAKAH LC 融资灵活度最高; WAKALAH LC 需要客户为开证提供全部自有资金,而 MURABAHAH LC 的融资成本及费用可能最高。

8.4　伊斯兰保函(Islamic Letter of Guarantee)

伊斯兰保函是以保证合同(Kafalah)为基础的,其主要目的是为完成交易而帮助债权人增加收款保证。在伊斯兰经济活动中,第一债务人始终是履约责任及偿付债务首要当事人。如果出现违约(不论任何原因),其担保人负连带赔偿责任,债权人有权要求担保人代为赔偿,担保人赔偿完毕后,可以继续向第一债务人索赔。

此类保函可以是第三方公司或个人担保,也可以是银行担保。银行担保有多种方式,如投标保函(Tender Bond)、履约保函(Performance Bond)、预付款保函(Advance Payment Bond)、质保金保函(Retention Guarantee)、海关保函(Customs Bond)、完税保函(ZAKAT Guarantee)等。

提货担保(Shipping Guarantee)是指当进口货物先于货运单据到达时,伊斯兰银行为进口商办理提货而向承运人或其代理人出具的,由银行承担连带责任的书面担保。

219

8.5 伊斯兰财资类产品和市场(Islamic Treasury Products and Market)

8.5.1 伊斯兰货币市场

伊斯兰货币市场(Islamic Money Market)指的是伊斯兰短期资金市场,主要指融资期限在一年以下的伊斯兰金融市场。该市场所交易的金融工具——主要包括政府、银行及工商企业发行的短期信用工具,具有期限短、流动性强和风险小的特点,在货币供应量层次划分上被置于现金货币和存款货币之后,亦被称为"准货币"。

伊斯兰货币市场的主要功能有:

1) 短期资金融通功能:主要提供一年以下期限的资金融通,为季节性、临时性资金的融通提供了便利条件。

2) 管理功能:是指通过其业务活动的开展,促使微观经济行为主体加强自身管理,提高经营水平和盈利能力。

3) 中央银行政策传导功能:中央银行实施货币政策主要是通过再贴现政策、法定存款准备金政策、公开市场业务等的运用来影响市场利率和调节货币供应量以实现宏观经济调控目标的,在这个过程中货币市场发挥了基础性作用。

伊斯兰货币市场主要由伊斯兰银行同业拆借市场、票据市场、可转让大额定期存单市场(CD 市场)、政府债券市场、消费信贷市场和回购协议市场六个子市场构成。

8.5.2 四个最有影响力的伊斯兰货币市场

目前,全球四个最有影响力的伊斯兰货币市场分别是:

1) 马来西亚伊斯兰银行间货币市场(IIMM, the Islamic Interbank Money Market of Malaysia):

IIMM 主要负责马来西亚国内货币市场。IIMM 成立于 1994 年 1 月,主要为符合伊斯兰监管的投资活动提供短期资金便利。马来西亚中央银行负责制定该市场的运营规章并负责其监管。目前,该市场共有 12 种货币市场工具,期限有隔夜、一周、一个月、三个月等。截至 2018 年底,IILM 共发行了 61 期、总额为 368.2 亿美元的 2—6 个月短期伊斯兰债券,极大地满足了伊斯兰银行业短期融资需求。截至 2018 年底,IILM 短期伊斯兰债券余额为 20.6 亿美元,债券平均回报率约为 2.42%。

2) 巴林流动性管理中心(LMC，the Liquidity Management Center)：

LMC 成立于 2002 年,总资本 2 亿美元,注册资本 5355 万美元,其股东分别是巴林伊斯兰银行、阿联酋迪拜伊斯兰银行、位于沙特的伊斯兰开发银行和科威特金融局,四方各占 25% 股权。2017 年底,总资产约为 1.49 亿美元(2016 年：1.32 亿美元)。LMC 主要通过发行短期伊斯兰债券(Salam Sukuk)为海湾地区国家的伊斯兰银行与国际性伊斯兰金融机构的中短期流动性需求提供便利,并同时为伊斯兰结构性融资、项目融资和企业融资提供咨询服务。2017 年底,该行伊斯兰债券(Sukuk)投资余额为 7346 万美元(2016 年：7354 万美元),实现盈利 214 万美元(2016 年：84 万美元),目前,该市场共发行 6 种伊斯兰债券作为货币市场工具。

3) 国际伊斯兰金融市场(IIFM, International Islamic Financial Market)：

IIFM 成立于 2002 年 4 月,总部位于巴林,是由伊斯兰开发银行(IDB)以及巴林、文莱、印度尼西亚、马来西亚和苏丹中央银行作为创始人共同发起成立的一个非盈利、中立的、国际性伊斯兰金融机构,现有 57 位机构会员。IIFM 旨在为集合旗下会员的各类专才,为伊斯兰金融产品、文件往来等建立一个标准机制,为伊斯兰金融机构、监管机构及市场参与各方建立一个统一的平台以便其交换意见,推选德高望重的伊斯兰学者进入伊斯兰监管委员会,建立和推广统一的伊斯兰监管标准平台,从而促进全球伊斯兰金融市场的发展。目前,IIFM 已经颁布了 6 套行业标准协议,具体为财资产品销售协议、国际掉期及衍生工具协议、银行间非限制性投资账户代理协议、机构间适配程序及政策标准协议、回购及抵押协议、对冲协议。IIFM 董事会为其最高权力机构,由 9 名董事组成,负责公司的日常运行。董事会下设一个执行委员会负责公司的具体工作。另单独设立一个伊斯兰监管委员会,负责建立和推广统一的伊斯兰监管标准平台。

4) 国际伊斯兰流动性管理公司(IILM, International Islamic Liquidity Management Corp)：

IILM 总部位于马来西亚首都吉隆坡。在流动性管理方面,《巴塞尔协议Ⅲ》(《Basel Ⅲ》)要求各成员国银行从 2013 年 1 月起引进流动性覆盖率(LCR)和净稳定性融资比率(NSFR),并于 2015 年 1 月完成实施进度的 60%,于 2019 年 1 月完成实施进度的 100%。对伊斯兰金融体系而言,这是一个不小的挑战。因为流动性覆盖率(LCR)所需要的高流动性资产储备在伊斯兰资本市场极为短缺,而这些高流动性资产储备还必须符合伊斯兰监管的要求,更令其奇货可居。

为了解决这一问题,全球主要的伊斯兰中央银行会同伊斯兰开发银行(IDB)和伊斯兰流动性管理中心(IILM)共同商讨对策。2013年8月,IILM发行了第一个高评级、短期伊斯兰债券(Sukuk,期限3个月、金额4.9亿美元)用于解决伊斯兰金融机构跨境流动性管理需求。该债券受到伊斯兰资本市场热烈欢迎。截至2018年底,IILM共发行了61期、总额为368.2亿美元的2—6个月短期伊斯兰债券,极大地满足了伊斯兰银行业短期融资需求。截至2018年底,IILM短期伊斯兰债券余额为20.6亿美元,债券平均回报率约为2.42%。IIFM SUKUK具体发行状况如下图所示:

IILM Sukuk发行情况(2013–2018年,单位:百万美元)

资料来源:IIFM(International Islamic Liquidity Management)

《巴塞尔协议Ⅲ》伊斯兰金融体系引进国际监管标准,成为国际金融体系不可或缺的有机成员打开了大门。可以预见,随着《巴塞尔协议Ⅲ》各项标准的陆续推行和落实,《巴塞尔协议Ⅲ》合规性伊斯兰债券的发行数量和规模还有很大的成长空间。

8.5.3 马来西亚政府及其代理机构所提供的财资类产品

马来西亚是世界上第一个专门为伊斯兰金融立法的国家,其于1983年通过了《伊斯兰银行法》(并于2014年通过《伊斯兰银行新法》);1984年通过了《伊斯兰保险法》;之后又通过了《政府融资法案》《资本市场服务法案》《中央银行法》《伊斯兰监管指导》。在金融争议协调方面,马来西亚在司法体系内有专设的高等法院负责裁决、吉隆坡地区法院负责仲裁以及金融调解局负责调解。

1994年1月,马来西亚成立了世界上第一个伊斯兰银行间货币市场。马来西亚中央银行(BNM,Bank Nagara Malaysia)同时推出了7个符合伊斯兰监管的流动性管理金融工具,主要有:

1) MII(Mudarabah Interbank Investment):马来西亚政府投资债券,MII

主要用于伊斯兰银行间隔夜拆借,期限不超过 12 个月,结构为 Mudarabah(利润分享);

2) WA(Wadiah Acceptance)存放央行－BNM 资金,BNM 不付利息,但可以自行决定是否付一定回报给存款银行;

3) INI(Islamic Negotiable Instruments),伊斯兰可转让存款工具;

4) 短期商业汇票;

5) 基于利润分享原则的银行间投资(Interbank lending and deposits);

6) 基于 BBA(Bai Bithanman Ajil,延期付款销售)原则和利润分享原则的债券;

7) 基于 Ijarah(租赁)原则的债券。

此外,马来西亚政府及其投资机构(如 GII,Government Investment Issue;MGS,Malaysia Government Securities)也是马来西亚政府债券发行的主力。

1) GII 发行规模通常为每期 20－50 亿林吉特,期限为 3、5、7、10、15 和 20 年。

2) SPK(Sukuk Perumahan Kerajaan),马来西亚政府的伊斯兰债券,主要为政府公务员提供住房贷款融资;

3) MITB(Malaysia Islamic Treasury Bill),为政府提供 1 年以内的短期融资,由央行(BNM)每周发行;

4) BNMN-I(Bank Negara Monetary Note-Islamic),马来西亚央行流动性票据;

5) SBNMI(Sukuk Bank Negara Malaysia Ijarah),马来西亚央行旗下的伊斯兰债券发行公司所发行的伊斯兰租赁票据,每半年支付一次回报。

1983 年,马来西亚政府发行了第一只伊斯兰债券——GIC(Government Investment Certificate)。2011 年,GIC 被 GII(Government Investment Issues)取代。GII 的设计结构是建立在企业盈利(bai al-inah)基础上的,后来这种结构又被改为建立在资产(Murabahah)的成本加价基础上。从马来西亚政府所发行伊斯兰债券类别来看,截至 2015 年 6 月,MGII(又称 GII)占比达 86%,其次为 SPK12%,BNMN-I 2%,MITB 1%。

2015 年 3 月,马来西亚政府发行的符合伊斯兰监管的 GII 伊斯兰债券被纳入 Barclays Global Aggregate Index 指数,预计为马来西亚伊斯兰债券市场带来了 25－30 亿美元的国际资本流入。

从发行期限的占比来看,在马来西亚发行的伊斯兰债券以中长期为主,3－

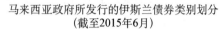

马来西亚政府所发行的伊斯兰债券类别划分
（截至2015年6月）

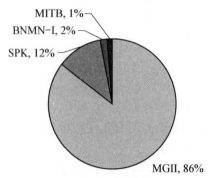

资料来源：Bloomberg，各国央行

马来西亚伊斯兰债券期限类别划分
（截至2015年6月）

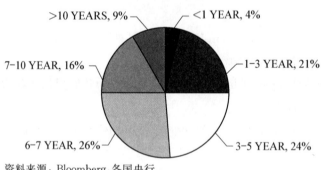

资料来源：Bloomberg，各国央行

10年期合计占比超过87％。2015年马来西亚SUKUK发行市场有所萎缩，主要原因是马来西亚政府暂停了短期SUKUK(short-term sukuk)的发行。

2006年，马来西亚成立了马来西亚国际伊斯兰金融中心（MIIFC，Malaysia International Islamic Financial Center），旨在协调各监管部门如马来西亚中央银行（BNM，Bank Negara Malaysia）、证监会（SC，Securities Commission）、吉隆坡证交所（Bursa Malaysia，之前称为 KLSE，Kuala Lumpur Stock Exchange）、离岸金融业务管理局（the Lubuan Offshore Financial Services Agency）、金融监管局（Labuan Financial Services Authority）等各方资源，提高马来西亚伊斯兰金融市场的透明度和运行效率。

自成立以来，马来西亚伊斯兰金融中心（MIIFC）为伊斯兰债券发行制定了具体指导意见,其中包括牌照发放、税收优惠等,以鼓励各国发行人来马来西亚发行国际伊斯兰债券。同时,马来西亚证监会(SC)成立了一个中央直属伊斯兰监管顾问委员会(SAC, centralized Shari'ah Advisory Council),专门负责伊斯兰债券及其它伊斯兰资本市场产品有关伊斯兰监管合规性审查事宜,该委员会同时也为投资者、政府及各行业提供相关指导。

2009年7月,马来西亚中央银行(BNM)引入了伊斯兰债券主要做市商(I-PD: Islamic Principal Dealer),其主要职能为投标BNM发行的伊斯兰债券并为其向市场提供双向报价以确保二级市场的流动性。目前马来西亚有12家I-PD,BNM对其在资信、风险管理、市场参与度等方面每半年考核一次。

马来西亚伊斯兰债券发行在期限、信用评级、币种(该市场交易品种货币既包括马来西亚林吉特,也包括其他币种货币)和风险等级方面都有不同的层次,为投资者提供了不同选择,因此其二级市场交易相当活跃。I-PD通过马来西亚中央银行(BNM)旗下的场外交易系统FAST(Fully Automated System for Tendering)进行伊斯兰债券交易,而伊斯兰债券交割由RENTAS(Real Time Electronic Transfer of Funds and Securities)系统完成。伊斯兰债券回购则是通过SBBA(Sell and Buy-back Agreement)金融工具完成。

在税收方面,马来西亚政府对利息税和资本利得税都进行了豁免。

此外,马来西亚国际伊斯兰金融中心(MIIFC)旗下专门设立了马来西亚银行和金融研究所(IBFIM-the Islamic Banking and Finance Institute Malaysia)、金融领导力国际中心(ICLIF, the International Center for Leadership in Finance)和证券业发展机构(SIDC, the Securities Industry Development Corporation)等专业机构培养伊斯兰金融从业人员和专才。

总结:

本章主要介绍了:
——伊斯兰贸易融资及OIC成员国间贸易现状
——伊斯兰贸易融资合规性要求和监管原则
——伊斯兰信用证(Islamic Letter of Credit)
——伊斯兰保函(Islamic Letter of Guarantee)
——伊斯兰财资类产品及主要市场(Islamic Treasury Products and Market)

传统金融是以利息为基础的，因此，传统贸易融资主要是借助银行信贷安排来实现的。因为伊斯兰银行禁收利息(Riba)，所以伊斯兰金融与传统金融有大不同，伊斯兰贸易融资主要是通过"风险共担、收益共享"模式来实现的。在贸易活动中，伊斯兰银行为达成交易通常为买卖双方扮演中介机构的角色，例如代理(Wakalah)出口商向进口商收款，或在信用证条款下代表进口商向出口商承诺(Kafalah)付款。

伊斯兰贸易融资的监管原则在于以真实贸易为基础，保证参与各方的平等权益。

伊斯兰贸易融资中常见的现实问题有两个：

1) 如何证明这些伊斯兰贸易融资结构性产品是有真实贸易背景而非一种"钱生钱"的游戏？

2) 如何合理运用传统金融的定价工具(如 LIBOR)为伊斯兰融资回报率参照标杆，并将其嵌入伊斯兰贸易融资结构性产品中？

为解决上述问题，伊斯兰银行通常会使用以下三种工具使伊斯兰贸易融资达到相关监管要求：1)Musharakah；2)Murabahah；3)Wakalah。

伊斯兰信用证(Islamic Letter of Credit)包含两个合同，其本质上是一个主合同即承诺(Kafalah)付款合同，同时辅以一个代理(Wakalah)合同，伊斯兰银行应客户委托同时负责审查信用证项下的合同、文件等。伊斯兰信用证主要有三种类型，Musharakah LC、Murabahah LC 和 Wakalah LC。对于进口商/买方而言，Musharakah LC 融资灵活度最高；Wakalah LC 需要客户为开证提供全部自有资金；而 Murabahah LC 的融资成本及费用可能最高。

伊斯兰保函是以保证合同(Kafalah)为基础的，其主要目的是为完成交易而帮助债权人增加收款保证。

在伊斯兰银行成立之初，在流动性管理方面就面临诸多限制。首先，因为相关伊斯兰监管要求，它们无法从事或介入任何含有利息的金融活动或业务；其次，在监管达标或流动性管理方面，它们也无法利用或买卖政府或财政债券(因其含有利息)；第三，即便伊斯兰银行自身拥有充沛的流动性，市面上可以利用的且合乎伊斯兰监管的理财工具也相当匮乏。

在此情况下，一个发育完善的伊斯兰货币市场对伊斯兰银行的可持续和有效发展就显得愈发重要。为解决伊斯兰金融机构的流动性问题，目前全球活跃着四个最有影响力的伊斯兰货币市场：

1) 马来西亚伊斯兰银行间货币市场(IIMM，the Islamic Interbank Money

Market of Malaysia)；

　　2）巴林流动性管理中心（LMC，the Liquidity Management Center)；

　　3）国际伊斯兰金融市场（IIFM，International Islamic Financial Market)；

　　4）国际伊斯兰流动性管理公司（IILM，International Islamic Liquidity Management Corp)。

第九章

伊斯兰银行业金融产品及服务
（4）伊斯兰保险

本章主要介绍

本章主要介绍：
- 伊斯兰保险概况
- 伊斯兰保险之运作模式
- 伊斯兰再保险
- 伊斯兰保险监管
- 伊斯兰保险面临的挑战

9.1 伊斯兰保险概况

9.1.1 伊斯兰保险(Takaful)

伊斯兰保险(Takaful)一词是由阿拉伯语词根 Kafala 衍生而来，意思是保证，互相保护、互相保证、互相协助、互相帮助。伊斯兰保险概念的由来约有1400 年的历史，其宗旨是满足穆斯林之间互相协作、互相帮助、共担责任的需要，其主要业务是为参保的穆斯林提供人寿保险、家庭及财产保险和再保险业务等。换言之，伊斯兰保险是建立在互相帮助概念基础上的，每位参保人所提供的金钱捐赠都被放入一个共同互助基金中，该基金一般分为两部分运作，一部分用于投资，另一部分用于出险理赔，为需要资金援助的参保人提供援助。

伊斯兰保险(TAKAFUL)与传统保险之异同		
问题	传统保险	TAKAFUL
机构原则	为股东盈利	参加投保人互相帮助
基础	风险转嫁	互助式风险共担
价值取向	利润最大化	经济上可以负担,精神上得到满足
适用法律	传统监管规定	伊斯兰监管及各项规章
所有制	股东所有制	参加投保人共同所有
管理架构	公司制	委托人代理
合同格式	销售合同	伊斯兰代理合同(Wakalah)或合伙经营伙伴关系合同(Mudarabah)管理献金(Tabarru)
投资	以利息为基础	以伊斯兰监管为基础,不含利息(Riba)
投资盈利归属	股东账户	参加投保人账户

9.1.2　伊斯兰保险(Takaful)发展现状

虽然伊斯兰保险概念有 1400 年的历史,但在伊斯兰金融业中,伊斯兰保险市场目前还是一个最小的分支,其商业运作始于 1970 年代。1979 年,苏丹出现了第一家伊斯兰保险公司。1985 年,沙特王国圣城麦加伊斯兰学者委员会以书面决议的形式确认了伊斯兰保险(Takaful)符合伊斯兰监管(倡导穆斯林互相帮助),从而确认了伊斯兰保险的宗教合规性。但是这份决议并未对伊斯兰保险的具体运作机制与程序、专业术语、工作流程等提出一个统一标准,这也为日后伊斯兰保险发展(特别是国际化进程)埋下了隐患。

据《世界伊斯兰保险年鉴》资料显示,在 2001 — 2008 年,全球伊斯兰保险保费年增长率都超过 25％以上。2009 年全球金融危机后,伊斯兰保险出现过一个小低潮,当年保费增长只有 17.7％,之后的 2010 年又获得 22.9％的强劲增长。2010—2014 年,伊斯兰保费年增长率约为 10％—12％;伊斯兰保险资本的年平均回报率约为 4％— 6％,但在 2008 年金融危机期间年平均收益率为－2％左右,其中,GCC 国家的伊斯兰保险基金起伏较大,变动幅度为 12％左右;马来西亚的伊斯兰保险基金起伏较小,变动幅度为 7％左右。

据 ICD Thomson Reuters（2015）不完全统计，截至 2014 年底，伊斯兰保险市场约有 305 家伊斯兰保险公司（含 93 家提供伊斯兰保险窗口服务的保险公司）以及 12 家伊斯兰再保险公司。伊斯兰保险资产总额为 330 亿美元，其中 1/3 分布在 GCC 国家。预计 2020 年底全球伊斯兰保险总保费将达 420 亿美元。

伊斯兰保险机构类型分布图(截至2014年底)

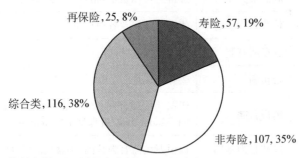

资料来源：World Takaful Report（2016）

从以上图表可以看出，综合类伊斯兰保险机构（即可以同时提供寿险和非寿险业务）数量最多（116 家），占比达 38％；非寿险机构次之，有 107 家，占比达 35％；寿险公司有 57 家，占比为 19％；而提供伊斯兰再保险的机构也有 25 家（其中含 13 个传统保险公司中内设伊斯兰保险业务部门），占比达 8％。

据《全球伊斯兰保险报告》显示，截至 2015 年底，据不完全统计，伊斯兰保险市场总保费达到了 149 亿美元，具体分布如下表所示：

保险种类	市场份额	市场规模(10 亿美元)	2015 年增长率
综合类	83％	12.3	17％
家庭保险	17％	2.6	−1％
总计	100％	14.9	14％

资料来源：World Takaful Report（2017）

从下图可以看出，截至 2015 年底，全球伊斯兰保险保费收入中海合会国家（GCC）占比达 77％；东南亚国家（主要为马来西亚、印尼和文莱）次之，占比 15％；非洲（主要为埃及、苏丹、肯尼亚、冈比亚和突尼斯）占 5％；其他国家和地区（主要有孟加拉、巴基斯坦、土耳其、斯里兰卡、叙利亚、也门和约旦）占比约为 3％。

从 GCC 地区来看，2014 年伊斯兰保险保费收入约为 143.3 亿美元，沙特是

全球伊斯兰保险保费收入按地域分布状况(截至2015年底)

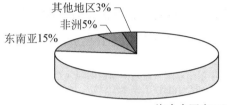

资料来源：Ernst & Young(EY),Bank Nagara Malaysia

2014年海合会国家(GCC)伊斯兰保费
收入占比(不完全统计)

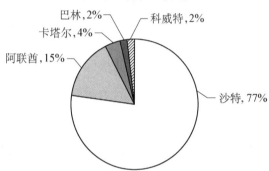

资料来源：Ernst & Young(EY),Bank Nagara Malaysia

绝对主力,占比达 77%;其次是阿联酋,占比达 15%;其他国家合计占比约
为 8%。

GCC伊斯兰保险公司资产配置情况
(截至2015年底)

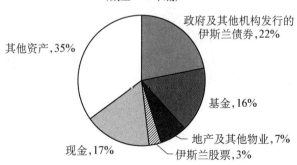

资料来源：World Takaful Report 2016

从 GCC 地区来看,2015 年伊斯兰保险公司资产集中于政府及其他机构发行的伊斯兰债券(22%)、基金(16%)、地产及其他物业(7%)、伊斯兰股票(3%)以及其他资产(35%)。因为可供投资且能提供固定收益的伊斯兰产品的选择性及市场有限,并且出险率较高,GCC 地区伊斯兰保险公司的现金占比高达 17%。

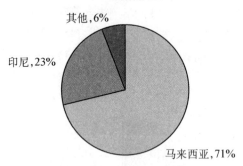

2014年东南亚国家联盟伊斯兰保险保费
收入占比(不完全统计)

资料来源:Ernst & Young(EY),Bank Nagara
Malaysia

从东南亚国家联盟(ASEAN)来看,2014 年伊斯兰保险保费收入约为 69 亿美元,马来西亚是绝对主力,占比达 71%;其次是印尼,占比达 23%;其他国家合计占比约为 6%。

马来西亚伊斯兰保险公司市场配置情况
(截至2015年底)

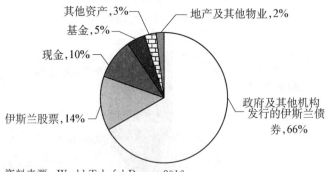

资料来源:World Takaful Report 2016

截至 2015 年底,马来西亚伊斯兰保险公司资产集中于政府及其他机构发行的伊斯兰债券(66%)、伊斯兰股票(14%)、基金(5%)、地产及其他物业(2%)以及其他资产(3%)。马来西亚伊斯兰保险公司现金占比为 10%,较其 GCC 地区同行(17%)更为合理。马来西亚有伊斯兰保险商 11 家,目前的市场渗透率仅为14.5%,较传统保险(41.1%)尚有较大差距。

　　总体而言,目前伊斯兰保险(TAKAFUL)尚处于初级发展阶段,且市场相对集中,主力三国占 TAKAFUL 市场约 84%(沙特 37%、伊朗 34%、马来西亚14%)。从险种来看,马来西亚主要是家庭险,而在其他国家,家庭险市场份额很小,主要险种是车险和健康险。

9.1.3　推动伊斯兰保险(Takaful)增长的主要因素

　　伊斯兰保险得以快速增长的主要推手有:

　　1) 各国监管机构陆续对相关法律作了部分修改,使伊斯兰保险机构能与传统保险机构在同一个水平上竞争;

　　2) 对符合伊斯兰监管的产品需求的快速增长:因为越来越多伊斯兰金融业的客户希望可以投资更多、更广的伊斯兰金融产品,所以目前这个市场是需求推动型的;

　　3) 较为充沛的流动性:产油国特别是 GCC 国家源源不断的石油美元收入为这个市场提供了充沛的流动性;

　　4) 再保险能力的提高:国际最大的再保险商目前已经进入了马来西亚、巴林和迪拜,和这些地区的 30 家伊斯兰再保险商一起提高了伊斯兰再保险的能力;

　　5) 更有效的伊斯兰保险分销渠道的建立:伊斯兰银行保险一体化网络的形成使得伊斯兰保险可以利用其庞大的银行网络和客户资源提高伊斯兰保险的覆盖面;

　　6) 伊斯兰金融产品的增长,如住房贷款,同时也带动了住房保险等相关伊斯兰保险险种的发展;

　　7) 小型、微型保险开始进入贫困社区;

　　8) 全球 21 亿穆斯林人口发自内心的善行、善念及需求。

9.2　伊斯兰保险之运作模式

9.2.1　伊斯兰保险特点

　　伊斯兰保险(Takaful)必须在伊斯兰监管规定的范畴内制定保障计划。参与方(投保人)通过缴纳贡献金(Tabarru)的方式奉献一笔资金给伊斯兰保险基金会或保险公司;同时接受一份契约(Aqad),并成为该保险基金会或保险公司的一名参与者;参与方(投保人)在签署契约时同意,在该保险基金会项下的任何一名参与方面对任何不幸事件及损害(如发生死亡、残障、财产损失等)时,与其他参与方(投保人)一起利用互保资金提供帮助。

为遵从伊斯兰监管有关避免"利息(Riba)"和"交易的不确定性(Gharar)"的规定,伊斯兰保险业基本采取了与投保人共负盈亏的经营方式。因此所有投保人实际上是伊斯兰保险基金会或保险公司的合作伙伴。具体说来,投保者交给保险公司的保费被统称为保险基金。在实际资金运营中,保险基金又分为互助基金(投保基金)和投资基金两类。互助基金主要用于日常理赔,互助基金所占保险基金的份额根据投保人的年龄和投保期限额从 2.5% 到 10% 不等,而投资基金(90% 左右)主要用于投资,其投资回报将用于反哺保险基金和为投保人及股东提供回报。

9.2.2 伊斯兰保险运作模式

伊斯兰保险的基本运作模式如下:

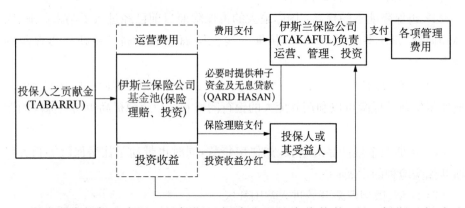

因为所有投保人实际上是伊斯兰保险公司的合作伙伴,所以伊斯兰保险公司的角色更像是一个受托第三方(third party Takaful operator),代理所有投保人管理、运营保险资金,同时收取一定的管理费用。为保证运作的透明性,伊斯兰保险公司首先需要:

1) 为保险公司注入种子资金;

2) 必要时为投保人提供善意无息贷款(QARD HASAN)并承担相应风险;

3) 必要时垫资运营(如果保险收益少于运营成本);

4）尽可能满足投保人投资回报等。

在选择 Takaful 之运作模式时,伊斯兰保险商主要考虑的因素有:

1）投保人利益保护;

2）股东的商业目标;

3）伊斯兰监管原则和要求;

4）伊斯兰学者专业意见及其监管解释;

5）伊斯兰保险运营之有效性、风险管理与投资回报;

6）业务领域拓展及选择(寿险 Vs 非寿险);

7）投资渠道选择;

8）人才管理及储备;

9）市场定价及盈利目标等。

目前,伊斯兰保险市场上主要的运营模式有以下五种:

1）MUDARABAH 模式

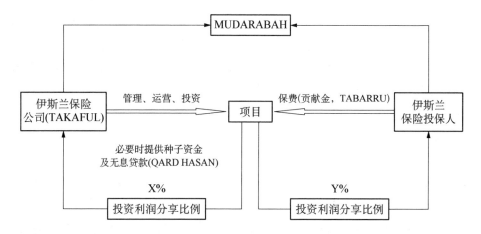

MUDARABAH 模式主要运用于投资资金分红模式。伊斯兰保险公司及其投保人组成合作伙伴关系。伊斯兰保险公司主要投入为其运营、管理及其投资专才,而投保人主要投入为其投保资金(含投资资金)。投保人委托伊斯兰保险公司代为运营、管理、投资其投保资金及投资资金。投保资金管理方面产生的盈利一般不用于分红,而投资资金方面产生的盈利可以用于分红。伊斯兰保险公司按照与投保人签订的 MUDARABAH 合同,可以按比率参与投资资金的分红。该模式对于伊斯兰保险公司及投保人的资金运作均有较大的限制。如果保险公司投资不顺利并产生亏损,投保人按其投资资金在总投资额中的比率分担

损失,伊斯兰保险公司的最大损失为其投入的种子资金及人力成本。

2) WAKALAH 模式

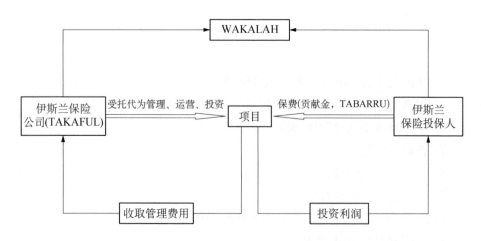

伊斯兰保险投保人委托伊斯兰保险公司(TAKAFUL)为代理人(Wakeel)并授权其负责保险资金的运营、管理及投资。伊斯兰保险公司的主要投入为其运营、管理及投资专才,而投保人主要投入为其投保资金(含投资资金)。在付清相关管理费用后,投保人可以撤保,并取回剩余资金。伊斯兰保险公司的收益为管理费用(按年按投保资金一定比率收取),而投保人如果出险,可以获得保险公司理赔,如果保险公司投资管理顺利并产生盈利,投保人按其投资资金在总投资额中的比率可以参与分红。比较保守的伊斯兰学者认为,伊斯兰保险公司不应参与此类分红,因为它们已经在事前收取了相关管理费用。但在实务操作中,还要视伊斯兰保险公司(TAKAFUL)及其委托人(投保人)之间签订的代理协议中的有关条款而定。如果保险公司投资不顺利并产生亏损,投保人按其投资资金在总投资额中的比率分担损失,伊斯兰保险公司无需分担实际资金损失,其最大损失为投入的人力成本。

3) MUDARABAH/WAKALAH 模式(亦称混合模式——Hybrid)

在该模式下,伊斯兰保险公司身兼双职:1)职业经理人(Mudarib),提供自有资金与运营、管理及投资专才;2)代理人(Wakeel),代理投保人负责保险资金的运营、管理及投资。伊斯兰保险投保人委托伊斯兰保险公司(TAKAFUL)为代理人(Wakeel)并授权其负责保险资金的运营、管理及投资。伊斯兰保险公司的主要投入为其自有资金以及其所投入的运营、管理及投资专才,而投保人主要投入为其投保资金(含投资资金)。伊斯兰保险公司的收益为:1)管理费用(按

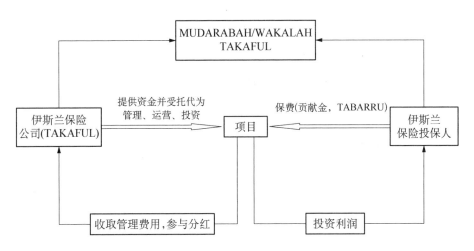

投保资金按年按一定比率收取);2)按照 MUDARABAH/WAKALAH 协议参与投资分红;3)自有资金投资收益。投保人如果出险,可以获得保险公司理赔;如果保险公司投资顺利并产生盈利(扣除相关费用及理赔成本后),投保人与伊斯兰保险公司可以按其投资资金在总投资额中所占的比率参与分红。如果伊斯兰保险公司投资不顺利并产生亏损,投保人与保险公司按其投资资金在总投资额中的所占比率分担损失。伊斯兰保险公司最大损失为投入的自有资金与人力成本。

4) WAKALAH/WAQF 模式

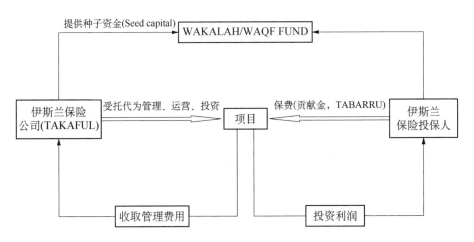

伊斯兰保险公司(TAKAFUL)合资成立 WAKALAH/WAQF 基金,运营投保资金。伊斯兰保险投保人委托伊斯兰保险公司(TAKAFUL)为代理人

(Wakeel)并授权其负责保险资金的运营、管理及投资。伊斯兰保险公司为公司启动注入种子资金(seed capital)。伊斯兰保险公司的主要投入为其种子资金和运营、管理及投资专才,而投保人主要投入为其投保资金(含投资资金)。每位投保人在该基金下开立自己的 WAQF(保险基金)账户,投保资金一旦进入WAKALAH/WAQF 基金池,投保人就丧失了该投保金的所有权;投保人的权益体现在理赔时收到的赔偿金以及该 WAKALAH/WAQF 基金池之成功运营所带来的收益,投保人有权按其投保资金在资金池总投资额中的比率参与分红。伊斯兰保险公司的收益为管理费用(按投保资金按年按一定比率收取)以及按其种子资金在资金池总投资额中所占的比率参与分红。如果保险公司投资不顺利并产生亏损,投保人按其投资资金在总投资额中的比率分担损失,保险公司理论上无需分担损失。当然,在该模式下,伊斯兰保险公司的最大损失为其投入的种子资金及人力成本。

5) 合作制(COPRPORATIVE)模式

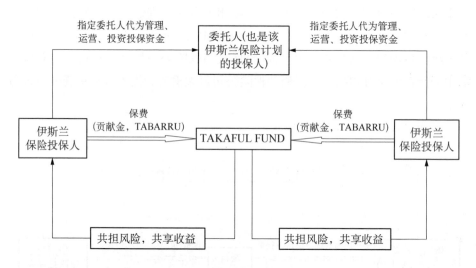

在该模式下,伊斯兰保险投保人共同出资成立 TAKAFUL 基金,并指定部分参保人为代理,授权其管理、运营、投资投保资金(含投资资金)。所有参保人按其资金贡献比率共担风险、共享收益。

综上所述,就投保资金(贡献金)所有权的明晰程度、投资基金退出机制安排、投保人信息分享透明度而言,WAKALAH/WAQF 模式是以上五种伊斯兰保险运营模式中的最佳选择;但就产品的流行度而言,MUDARABAH/WAKALAH 模式因为能给伊斯兰保险机构带来足够的盈利动力(管理费+投资分红),而在主流市场(GCC 和 ASEAN 地区)广为流行。

9.2.3　伊斯兰保险产品

伊斯兰保险(TAKAFUL)业务可以被划分为三种类型:家庭保险(人寿保险),综合保险(人寿保险之外的其他险种如财产险等),和再保险。

TAKAFUL 主要产品有:

综合保险(非寿险)	家庭保险
车险	家庭成员健康险
火险(物业险)	教育险
工程险	储蓄保险
意外伤害险	投资相关保险
旅行保险	抵押贷款保险
失窃保险	
社团保险	

具体来看,

1) 人寿保险(Takaful life policy or family Takaful):这类保险一般有一个确定的期间,比如 10 — 20 年。如果参保人在保单到期前遭遇不幸过世或致残而失去生活能力的话,保险机构将照单赔偿;如果参保人在保单到期后遭遇不幸过世或因致残而失去生活能力的话,保险机构将不予赔偿。但是,在伊斯兰保险的架构下,参保人之前所捐献给伊斯兰保险的资金连同该资金产生的投资收益将被退回给参保人或其指定受益人,以帮助他们渡过可能出现的财务困难。家庭保险可以涵盖家庭生活的方方面面,如婚姻、教育、遗产安排等等。

2) 财产保险(Takaful non-life policy or general Takaful):包括财产保险、车险、农业保险、责任保险、保证保险、航行等以财产或利益为保险标的物的各种保险。财产险期限一般为 12 个月,在支付相关保险公司的管理费用后,可以提前取消。

3) 伊斯兰保险再保险(Takaful reinsurance):也称分保,是伊斯兰保险人在原保险合同的基础上,通过签订分保合同,将其所承保的部分风险和责任向其他保险人进行保险的行为。转让业务的是原保险人,接受分保业务的是再保险人。

伊斯兰保险再保险为其他保险人提供了一个可以抵御更高风险的资金池。

随着互联网金融的崛起,目前伊斯兰保险市场出现了一个新的模式,众筹伊斯兰保险(Crowd Takaful),即伊斯兰保险商通过互联网众筹保险资金,并将其投资于众多符合伊斯兰监管的中小企业。此类保险商的收入来源有两个:一是管理费收入;二是投资收益。

9.3 伊斯兰再保险

9.3.1 伊斯兰再保险(RETAKAFUL)

再保险最早产生于欧洲海上贸易发展时期,萌芽于意大利的海上保险。19世纪中叶开始,在德国、瑞士、英国、美国、法国等国家相继成立了再保险公司。第二次世界大战以后,国际再保险业进入了一个新的历史时期。

借鉴传统保险模式,伊斯兰再保险萌芽于 1979 年非洲的苏丹,之后逐渐出现在中东的巴林、沙特、阿联酋和东南亚的马来西亚、印尼等国。伊斯兰再保险从 21 世纪开始正式起步。目前全球有 12 家伊斯兰再保险公司,另有近 20 家传统保险公司提供伊斯兰再保险业务。但受制于伊斯兰保险市场有限的深度以及缺乏足够的、有资质的伊斯兰保险公司参与,伊斯兰再保险的发展目前还处于初级阶段。

机 构 名 称	国家
National Reinsurance	苏丹
Sheikhan Takaful Company	苏丹
Bahamas Saudi Islammic Takaful and Re Takaful Company	沙特
Bahrain/Saudi Arabia Islamic Insurance and Reinsurance Company	沙特、巴林(合资)
Tunisia B. E. S. T Re	突尼斯
Malaysia ASEAN Re Takaful International	马来西亚
Dubai Islamic Insurance and Reinsurance Co	阿联酋
Hannover Re Takaful B. S. C.	巴林
Solidarity Islamic Takaful and Retakaful	巴林

续表

机　构　名　称	国家
PT Reasuaransi International	印尼
Amlin Reinsurance Company	英国
MNRB Retakaful Berhad	马来西亚
Tokio Marine Nichido Retakaful Ptd Ltd	新加坡
Takaful Re Limited	阿联酋

　　伊斯兰再保险(RETAKAFUL)也称分保,是保险人在原保险合同的基础上,通过签订分保合同,进行二次风险转嫁,将其所承保的部分风险和责任向其他保险人进行分出保险的行为。在伊斯兰再保险交易中,分出业务的公司称为原保险人(TAKAFUL)或分出公司(Ceding company),接受业务的公司称为再保险人(RETAKAFUL),或分保接受人或分入公司(Ceded company)。

　　伊斯兰再保险转嫁风险责任支付的保费叫做分保费或再保险费;由于分出公司在招揽业务过程中支出了一定的费用,由分入公司支付给分出公司的费用报酬称为分保佣金(RETAKAFUL commission)或分保手续费。对于每一危险单位或一系列危险单位的保险责任,分保双方通过合同按照一定的计算基础对其进行分配。分出公司根据其偿付能力所确定承担的责任限额称为自留额或自负责任额,经过分保由接受公司所承担的责任限额称为分保额或分保责任额或接受额。根据分保双方承受能力的大小,自留额与分保额均有一定的控制,如果保险责任超过自留额与分保额的控制线,则超过部分应由分出公司自负或另行安排分保。

9.3.2　伊斯兰再保险业务类型及特点:

　　伊斯兰再保险公司的主要职责有:

　　1) 作为伊斯兰保险公司的代理(WAKEEL)管理伊斯兰再保险资金(RETAKAFUL FUND);

　　2) 作为伊斯兰保险公司的经理人(MUDARIB)在符合伊斯兰监管的前提下,运营、投资伊斯兰再保险资金;

　　3) 在管理伊斯兰再保险资金出现赤字时提供无息贷款(QARD HASSAN);

4）在机构内部设立伊斯兰监管委员会监管伊斯兰再保险公司的运作。

从伊斯兰再保险关系形成过程来看，伊斯兰再保险业务开展有以下几种类型：

1）再保险的双方都是经营直接保险业务的伊斯兰保险公司，一方将自己直接承揽的保险业务的一部分分给另一方。参与分保的双方都是直接公司，前者是分出公司，后者是分入公司。

2）再保险的双方都是伊斯兰直接保险公司，二者之间互相分出分入业务。这种分保活动亦称为相互分保，双方互为分出、分入公司。

3）分保活动的双方，一方是伊斯兰直接保险公司，另一方是专门经营再保险业务的再保险公司（即只能接受分保业务，不能从投保人处接受直接保险业务），前者把自己业务的一部分分给后者，后者则分入这部分业务。在这种情况下，伊斯兰直接保险公司是分出公司，再保险公司是分入公司。

4）参与分保业务的双方，一方是伊斯兰直接保险公司，另一方是再保险公司。再保险公司将自己分入的保险业务的一部分，再分给其他直接保险公司，直接保险公司则分入这部分业务。在这里，再保险公司为分出公司，而直接保险公司则为分入公司。

5）参与分保业务的双方都是再保险公司，一方将自己分入的一部分保险业务再分给另一方，另一方则分入这部分业务。前者为分出公司，后者为分入公司。

6）两个再保险公司之间相互分保，即相互转分保。

在伊斯兰再保险业务类型中，除了参与分保业务的双方均为再保险公司，一般情况下，参与分保业务的双方至少有一方是伊斯兰直接保险公司。如果参与分保业务的双方均为伊斯兰保险公司，则再保险模式多以 MUDARABAH，WAKALAH 或是 MUDARABAH＋WAKALAH 混合形式出现。

按责任限制分类，伊斯兰再保险可分为比率再保险（Proportional Retakaful）和非比率再保险（Non-proportional Retakaful）。具体来说，

1）比率再保险是原保险人与再保险人，即分出人与分入人之间订立再保险合同，按照保险金额约定比率分担责任。对于约定比率内的保险业务，分出人有义务及时分出，分入人则有义务接受，双方都无选择权。

2）在非比率再保险中，原保险人与再保险人协商议定一个由原保险人赔付保险金的额度，在此额度以内的由原保险人自行赔付，超过该额度的，就须按协议的约定由再保险人承担其部分或全部赔付责任。非比率再保险主要有超额赔款再保险和超过赔付率再保险两种。

　　大部分伊斯兰学者倾向于支持比率再保险(Proportional Retakaful),因为该方法比非比率再保险(Non-proportional Retakaful)在计算赔偿和损失时各方所应承担的责任更具可确认性,从而避免了"交易的不确定性(Gharar)"。

　　按照安排方式分类,伊斯兰再保险可分为临时再保险(Facultative)、合约再保险(Treaty)、预约再保险(Facultative Obligatory)。

　　1) 临时再保险通常用于保险公司的承保金额超过其自留额及合约再保险金额的总和时,保险公司对其超过部分的全数进行分保,此类再保险签约后在短期内就需支付保费。

　　2) 合约再保险是指由原保险人和再保险人事先签订再保险合同,确定额度、费用,合同约定的分保业务在原保险人与再保险人之间自动分出与分入。合约再保险适用于各种形式的比率和非比率再保险方式。

　　3) 预约再保险是介于合约再保险和临时再保险之间的一种再保险安排。预约再保险中的分出方(原保险人)对合同订明范围内的业务是否办理分保享有选择的权利,这种形式的再保险对分出方而言可视同临时再保险,而对分入方来讲则必须受合同再保险的约束。

9.3.3　伊斯兰再保险的运作模式

　　伊斯兰再保险的运作模式主要有四种,WAKALAH, MUDARABAH, WAKALAH WAQF 和 WADI'AH。

　　1) WAKALAH 模式

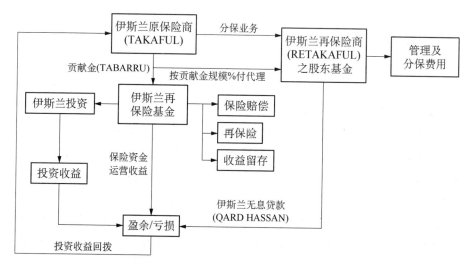

在 WAKALAH 模式下,伊斯兰原保险商将部分业务分保给伊斯兰再保险商,并按分保业务之贡献金规模一定比率支付代理费给伊斯兰再保险商。伊斯兰原保险商同时成立一个伊斯兰再保险基金,该基金资金运用业务有两块,一是日常保险理赔,二是投资。因投资顺利而产生的收益将回拨给伊斯兰原保险商,日常保险理赔业务处理完毕后的盈余资金也将留在原保险商账上滚存使用。伊斯兰再保险商的主要收益是原保险商所付的代理费,而其主要风险一是承受原保险商的二次风险转嫁,二是在原保险商出现财政困难时提供伊斯兰无息贷款(QARD HASSAN)。

2) WAKALAH MUDARABAH 模式

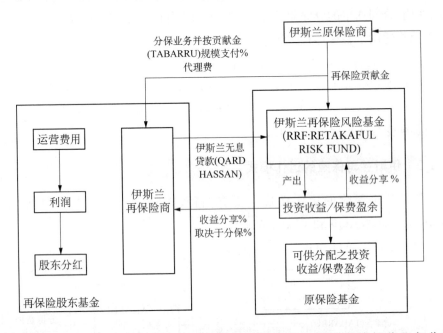

在 WAKALAH MUDARABAH 模式下,伊斯兰原保险商将部分业务分保给伊斯兰再保险商,并按分保业务之贡献金规模一定比率支付代理费给伊斯兰再保险商。伊斯兰原保险商同时成立一个伊斯兰再保险基金,该基金资金运用业务有两块,一是日常保险理赔,二是投资。因投资顺利而产生的收益将按双方具体承保比率由伊斯兰原保险商与再保险商分享,日常保险理赔业务处理完毕后的盈余资金将留在原保险商账上滚存使用。伊斯兰再保险商的主要收益是原保险商所付的代理费及相关投资收益分成,而其主要风险一是承受原保险商的二次风险转嫁,二是在原保险商出现财政困难时提供伊斯兰无息贷款(QARD

HASSAN)。

3）WAKALAH WAQF 模式

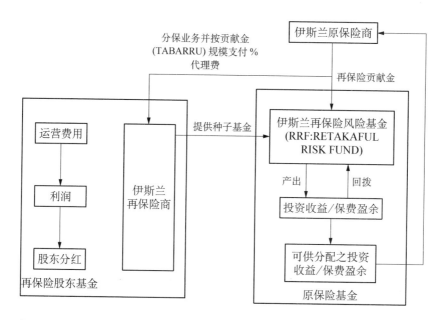

在 WAKALAH WAQF 模式下,伊斯兰原保险商将部分业务分保给伊斯兰再保险商,并按分保业务之贡献金规模一定比率支付代理费给伊斯兰再保险商。伊斯兰原保险商同时成立一个伊斯兰再保险基金,伊斯兰再保险商也将向该基金投入种子基金。该基金资金运用业务有两块,一是日常保险理赔,二是投资。因投资顺利而产生的收益将回拨给伊斯兰原保险商,日常保险理赔业务处理完毕后的盈余资金将留在原保险商账上滚存使用。伊斯兰再保险商的主要收益是原保险商所付的代理费,而其主要风险一是承受原保险商的二次风险转嫁,二是其投入的种子基金损失。

4）WADI'AH 模式

在 WADI'AH（委托）模式下,伊斯兰再保险参与各方按比率出资(TABARRU)建立一个 WADI'AH 再保险基金,支付代理费给伊斯兰再保险商(RETAKAFUL)并委托其运营该基金。基金资金运用业务有两块,一是日常保险理赔,二是投资。因投资顺利而产生的收益将回拨给伊斯兰再保险商,并由其分配给伊斯兰再保险参与各方。伊斯兰再保险商的主要收益是原保险商所付的代理费,而其主要风险是承受原保险商的二次风险转嫁。

WADI'AH 模式是在马来西亚中央银行（BNM）主导下由国际伊斯兰金融

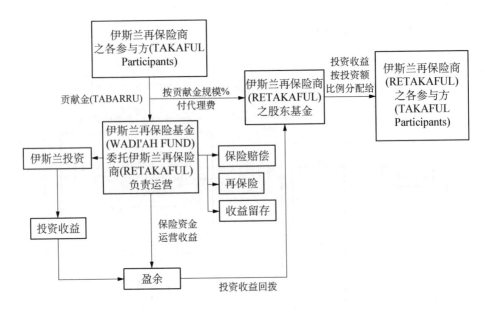

研究学院(ISRA)学者们开发出来的。WADI'AH模式以其清晰的保险资金所有权、管理权、收益分成等界定以及与伊斯兰金融机构会计与审计组织（AAOIFI）相关指导思想相一致而被伊斯兰保险界普遍看好。目前该模式在马来西亚比较流行。

从以上分析可以看出,伊斯兰再保险具有两个重要特点:

1) 伊斯兰再保险合同是独立合同;

2) 伊斯兰再保险是在原保险基础上进一步分散风险,是风险的第二次转嫁与分散,可通过转分保使风险分散更加细化。

伊斯兰再保险与原保险的关系从本质上看,伊斯兰再保险的基础是原保险,伊斯兰再保险的产生,正是基于原保险人经营中分散风险的需要,是对原保险进行二次风险转嫁。

伊斯兰再保险与原保险的区别在于:

1) 主体不同;

2) 保险标的不同;

3) 合同性质不同。

综上所述,伊斯兰再保险与传统再保险在管辖法律、伊斯兰监管法规适用性、保险合同性质、缴款方式、保险风险管制机制及再保险商参与方面有诸多不同,如下表所示:

伊斯兰再保险与传统保险的不同点	伊斯兰再保险(RETAKAFUL)	传统再保险(REINSURANCE)
管辖法律	伊斯兰法律	民法
伊斯兰监管法规适用性	适用	不适用
合同性质	合作	商业
缴款方式	贡献金(TABARRU)	保费
风险管制机制	风险共担	风险转嫁
再保险运营商	伊斯兰保险商(再保险商)或传统再保险商	传统再保险商

此外,如上所述,伊斯兰再保险有自身独特的四种运行模式。

9.4　伊斯兰保险监管

9.4.1　伊斯兰保险监管国际标准

伊斯兰保险的保费可被视为参保的穆斯林为帮助其他穆斯林兄弟姐妹而对保险基金所作的捐助(捐赠"Tabarru"),而非用于牟取利息的工具。

原则上讲,伊斯兰保险与传统互助保险最显著的不同在于伊斯兰保险的运作必须遵循伊斯兰监管,同时其保险基金所进行的投资活动也必须符合伊斯兰监管,保险基金必须成立伊斯兰监管委员会监督其运作等。而在索赔方面,伊斯兰保险也有特别的规定,如伊斯兰保险不承保有违伊斯兰监管的行为,如自杀、酗酒而亡等。

伊斯兰保险主要涉及到的与法律和伊斯兰监管相关的问题有:1)保险合同的覆盖范围;2)可保险的利益;3)最大诚信原则;4)理赔;5)保费盈余分成;6)保险利益;7)不得承保有违伊斯兰监管的行为。

目前,全球伊斯兰保险虽然尚未形成一个行之有效且为伊斯兰金融机构普遍采纳的监管标准,但伊斯兰金融服务委员会(IFSB, Islamic Financial Services Board)作为一个国际性伊斯兰监管机构,已积极着手为伊斯兰金融机构设立各项行业监管标准,从而确保其稳健运行。IFSB 于 2002 年成立,总部设于马来西亚首都吉隆坡,是巴塞尔银行监管委员会(BCBS)、国际证券委员会组织

(IOSCO)、国际保险监督官协会(IAIS)的重要补充。伊斯兰金融服务委员会同时也是各伊斯兰国家中央银行协会。

在伊斯兰保险监管方面,IFSB 的工作重心是为伊斯兰保险公司在:1)公司治理;2)财务与审慎性管理;3)透明度、报告与市场行为准则;4)监管、检查流程等方面做出行业规范与准则。为此,IFSB 颁布了六套标准与一项指引,它们分别是:

——标准 8(IFSB−8),伊斯兰保险监管指引;

——标准 9(IFSB−9),伊斯兰金融机构之业务规范指导原则;

——标准 10(IFSB−10),伊斯兰金融机构之伊斯兰监管制度建设指导原则;

——标准 11(IFSB−11),伊斯兰保险商偿付能力要求标准;

——标准 14(IFSB−14),伊斯兰保险商承保风险管理标准;

——标准 18(IFSB−18),伊斯兰再保险监管指引;

——指引 5(GN−5),伊斯兰保险与再保险商接受外部信贷风险评级之指导原则。

具体而言,2009 年 12 月,IFSB 颁布了最新一稿《伊斯兰保险监管指引》(IFSB - 8，Guiding Principles for Takaful),对伊斯兰保险的承保范围、承保合同及模式做出了重新的定义,特别强调伊斯兰保险的三项核心原则,即贡献金(TABARRU)承诺、互相协作(TA'AWUN)和禁止利息(RIBA),并提出三项主要监管原则:

1) 结合伊斯兰保险的具体情况,参照并推广国际保险业的先进经验与做法;

2) 公平对待每位参保人(投保人)并合理保护股东权益;

3) 积极推进全面、审慎性架构管理建设。

2016 年 4 月,IFSB 颁布最新一稿《伊斯兰再保险监管指引》(IFSB−18，Guiding Principles for Retakaful),对伊斯兰再保险的承保范围、承保合同及模式做出了重新的定义,并提出五项主要监管原则:

1) 伊斯兰再保险承保;

2) 再保险伊斯兰监管规则;

3) 审慎性架构管理建设;

4) 透明度与合理的信息披露;

5) 伊斯兰再保险监管、检查。

9.4.2　主要伊斯兰保险市场监管要求

主要伊斯兰保险市场监管对比一览表

	沙特	马来西亚	印尼	巴林	阿联酋
2015年市场规模	家庭保险：USD C.28BN；综合保险：USD c.45BN	家庭保险：USD 0.85BN；综合保险：USD 0.53BN	家庭保险：USD0.60BN；综合保险：USD0.14BN	家庭保险：USD 0.02BN；综合保险：USD 0.14BN	家庭保险：USD 0.27BN；综合保险：USD 0.66BN
伊斯兰保险机构	34家全牌照保险机构	8家全牌照保险机构；3家专业家庭保险机构	5家家庭保险机构；3家专业综合保险机构；19家专业家庭保险机构开立伊斯兰保险窗口服务；19家专业综合保险机构开立伊斯兰保险窗口服务	3家全牌照保险机构；1家专业家庭保险机构；2家专业综合保险机构	11家全牌照保险机构
伊斯兰保险机构最低注册资本要求（百万美元）	25.7	23	7.2	4.2－5.3	27.2
2015年全国人口（百万）	31.5	31	255	1.4	9.2
伊斯兰保险市场渗透率（即保费收入占本国当年GDP%）	综合保险：1.44%；人寿保险：0.04%	家庭保险：0.31%；综合保险：0.20%；人寿保险：2.45%	家庭保险：0.07%；综合保险：0.02%；人寿保险：1.17%	家庭保险：0.09%；综合保险：0.54%；人寿保险：0.24%	家庭保险：0.05%；综合保险：0.18%；人寿保险：0.45%

续表

	沙特	马来西亚	印尼	巴林	阿联酋
伊斯兰保险监管机构	SAMA(Saudi Arabian Monetary Authority)	BNM（Bank Negara Malaysia）	OJK（Financial Services Authority）	CBB（Central Bank of Bahrain）	IA（Insurance Authority）
伊斯兰保险监管架构	Solvency I Basis	RBCF(Risk-based Capital Framework)	RBCF(Risk-based Capital Framework)	Solvency I Basis	RBCF（Risk-based Capital Framework）
传统保险机构开立伊斯兰保险窗口服务	不允许	不允许	允许(10 年宽限期)	不允许	不允许
伊斯兰保险业务模式	合作模式	Wakalah/Mudarabah 混合型	大部分是 Mudarabah 模式	承保: Walakah; 投资: Mudarabah	Wakalah/Mudarabah 混合型; 或 Wakalah 模式
伊斯兰保险收费管理	对收费上限有限制	有针对性的监管条例	无正式颁布的监管条例	无正式颁布的监管条例	对收费上限有限制
家庭保险与综合保险能否混合经营	是	是,但 2018 年后必须按照 IFSB 最新监管要求进行分立、单独经营	否,必须分立、单独经营	是	是
伊斯兰保险销售渠道	无特殊规定	有针对性的监管条例与传统保险机构进行隔离	无特殊规定	无特殊规定	无特殊规定
产品风险披露	有针对性的监管条例,需要正式披露	有针对性的监管条例,需要正式披露	有针对性的监管条例,需要正式披露	有针对性的监管条例,需要正式披露	无特殊规定

资料来源：各国中央银行

250

9.4.3 马来西亚伊斯兰保险监管标准的发展

从伊斯兰保险在具体国家的发展来看,马来西亚发展最为全面和先进。早在 1984 年,马来西亚政府通过了《伊斯兰保险法》(TAKAFUL ACT 1984),该法案共有 69 条,主要含四项内容:

1) 伊斯兰保险产品定义;

2) 伊斯兰保险商业务经营规范;

3) 伊斯兰保险商业务回报、调查、转让与清盘;

4) 其他事宜(如伊斯兰监管委员会设置、公司治理等)。

2013 年 11 月,马来西亚中央银行(BNM, Bank Negara Malaysia)为进一步规范伊斯兰家庭保险及人寿保险,提出了一个新的监管架构(Life Insurance and Family Takaful Framework),并要求其境内伊斯兰机构在 2019 年前逐步达标。监管架构的主要内容有以下几项:

1) 逐步取消对运营成本的限制;

2) 营销渠道多样化建设;

3) 强化从业人员专业要求与行业规范;

4) 强化市场监管与消费者保护。

较其他伊斯兰国家而言,马来西亚伊斯兰保险市场发展较为成功的主要原因有:

1) 给力的产品研发、投资团队及产品研发能力;

2) 积极的产品分销渠道建设;

3) 稳健的金融监管体系;

4) 成熟的 IT 系统支持;

5) 境内伊斯兰银行间牢固的联系;

6) 马来西亚市场对国内及国际投资者的吸引力;

7) 伊斯兰保险商积极的品牌推广。

所以,马来西亚伊斯兰保险市场较其他市场更为成功,体现在投保人与保险公司股东之间在回报分配方面更为均衡合理,家庭保险与综合保险的市场渗透率更高。伊斯兰银保一体化(Banctakaful),一站式增值服务能力更强。

9.5　伊斯兰保险面临的挑战

　　据不完全统计,2007 年至 2011 年,全球伊斯兰保险(Takaful)保费收入年均复合增长率为 22%。而自 2012—2014 年,该增长率有所下降,但仍保持在一个健康水平,达 14%,2012 年底全球伊斯兰保险保费突破 100 亿美元,达 107 亿美元,2013 年底达 122 亿美元,而 2014 年,更一举站上了 230 亿美元高点。保险销售的主要渠道是保险经纪及银行伊斯兰零售网络。而保险销售的推广方式主要通过印刷品(28%)、户外广告(13%)、广播(12%)、多媒体广告(10%)等。预计 2020 年全球伊斯兰保险市场规模将达 420 亿美元。

　　总而言之,伊斯兰保险市场发展空间巨大,但挑战也不少;市场需求快速增长,但伊斯兰保险公司所能提供的服务有限,赶不上需求的发展。具体说来,有如下挑战:

　　1) 保险市场和大众对伊斯兰保险认知有限,且对伊斯兰保险监管的理解尚处于初级阶段。

　　2) 缺乏统一的市场监管体系及标准:目前对伊斯兰保险公司如何从根本上区分股东资金账户(SHF, Shareholders Fund)、投保人风险资金账户(PRF, Participants' Risk Fund)和投保人投资资金账户(PIF, Participants' Investment Fund)之资金,并对其进行进一步甄别,从而进行有效监管,许多伊斯兰国家的伊斯兰保险市场尚未形成一套行之有效的监管体系。

　　3) 市场没有一个统一的会计标准,不同国家采用 AAOIFI(The Accounting and Auditing Organization for Islamic Financial Institutions) 或 IFRS (International Financial reporting Standards)所设计的会计标准,从而导致不同伊斯兰保险公司的资产组合无法统一定价。而且对国际财务报告准则第四号(International Financial Reporting Standard 4)的理解存在争议,在该报告书中,把伊斯兰保险与传统保险的运营模式混为一谈,但这与伊斯兰保险的实际情况并不相同。该报告书在有关账户报告方面尚待进一步明确解释,以免混淆。

　　4) 缺乏透明分配保险盈余的方式:特别是在 RETAKAFUL 业务模式中,有关伊斯兰再保险商如何提供善意无息贷款(QARD HASSAN)、保险盈余(在支付正常保险理赔后)该如何分配等问题,伊斯兰金融机构会计与审计组织(AAOIFI)的相关规定并未取得各国伊斯兰保险商的广泛共识。

5) 各国市场管理方在税收方面给予伊斯兰保险的待遇未必较传统保险更公平。

6) 市场缺乏符合伊斯兰监管且在品种与期限上合适的相关债券和产品(如政府 SUKUK),这直接导致部分伊斯兰保险机构投资配置过度集中于股权与地产。

7) 伊斯兰保险主力市场(GCC 国家和马来西亚)易受国际大宗商品价格波动影响。

8) 与传统保险业相比,伊斯兰保险市场尚未形成成熟的运行机制,客户体验有待提高。

9) 伊斯兰保险商普遍存在盈利水平低,且无法适应市场竞争的问题。

10) 作为伊斯兰保险市场规则的制定者,IFSB 自身机构尚在建设之中,且其制定的行业规范及准则并未被伊斯兰保险业界普遍遵从,因为伊斯兰保险商主要还是遵从其所在国的相关监管。

11) 保险产品同质化严重:在一些国家(例如沙特),保险产品同质化严重,各保险公司为扩大市场份额不惜血本大打价格战,致使 2013—2014 年出现全行业亏本。

12) 随着巴塞尔协议三(Basel Ⅲ)的推广执行,在资本充足率方面,各伊斯兰保险公司都面临着补充资本金的压力。

13) 缺乏伊斯兰保险人才,如缺乏保险精算师、有从业经验的伊斯兰学者和受过良好培训的从业人员等。

14) 在再保险领域,伊斯兰保险公司有向传统保险公司转嫁风险的嫌疑:伊斯兰保险有 Darurah 概念(即在万一危及生命或穆斯林团体/个人的安全的时候,可以暂时不予考虑相关的伊斯兰监管),这为伊斯兰保险在力有未逮时引入传统保险打开了一个通道。但是随着近年来伊斯兰再保险公司数目的增加和实力的增强,Darurah 是否适用也引起了广泛的争议。

15) 目前伊斯兰再保险市场因其市场狭小、产品匮乏、保险商无法形成持续盈利能力,对有影响力的国际再保险商而言缺乏吸引力;

16) 此外,股东与参保人的预期难以平衡、产品审批期限过长、来自传统保险公司的强大竞争压力也进一步挤压了伊斯兰保险业的生存空间。目前虽然海合会国家伊斯兰保险市场远未饱和,尤其是家庭保险渗透率低,但由于各国监管法律不一致,缺乏有效金融工具以及专业人才,伊斯兰保险市场仍充满挑战。

总结:

本章主要介绍了:

——伊斯兰保险概况

——伊斯兰保险之运作模式

——伊斯兰再保险

——伊斯兰保险监管

——伊斯兰保险面临的挑战

伊斯兰保险(TAKAFUL)业务可以被划分为三种类型:家庭保险(人寿保险),综合保险(人寿保险之外的其他险种如财产险等)和再保险。为遵从伊斯兰监管有关避免"利息"(Riba)和"交易的不确定性(Gharar)"的规定,伊斯兰保险业采取了与投保人共负盈亏的经营方式,有五种基本运作模式,如MUDARABAH,WAKALAH,MUDARABAH/WAKALAH 模式(亦称混合模式——Hybrid),WAKALAH/WAQF 模式以及 corporative 模式。就投保资金(贡献金)所有权明晰度、投资基金退出机制安排、投保人信息分享透明度而言,WAKALAH/WAQF 模式是以上五种伊斯兰保险运营模式中的最佳选择;但就产品的流行度而言,MUDARABAH/WAKALAH 模式因为给伊斯兰保险机构足够的盈利动力(管理费+投资分红),而在主流市场(GCC 和 ASEAN)广为流行。

伊斯兰再保险(RETAKAFUL)也称分保,是保险人在原保险合同的基础上,通过签订分保合同,进行二次风险转嫁,将其所承保的部分风险和责任向其他保险人进行保险的行为。伊斯兰再保险的运作模式主要有四种,WAKALAH,MUDARABAH,WAKALAH WAQF 和 WADI'AH。

伊斯兰再保险与传统再保险在管辖法律、伊斯兰监管法规适用性、保险合同性质、缴款方式、保险风险管制机制及再保险商参与方面有诸多不同。在伊斯兰保险监管方面伊斯兰金融服务委员会(IFSB,Islamic Financial Services Board)为伊斯兰保险公司在:1)公司治理;2)财务与审慎性管理;3)透明度、报告与市场行为准则;4)监管、检查流程等方面颁布了六套标准与一项指引。但上述标准尚未被全球伊斯兰保险机构普遍采纳。

虽然伊斯兰保险市场发展空间巨大,但是目前还是伊斯兰金融市场最小的一个分支,银保一体化可以有效拓展伊斯兰保险营销渠道,伊斯兰保险在家庭保险、退休保险等方面渗透率低,还有极大的拓展空间。当然,伊斯兰保险同时也面临诸多挑战,例如缺乏统一的市场监管体系及标准、市场没有一个统一的会计标准、盈利压力大、人才匮乏等。

第十章

《巴塞尔协议Ⅲ》对伊斯兰银行业的影响

本章主要介绍

- 《巴塞尔协议Ⅲ》的出台背景及最新要求
- 《巴塞尔协议Ⅲ》对伊斯兰金融体系的影响
- 《巴塞尔协议Ⅲ》合规性伊斯兰债券
- 《巴塞尔协议Ⅲ》合规性伊斯兰债券发行所面临的问题

10.1 《巴塞尔协议Ⅲ》的出台背景及最新要求

《巴塞尔协议Ⅲ》(Basel Ⅲ)以全球银行业监管机构———国际清算银行(BIS,Bank of International Settlement)的所在地瑞士巴塞尔得名。国际清算银行(BIS)于1974年由十国集团中央银行行长倡议建立,其成员包括十国集团中央银行和银行监管部门的代表,委员会由比利时、加拿大、法国、德国、意大利、日本、卢森堡、荷兰、西班牙、瑞典、瑞士、英国和美国的银行监管当局及中央银行的高级官员所组成。委员会的秘书处设在位于巴塞尔的国际清算银行。

以"充分、有效的银行监管为核心原则",国际清算银行(BIS)下属的巴塞尔银行业条例和监督委员会的常设委员会———"巴塞尔委员会"从1975年至今所制定发布的一系列原则、协议、标准和建议,统称为巴塞尔文件体系(Basel Framework),它不仅是国际清算银行成员国中的中央银行进行统一监管的有机文件体系,也是国际金融体系的通行监管规则。其中巴塞尔协议(Basel Accord)是巴塞尔委员会通过的、最著名的协议,主要协议按其推出时间有以下三个:

10.1.1 《巴塞尔协议Ⅰ》(《Basel Ⅰ》):

1988 年通过的《关于统一国际银行的资本计算和资本标准的协议》,简称《巴塞尔协议Ⅰ》(Basel Ⅰ,1988 年):该协议反映出报告制定者监管思想的根本转变,即监管视角从银行体外转向银行体内,并主要从资本标准及资产风险两个方面对银行提出明确要求。主要内容包括:

1) 资本的分类:将银行的资本划分为核心资本和附属资本两类,对各类资本按照各自不同的特点进行明确地界定;规定银行必须同时满足总资本和核心资本两个比率要求,总资本和核心资本都必须按该协议中明确给定的标准进行计量和补充。

2) 风险权重的计算标准:根据资产类别、性质以及债务主体的不同,将银行资产负债表的表内和表外项目划分为 0%、20%、50% 和 100% 四个风险档次。

3) 《Basel Ⅰ》首次将表外资产纳入监管,并相应提出了资本充足性的要求。将表外业务的资产确定风险权重并相应计提资本金,提出了两种计量风险的办法:标准计量法和内部模型计量法 VaR(Value at Risk)。标准计量法是将市场风险分解为利率风险、股票风险、外汇风险、商品风险和期权的价格风险,然后对各类风险分别进行计算并加总;内部模型法是基于银行内部 VaR(Value at Risk)模型的计量方法,即将借款人分为政府、银行、公司等多个类型,分别按照银行内部风险管理的计量模型来计算市场风险,然后根据风险权重的大小确定资本金的数量要求。内部模型法的推出是当时的一大创新。

4) 《Basel Ⅰ》要求成员国各国中央银行的监管标准必须统一,1988 年至 1992 年为过渡期。正式执行从 1992 年开始。

10.1.2 《巴塞尔协议Ⅱ》(《Basel Ⅱ》):

1997 年亚洲金融危机爆发。巴塞尔委员会推出《有效银行监管的核心原则》草案,并于 1999 年提出了以三大支柱,即资本充足率、监管部门监督检查和市场纪律为主要特点的新资本监管框架草案,简称《巴塞尔新协议》或《Basel Ⅱ》。主要内容包括:

1)《Basel Ⅱ》提出银行监管三大支柱:(Ⅰ)最低资本要求,即银行最低资本充足率必须达到 8%,而核心资本充足率应为 4%;(Ⅱ)监管当局对银行资本充足率的监督检查;(Ⅲ)银行信息披露。

2)《Basel Ⅱ》提出了处理信用风险的办法,即标准法和内部评级法。尽管其侧重面仍是成员国家的"国际活跃银行"(internationally active banks),但巴塞尔委员会提出,《Basel Ⅱ》的各项基本原则普遍适用于全世界的所有银行。

3) 实施及目标:2006 年底《Basel Ⅱ》在十国集团(G10)国家全面实施,其主要的目标是:① 增进金融体系的安全与稳健;② 强调公平竞争;③ 采用更完备的方法来因应风险;④ 资本适足要求的计算方法,能与银行业务活动保持适当的敏感度;⑤ 以国际性的大型银行为重点,但也适用其他各类银行。

10.1.3 《巴塞尔协议Ⅲ》(《Basel Ⅲ》):

2008 年源于美国次贷危机的全球金融危机爆发。由于缺乏关于银行业资本信息披露详细程度和一致性的要求,市场参与者和监管者在对银行资本构成进行详细评估和跨国对比研究方面十分困难,这也增添了金融危机的不确定性(Gharar)。2010 年,巴塞尔银行监管委员会 27 个成员(包括中国)达成了全球银行业监管新规则——《巴塞尔协议Ⅲ》。《Basel Ⅲ》针对 2008 年全球金融危机中所暴露的监管缺陷和漏洞,进一步强化资本充足率监管框架,同时引入流动性监管框架和杠杆率监管指标,旨在强化银行业监管,加强金融风险防范和抵御能力。主要内容包括资本充足率、杠杆率和流动性管理。具体而言:

第一,在资本充足率方面,资本工具分为两类,一级资本(6%)和二级资本(2%)。

1) 提高最低资本充足率至 8%,具体为:

① 一级资本充足率(Tier 1 Capital,一级资本占风险加权资产的比率)下限从 4%上调到 6%。一级资本(Tier 1 capital)只包括普通股和永久优先股(不包括公开储备等),并将其中的普通股界定为核心一级资本。一级资本由两部分构成:

一是普通股最低要求(CET1, Common Equity Tier 1)比率为 4.5%,CET1 主要指直接发行的、符合条件的普通股资本和相关股票盈余及留存收益。

二是附加一级资本(AT1, additional Tier 1)比率为 1.5%,AT1 主要指直接发行的、合规的附加一级资本工具(如永久优先股等)和相关股票盈余及留存收益。

CET1 和 AT1 可用于在"持续经营资本"的基础上吸收损失。

② 二级资本充足率(Tier 2 Capital,二级资本占风险加权资产的比率)下限比率为 2%。二级资本主要包括非公开储备、重估储备、一般贷款损失准备、混合债务资本工具、中长期次级债务等。二级资本可以在"破产清算资本"的基础上吸收损失。

《Basel Ⅲ》把最低资本金比率要求从 6%提高至 8%,将建立一个更加安全的资本边际,使银行有更大的余地来应对经济衰退期的困难。《Basel Ⅲ》取消了专门用于抵御市场风险的三级资本。

2）设立留存缓冲资本（CCB，Capital Conservation Buffer），比率为2.5%。留存缓冲资本由扣除递延税项及其他项目后的普通股权益组成，一旦银行的留存缓冲资本比率达不到该要求，监管机构将限制银行拍卖、回购股份和分发红利。这一机制可防止一些银行在资本头寸恶化时也肆意发放奖金和高红利，从而将建立一个更加安全的资本边际，使银行有更大的余地来应对经济衰退期的困难。主要用于缓冲金融危机带来的资本损失。

3）设立反周期缓冲资本（CCCB，Counter Cyclical Capital Buffer），总额相当于普通股的0%—2.5%之间，在经济上行期计提资本，在经济下行期吸收损失。反周期缓冲资本的建立是为了达到保护银行部门避免过度信贷增长的更广的宏观审慎目标。对任何国家来说，这种缓冲机制仅在信贷过度增长导致系统性风险累积的情况下才产生作用。反周期的缓冲一旦生效，将被作为资本留存缓冲资本的扩展加以推行。各国根据自身情况具体实施。一般而言，只有在出现系统性贷款高速增长的情况下，商业银行才需计提反周期缓冲资本，大部分时间该项指标为零。

在正式执行《Basel Ⅲ》的新标准后，系统重要性银行最低总资本充足率为11.5%，非系统重要性银行为10.5%，提高了资本工具的损失吸收能力。

第二，限制银行杠杆率不低于3%，即一级资本与表内外总风险资产比率不低于3%。该比率为风险资本比率的补充指标。此举为银行体系杠杆率累积确定底线，缓释其不稳定的去杠杆化所带来的风险及对金融体系和实体经济带来的负面影响。

第三，在流动性方面，针对2008年金融危机暴露出的欧美银行体系融资模式的重大风险，即过渡依赖短期批发性融资和银行集团层面的流动性风险（如表外、市场巨变风险等），《Basel Ⅲ》推出建立流动性监管框架，弥补资本充足率监管的不足。主要包括两个基于压力测试的标准：（1）流动性覆盖率（LCR，Liquidity Coverage Ratio），用来确定在监管部门设定的短期严重压力情景下，银行所持有的无变现障碍的、优质的流动性资产数量，确保度过持续一个月的高压情景。（2）净稳定性融资比率（NSFR，Net Stable Funding Ratio），用来确定银行长期需要和可使用的、稳定的流动性资产的数量，确保其在较长时期内具有应对流动性风险的能力。为准确反映银行资产负债表的流动性情况，两个比率的计算都涉及对不同类型的资金来源进行分类、分层，然后在此基础上进行统一换算。

巴塞尔协议（Basel Accord）的价值得到了广泛的认同，在20世纪90年代以后成为一个世界性的标准,目前有超过 100 个国家将巴塞尔协议的框架运用于其本国的银行系统。巴塞尔协议其实质是为了完善与补充单个国家对商业银行监管体制的不足,减轻银行倒闭的风险与代价,是对成员国商业银行联合监管的最主要形式,并且具有很强的约束力。上述协议得到世界各国监管机构的普遍认同,并已构成国际社会普遍认可的银行监管国际标准。巴塞尔委员会事实上已成为银行监管国际标准的制定者。

《Basel Ⅲ》提出提高资本充足率,设立留存缓冲资本和反周期超额资本,引入杠杆比率和净稳定融资比率的要求,可以进一步降低银行系统的流动性风险,加强抵御金融风险的能力。同时,随着《Basel Ⅲ》于 2013 年 1 月开始逐步执行,各成员国的商业银行被要求在 2019 年 1 月全面达标,这将进一步推动商业银行重新调整、回归传统的业务模式和有机增长轨道,约束银行信贷资产高速扩张,并对银行提高资本补充提出了紧迫的要求。

10.2 《巴塞尔协议Ⅲ》对伊斯兰金融体系的影响

《Basel Ⅲ》要求各成员国从 2013 年 1 月起将协议列入法律当中,并且要求各成员国的商业银行必须满足其最低要求,并在 2019 年 1 月全面达标。

10.2.1 《Basel Ⅲ》资本充足率的具体内容及实施阶段时间表

	2013	2014	2015	2016	2017	2018	2019
Common Equity	Initial Compliance					Full Compliance	
Conservation Buffer				Initial Compliance			Full Compliance
Liquidity Coverage Ratio			Full Compliance				
Net Stable Funding Ratio						Full Compliance	
Leverage Ratio	Regulatory Reporting		Public Reporting			Full Compliance	
Countercyclical Capital Buffer				Anticipated Application			

资料来源:www.bis.org

	Capital components Basel Ⅲ	% of RWAs
1	Minimum common equity Tier 1 ratio	4.5
2	Capital conservation buffer common equity	2.5
3	Minimum common equity Tier 1 ratio+Capital conservation buffer (CCB[(1)+(2)])	7
4	Additional Tier 1 Capital	1.5
5	Minimum Tier 1 Capital ratio[(1)+(4)]	6
6	Tier 2 Capital	2
7	Minimum total Capital (MTC)[(5)+(6)]	8
8	Total Capital requirement-MTC+CCB[(7)+(2)]	10.5

资料来源：www.bis.org

实施内容及阶段（时间：当年1月）	2013	2014	2015	2016	2017	2018	2019
普通股权益比率下限（Minimum Common Equity Capital Ratio, CET1）	4.50%	4.50%	4.50%	4.50%	4.50%	4.50%	4.50%
附加一级资本（Additional Tier 1-AT1）	1.50%	1.50%	1.50%	1.50%	1.50%	1.50%	1.50%
一级资本比率下限（Minimum Tier 1 Capital=CET1+AT1）	6.00%	6.00%	6.00%	6.00%	6.00%	6.00%	6.00%
二级资本比率下限（Minimum Tier 2 Capital）	2.00%	2.00%	2.00%	2.00%	2.00%	2.00%	2.00%
总资本比率下限（Minimum Total Capital=Tier 1+Tier 2）	8.00%	8.00%	8.00%	8.00%	8.00%	8.00%	8.00%
留存缓冲资本（Capital Conservation Buffer）	0.00%	0.00%	0.00%	0.63%	1.25%	1.88%	2.50%
总资本与留存缓冲资本之和下限（Minimum Total Capital plus Capital Conservation Buffer）	8.00%	8.00%	8.00%	8.63%	9.25%	9.88%	10.50%
反周期缓冲资本计提范围（Counter Cyclical Conservation Buffer range）0—2.5%	0—2.5%	0—2.5%	0—2.5%	0—2.5%	0—2.5%	0—2.5%	0—2.5%

资料来源：www.bis.org

此外,在流动性方面,《Basel Ⅲ》要求各成员国银行从 2013 年 1 月起引进流动性覆盖率(LCR)和净稳定性融资比率(NSFR),并于 2015 年 1 月完成实施进度的 60%,于 2019 年 1 月完成实施进度的 100%。具体而言,

流动性覆盖率(LCR)

=高流动性资产储备/未来 30 日的资金净流出量>100%

流动性覆盖率(LCR)主要衡量短期压力情景下(30 日内)的银行流动性状况,旨在提高银行应对流动性中断的弹性。

净稳定性融资比率(NSFR)

=银行可用的稳定资金来源/银行发展业务所需的稳定资金来源>100%

净稳定性融资比率(NSFR)主要用于衡量银行账期的流动性风险,鼓励银行减少资产负债的期限错配,多用稳定的资金来支持资产业务的发展。

10.2.2 《Basel Ⅲ》对伊斯兰金融体系的影响

作为世界金融体系的有机组成部分,伊斯兰银行监管机构也要求伊斯兰银行体系遵守《Basel Ⅲ》的相关要求。从 2013 年 3 月至 2016 年 12 月,巴塞尔银行监管委员会下属监管一致性规划小组对 22 个成员国银行业基于《巴塞尔协议Ⅲ》风险项下的资本管理标准执行、流动性管理、全球系统性重要银行、国内系统性重要银行等方面进行了专项现场评估。有三个伊斯兰国家接受了相关评估,分别是沙特(风险资产架构及流动性管理,2015 年 9 月,14 项主要评估指标均达标,沙特中央银行——SAMA 做了 93 项整改);土耳其(风险资产架构,2016 年 3 月,14 项主要评估指标均达标);印尼(流动性管理,2016 年 12 月,5 项主要评估指标均达标,印尼中央银行——OJK 做了 26 项整改)。

总体而言,《Basel Ⅲ》的相关要求对伊斯兰金融机构的主要影响如下表所示:

此外,系统重要性银行附加计提 1%—2.5%资本的要求对于伊斯兰银行影响有限,因为全球伊斯兰银行目前的规模有限。但就具体国家而言,如伊朗、苏丹、沙特、科威特、卡塔尔等国,伊斯兰金融资产占比普遍超过了 20%,伊斯兰银行在上述国家存在着系统重要性的风险。

伊斯兰金融机构因落实《巴塞尔协议Ⅲ》新规定而带来的主要风险与成本包括:

1) 新增操作性风险;

2) 新增风险管理系统;

Basel III相关要求对伊斯兰金融机构的影响

		Basel III相关要求	对伊斯兰金融机构的影响
资本要求 (Capital Requirement)	资本结构 (Capital Structure)	**资本质量 (Capital Quality)** 监管重点从Basel II的一级资本和二级资本转向核心一级资本 (Core Tier 1) 监管体系建立在股权和或有资本上,而非债务上	Basel III降低了传统金融机构在债务融资方面的资本成本优势,将传统金融机构与伊斯兰金融机构置于统一监管标准平台项下
		资本减计 (Capital Deduction) 强化了核心一级资本 (Core Tier1)的要求,并将非公开储备、重估储备、一般贷款损失准备、混合债务资本工具、中长期次级债务等归入二级资本	对于伊斯兰金融机构而言,应加快发展符合伊斯兰监管的银行二级资本结构
		风险资产(RWA) 增加了场外交易衍生品风险加权资产要求 按市价调整计值产生的损失需要进行相应的资本计提	对场外衍生品风险加权资产之影响没有增加 按市价调整计值的方法有可能影响伊斯兰债券的资本计提
	资本比率 (Capital Ratio)	**一级资本比率 (Tier1 Capital Ratio)** 核心一级资本(Core Tier1): 4.5%;一级资本比率:6%	对传统金融机构而言,该项指标调整将影响其资本损失计提
		缓释资本比率 (Buffer Capital Ratio) 留存缓冲资本(CCB, Capital Conservation Buffer)比率为2.5%;反周期缓冲资本(CCCB, Counter Cyclical Capital Buffer)比率:0%, 2.5%	对伊斯兰金融机构而言,该项指标调整影响很小因其资本通常较为雄厚
杠杆比率(Leverage Ratio)		限制银行杠杆比率不低于3%	该指标要求将影响传统金融机构的贷款能力; 对伊斯兰金融机构而言,该项指标影响有限因其杠杆能力已经受到伊斯兰监管的制约
流动性要求 (Liquidity Requirements)		**流动性覆盖比率 (LCR, Liquidity Coverage Ratio)** LCR用来测试确定在监管部门设定的短期严重压力情景下,银行所持有的无变现障碍的、优质的流动性资产数量,确保度过持续一个月的高压情景	该指标将敦促伊斯兰金融机构加强流动性管理,但目前伊斯兰金融机构: 1) 在流动性管理方面普遍缺乏竞争力,主要原因在于市面上缺乏AAA级、合理定价、符合伊斯兰监管、可自由交易的流动性产品; 2) 全球尚未形成一个统一的伊斯兰银行间流动性市场; 3) 外币风险可能上升。
		净稳定资金比率 (NSFR, Net Stable Funding Ratio) NSFR用来测试确定银行长期需要和可使用的、稳定的流动性资产的数量,确保其在较长时期内具有应对流动性风险的能力	各地监管机构对Basel III的具体执行效果起到了非常重要的作用。

3) 新增风险报告系统;

4) 压力测试体系建设等。

为帮助伊斯兰金融机构更好地落实《巴塞尔协议Ⅲ》，伊斯兰金融服务委员会(IFSB, Islamic Financial Services Board)推出新的监管条例 IFSB—15。在资本充足率方面，IFSB—15 在 IFSB 之前颁布的两套标准 IFSB—2(资本充足率标准)和 IFSB—7(伊斯兰债券、资产证券化和地产投资资本充足率标准)的基础上作了进一步完善和提高。IFSB—15 重新定义了核心一级资本充足率(Tier 1 Core Capital)只包括普通股。而优先股只能纳入附加一级资本(AT1—additional Tier 1)。在有些国家如马来西亚，只有投资于符合伊斯兰监管要求的优先股才能算作附加一级资本。此外，Perpetual Musharakah Sukuk 也被纳入附加一级资本(AT1—additional Tier 1)。而期限为五年或以上的 Mudarabah Sukuk 和 Wakalah Sukuk 则被纳入二级资本(Tier 2 Capital)。总而言之，IFSB—15 强调了在《巴塞尔协议Ⅲ》执行阶段 Sukuk 等产品资本充足率的重要性。二者区别如下表所示：

	Basel Ⅲ	IFSB—15
Core Tier 1	Common Stock	Common Stock
Other Tier 1	Preferred Stock Hybrid Securities	Preferred Stock Musharaka Sukuk
Tier 2	Subordinated Bonds and Loans	Mudaraba Sukuk Wakala Sukuk (with an initial maturity of at least 5 years)

资料来源：www. bis. org, IFSB

此外，IFSB 还颁布了 IFSB—16 监管审查执行细则以及三个指导原则：GN—2(MUDARABAH 交易风险管理及资本充足率标准)；GN—4(IFSB 资本充足率标准：ALPHA 值之确认)；GN—6(伊斯兰金融服务流动性风险管理量化指标(不含伊斯兰保险))。

10.3 《巴塞尔协议Ⅲ》合规性伊斯兰债券

10.3.1 《Basel Ⅲ》合规性伊斯兰债券发行模式

在资本充足率方面，《Basel Ⅲ》规定附加一级资本(AT1—additional Tier 1)最低比率为 1.5%。从某种意义上看，附加一级资本工具(AT1)实际上兼有股权和债权的特性，可以为投资者提供固定回报，并可用于在"持续经营资本"的基础上吸收损失。

为遵守《Basel Ⅲ》的相关要求,伊斯兰资本市场做出相应的创新。2012 年 11 月,全球第一个《巴塞尔协议Ⅲ》附加一级资本(AT1)合规性伊斯兰债券问世,发行人为阿联酋的阿布扎比伊斯兰银行(Abu Dhabi Islamic Bank),金额 10 亿美元。随后在 2013 年 12 月,全球第一个《巴塞尔协议Ⅲ》二级资本(T2)合规性伊斯兰债券发行,发行人为阿联酋的迪拜伊斯兰银行(DUBAI Islamic Bank),金额 10 亿美元。

《巴塞尔协议Ⅲ》一级资本(T1)合规性伊斯兰债券发行模式如下图所示:

T1 Sukuk 发行模式结构示意图

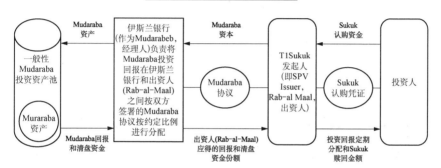

T1 Sukuk 发行流程基本如下:

1. T1 Sukuk 发起人成立一个特殊目的公司(SPV)向投资人发行一级资本(T1)合规性伊斯兰债券(该债券为永续债券且无固定赎回日),募集投资人资金并将其作为 Mudaraba 资本金转给伊斯兰银行;此时,T1 Sukuk 发起人的角色是出资人(Rab-al-Maal)。

2. 根据伊斯兰银行与 T1 Sukuk 发起人(Rab-al-Maal,出资人)签订的某个(某几个)项目 Mudaraba 协议(即合伙制利益分享合同),双方形成合伙关系。此时,伊斯兰银行是受托经理人(Mudarabeb),负责该 T1 Sukuk 合规性伊斯兰债券所募集而来的资金的具体投资事宜。

3. 根据双方已签署的 Mudaraba 协议,该资金可以被用于单独投资于某个(或某几个)项目,也可由伊斯兰银行视其经营具体需要,与伊斯兰银行自有资金混合投资于其项目池中的某个(或某几个)项目。

4. 根据双方已签署的 Mudaraba 协议,在扣除伊斯兰银行自有资金投资回报后,剩余投资回报将由伊斯兰银行按照与出资人事先约定的比例进行分配,然后出资人按照债券招募说明书的约定将回报转付给投资人。

5. 在进行投资回报分配前,伊斯兰银行必须首先保证其偿债能力和资本充足率符合相关监管要求。

6. 在第一个赎回日或回报分配日后,伊斯兰银行有权自行决定将该 T1 合规性伊斯兰债券进行整体清盘。如遇税务或资本问题,伊斯兰银行有权自行决定将该债券在任何一天进行整体清盘。

7. 如遇银行破产清算,伊斯兰银行有权自行决定将该债券在任何一天进行整体清盘。

《巴塞尔协议Ⅲ》二级资本(T2)合规性伊斯兰债券发行模式如下图所示:

T2 Sukuk 发行模式结构示意图

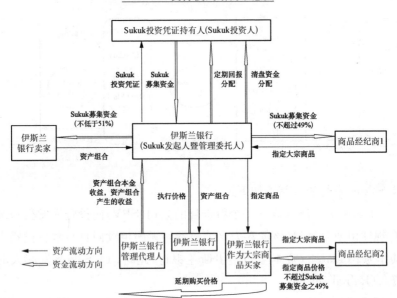

T2 Sukuk 发行流程基本如下:

1. 伊斯兰银行成立一家 T2 Sukuk 发行管理公司,作为 Sukuk 发起人,负责为伊斯兰银行发行 T2 Sukuk,并同时为投资人管理 T2 Sukuk 募集资金和回报分配。

2. T2 Sukuk 发行管理公司作为发起人向投资人发行 T2 Sukuk,募集资金。该募集资金投资主要分为两部分:1)不少于 51% 的部分,由伊斯兰银行通过资产管理方式运行;2)不高于 49% 的部分,由 T2 Sukuk 发行管理公司和伊斯兰银行通过投资大宗商品的方式运行。

3. T2 Sukuk 发行管理公司将募集而来的资金(不低于 51%)转给伊斯兰银

行,用于构建投资组合,该资产可能包括:1)若干非房地产类资产(如融资租赁类——Ijara 资产组合);和 2)其他 Sukuk 投资凭证。伊斯兰银行负责管理该投资组合,并委托 T2 Sukuk 发行管理公司定期将投资回报分配给 Sukuk 投资者。

4. T2 Sukuk 发行管理公司作为发起人将募集而来的资金(不高于 49%),以现货价格(spot price)用于向商品经纪商购买符合伊斯兰监管要求的大宗商品(可以是在伦敦商品交易所交易的金、银等贵金属商品,也可以是其他商品);交易方式可以是柜台交易,也可以是交易所交易。伊斯兰银行和 T2 Sukuk 发行管理公司共同管理该投资组合,伊斯兰银行并委托 T2 Sukuk 发行管理公司定期将投资回报分配给 Sukuk 投资者。

5. 上述购买交易完成后,T2 Sukuk 发行管理公司将同时以背靠背的方式将上述大宗商品以 Murabaha(成本加价方式)出售给伊斯兰银行,交易价格是上述交易价格加上当期将要支付给 Sukuk 投资人的投资回报;交割方式是即期交割,付款方式是远期付款;此时伊斯兰银行是该大宗商品的买家和所有者。

6. 上述购买交易完成后,伊斯兰银行将同时以背靠背的方式将上述大宗商品出售给另一家商品经纪商,交割方式是即期交割,付款方式是即期付款,交易价格视双方合同约定而定。

7. 在 Sukuk 到期日,T2 Sukuk 发行管理公司将要求伊斯兰银行以 Sukuk 发行时约定的执行价格回购该 Sukuk。

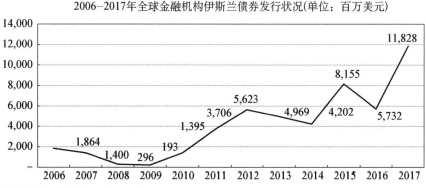

2006-2017年全球金融机构伊斯兰债券发行状况(单位:百万美元)

资料来源:IIFM Sukuk Database

10.3.2 《Basel Ⅲ》合规性伊斯兰债券发行情况

全球金融机构一直是伊斯兰债券(Sukuk)发行的主力军。在 2003－2005

年间,全球金融机构共发行了 7.35 亿美元 Sukuk,在 2006 年全球金融机构 Sukuk 发行量第一次超过 18 亿美元。之后由于全球金融危机的影响,全球金融机构 Sukuk 发行量逐年走低,在 2009 年到达近 10 年的低谷 1.93 亿美元。之后随着全球经济转暖,各主要行业实行宽松货币政策以刺激经济复苏以及《巴塞尔协议Ⅲ》各项标准陆续推广和落实点燃了各伊斯兰银行发行《巴塞尔协议Ⅲ》合规性伊斯兰债券的热情,全球金融机构 Sukuk 发行量快速反弹,于 2012 年突破 56 亿美元,2015 年突破 81 亿美元,并于 2017 年第一次站上 118 亿美元高点。截至 2016 年底,伊斯兰银行业核心市场如马来西亚、沙特、阿联酋、卡塔尔、土耳其、巴基斯坦等国共发行了 102 亿美元的《巴塞尔协议Ⅲ》合规性伊斯兰债券,发行模式主要是 Murabaha 或是 Murabaha 与 Mudaraba 混合模式,其中 T2 Sukuk 占比达 67.43%,AT1 Sukuk 占比为 32.57%。

具体发行情况如下页表所示:

在发行数量上,马来西亚(6)、沙特(5)、阿联酋(3)位居前三甲。在发行金额占比上,沙特(59%)、阿联酋(36%)、马来西亚(14%)名列前三。

从发行资本种类上来看,《巴塞尔协议Ⅲ》合规性伊斯兰债券约 1/3 补充附加一级资本(AT1),约 2/3 补充二级资本(T2)。

从发行结构分析,《巴塞尔协议Ⅲ》合规性伊斯兰债券中,股权合伙(Mudarabah)为 55%,混合型(Hybrid)为 31%,成本加价型(Murabahah)为 12%,租赁(Ijarah)为 2%。

在流动性方面,《巴塞尔协议Ⅲ》(《Basel Ⅲ》)要求各成员国银行从 2013 年 1 月起引进流动性覆盖率(LCR)和净稳定性融资比率(NSFR),并于 2015 年 1 月完成实施进度的 60%,于 2019 年 1 月完成实施进度的 100%。对伊斯兰金融体系而言,这是一个不小的挑战。因为流动性覆盖率(LCR)所需要的高流动性资产储备在伊斯兰资本市场极为短缺,而这些高流动性资产储备还必须符合伊斯兰监管的要求,更令其奇货可居。

为了解决这一问题,全球主要的伊斯兰中央银行会同伊斯兰开发银行(IDB)和伊斯兰流动性管理中心(IILM)共同商讨对策。2013 年 8 月,IILM 发行了第一个高评级、短期伊斯兰债券(Sukuk,期限 3 个月,金额 4.9 亿美元)用于解决伊斯兰金融机构跨境流动性管理需求。该债券受到伊斯兰资本市场热烈欢迎。截至 2018 年底,IILM 共发行了 61 期、总额为 368.2 亿美元的 2—6 个月短期伊斯兰债券,极大地满足了伊斯兰银行业短期融资需求。截至 2018 年底,IILM 短期伊斯兰债券余额为 20.6 亿美元,债券平均回报率约为 2.42%。

SUKUK	STRUCTURE	COUNTRY	ISSUE DATE	TENOR (YEARS)	TICKET SIZE	TYPE OF CAPITAL
ADIB CAPITAL INVEST 1 LTD	MUDARABAH	UAE	Nov 2012	Perpetual (call able 5—year)	USD1BN	AT1
DIB TIER 1 SUKUK LTD	MUDARABAH	UAE	Mar 2013	Perpetual (call able 6—year)	USD1BN	AT1
SHB TIER 2 SUKUK	HYBRID	SAUDI ARABIA	Dec 2013	10 years (callable 5—year)	SAR2.5BN	T2
SABB TIER 2 SUKUK	HYBRID	SAUDI ARABIA	Dec 2013	7 years (callable 5—year)	SAR1.5BN	T2
NCB TIER 2 SUKUK	MUDARABAH	SAUDI ARABIA	Feb 2014	10 years (callable 5—year)	SAR5.0BN	T2
AM ISLAMIC	MURABAHAH	MALAYSIA	Feb 2014	10 years(callable 5—year)	MYR200M	T2
AM ISLAMIC	MURABAHAH	MALAYSIA	Mar 2014	10 years (callable 5—year)	MYR150M	T2
MAYBANK ISLAMIC	MURABAHAH	MALAYSIA	Apr 2014	10 years (callable 5—year)	MYR1.5BN	T2
RHB ISLAMIC	MURABAHAH	MALAYSIA	May 2014	10 years (callable 5—year)	MYR500M	T2
SAUDI INVESTMENT BANK	HYBRID	SAUDI ARABIA	Jun 2014	10 years (callable 5—year)	SAR2.0BN	T2
PUBLIC ISLAMIC	MURABAHAH	MALAYSIA	Jun 2014	10 years (callable 5—year)	MYR500M	T2
HONG LEONG ISLAMIC	IJARAH	MALAYSIA	Jun 2014	10 years (callable 5—year)	MYR400M	T2
BANQUE SAUDI FRANSI	HYBRID	SAUDI ARABIA	Jun 2014	10 years (callable 5—year)	SAR2.0BN	T2
AL HILAL BANK	MUDARABAH	UAE	Jun 2014	Perpetual (call able 5—year)	USD500M	AT1

资料来源：KFH，MIFC

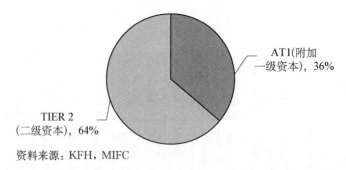

BASEL III合规性伊斯兰债券发行类别(截至2014年底)

AT1(附加
一级资本), 36%

TIER 2
(二级资本), 64%

资料来源：KFH，MIFC

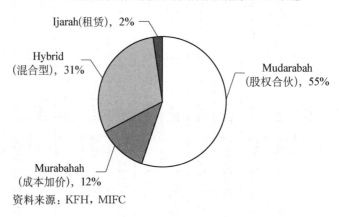

BASEL III合规性伊斯兰债券发行结构类别(截至2014年底)

Ijarah(租赁), 2%

Hybrid
(混合型), 31%

Mudarabah
(股权合伙), 55%

Murabahah
(成本加价), 12%

资料来源：KFH，MIFC

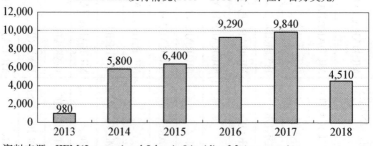

IILM Sukuk发行情况(2013—2018年，单位：百万美元)

资料来源：IIFM(International Islamic Liquidity Management)

《巴塞尔协议III》伊斯兰金融体系引进国际监管标准，为成为国际金融体系不可或缺的有机成员打开了大门。可以预见，随着《巴塞尔协议III》各项标准的陆续推行和落实,《巴塞尔协议Ⅲ》合规性伊斯兰债券的发行数量和规模还有很大的成长空间。

10.4 《巴塞尔协议Ⅲ》合规性伊斯兰债券发行所面临的问题

《Basel Ⅲ》合规性伊斯兰债券大多以 Mudaraba(合伙制利益分享合同)模式发行,这使其同时具有股权和债权的特点,并异于传统债券。但在其发展过程中,《Basel Ⅲ》合规性伊斯兰债券同时还面临如下的问题困扰。

1) 对伊斯兰银行资产负债表的影响

伊斯兰银行存款的主要来源是限制性和非限制性利润分享投资账户基金(PSIA,Profit Sharing Investment Account),其期限一般较 T1 和 T2 Capital Sukuk 短,且其压力测试的历史记录也较短,这将会给伊斯兰银行的资产负债表管理带来不小的压力。

2) 发行成本较高

在那些资本市场发育不够充分的伊斯兰国家,发行 T1 与 T2 合规性伊斯兰债券的成本同发行传统债券相比会更高,不具吸引力。因此,当地伊斯兰银行更多选择发行普通股(CET1)和业务内生性增长补充资本金。比如土耳其伊斯兰银行的充足率在 14%-16% 之间,其中 85%-90% 都是通过发行普通股实现的。

3) 资产规模挤压效应

对那些贷款组合中长期项目贷款占多数的伊斯兰银行来说,从成本考虑,发行合规性伊斯兰债券未必是一个最佳选择,这些银行更有可能压缩本行的贷款规模以期达到《巴塞尔协议Ⅲ》的监管要求。

4) 伊斯兰监管合规性要求尚无统一规范

许多伊斯兰银行是以 Mudarabah 或 Ijarah 模式发行合规性伊斯兰债券,而这并不符合 IFSB Sukuk 的相关监管要求。此外,对于 AT1 合规性伊斯兰债券有关贷款损失计提方面,各伊斯兰银行监管委员会与 IFSB 亦有不少分歧。例如,阿联酋本地版的《巴塞尔协议Ⅲ》就不允许金融机构在债券发起人面临破产时对该项投资进行债转股的会计处理。如何弥合这一监管口径差距,目前尚无定论。

5) 监管审批口径不一

目前只有三个国家(马来西亚、沙特、阿联酋)对其境内的伊斯兰银行完全放开了 T2 和 AT1 合规性伊斯兰债券的审批。其他国家在这方面都较保守,且对 IFSB 的相关政策的反映也不够积极。因此,这在某种程度上阻碍了合规性伊斯兰债券市场的发展,也限制了这些国家伊斯兰银行业的发展。

6)二级市场交投有限

目前《Basel Ⅲ》合规性伊斯兰债券绝大部分为机构投资者,其交易策略是购买后持有至债券赎回日,这令到该债券市场交投相当有限。

7)破产清算执行有待观察

目前《Basel Ⅲ》合规性伊斯兰债券募集说明书上都会注明在破产清算时,伊斯兰银行应保证 Sukuk 投资人的最初投资本金安全,即若资产清算资金低于投资人的最初投资本金,伊斯兰银行有义务补足其中差额。但过去十年,尚未有发行《Basel Ⅲ》合规性伊斯兰债券的伊斯兰银行遇到过破产清算的情形,因此,该项规定如何有效执行尚待观察。

总结:

本章主要介绍了《巴塞尔协议》的演化过程,特别介绍了《巴塞尔协议Ⅲ》的最新要求及其对伊斯兰金融体系的影响。

随着《巴塞尔协议Ⅲ》各项标准陆续推广和落实,截至 2014 年底,共有 13 家伊斯兰银行发行了 14 只《巴塞尔协议Ⅲ》合规性伊斯兰债券,总额达 69.3 亿美元。《巴塞尔协议Ⅲ》合规性伊斯兰债券的发行不仅是伊斯兰资本市场在符合伊斯兰监管合规性前提下的一项创新,而且为伊斯兰金融体系引进国际监管标准,成为国际金融体系不可或缺的有机成员打开了大门。可以预见,随着《巴塞尔协议Ⅲ》各项标准的陆续推行和落实,《巴塞尔协议Ⅲ》合规性伊斯兰债券的发行数量和规模还有很大的成长空间。

目前看来,《巴塞尔协议Ⅲ》给伊斯兰银行业带来的最大挑战是伊斯兰银行如何能够达到高流动性资产配置方面的相关要求而不影响其盈利水平和市场竞争力。

伊斯兰金融术语中英文参考(A-Z)

Islamic finance Glossary of terms and contacts	English Illustration	中文解释
ABS	Asset-based Securitisation	资产证券化
Absentes	A contract where the parties are not present at the time of agreement	缺席合同(合同当事方在达成协议时并不在场)
Accounting and Auditing Organisation for Islamic Financial Institutions (AAOIFI)	Set up in 1991 to develop new standards and encourage the application of these standards, AAOIFI is now recognised as the main standard-setting organisation within Islamic finance. Since inception they have issued up to 70 standards on accounting, auditing and governance, in addition to codes of ethics and Shari'ah standards.	伊斯兰金融机构会计与审计组织,于 1991 年成立,致力于制定新的标准并鼓励这些标准的应用,AAOIFI 是目前公认在伊斯兰金融机构内主要标准的设计机构。自成立以来,该组织已经发行了 103 套新标准,涵盖会计、审计和公司治理,以及符合伊斯兰道德和伊斯兰教义的各类标准。AAOIFI2006 年成功颁布了 21 号符合伊斯兰教义的金融准则,其中的第 17 号涵盖了伊斯兰债券投资;第 20 号涵盖了大宗商品交易;第 21 号涵盖了金融证券(股票和债券)。
Al-kharaj bi al-daman	The concept that the size of reward should correspond to the level of risk involved.	回报与风险须匹配的概念。
Amanan	Trust. This is not a contract as such, but is a feature or a requirement in some specific contracts that impose on one of the parties to disclose the actual cost price, such as in murabahah sale as.	信任/信托/托管(协议),指买卖双方的关系建立在信任基础之上,这并不是一个合同,而仅是该协议的一个特点或在某些特定的合同的特别要求,即要求当事人之一方披露其实际成本价格的要求。其他销售合同如讨价。

续表

Islamic finance Glossary of terms and contacts	English Illustration	中文解释
	compared to negotiated price sale (musawwamah) with no requirement for such disclosure.	销售合同（musawwamah）则没有要求作这样的披露。
	Amanah relates to the part of the buyer/seller relationship that is based on trust. This might occur where the financial institution buys goods from a third party vendor on the request of the institution's customers, which will subsequently purchase the goods from the financial institution.	信托涉及买方/卖方的关系是基于彼此信任的基础。这可能发生在金融机构应其客户要求从第三方贸易商购买商品，金融机构的客户随后将从金融机构购买该商品。
	Upon purchasing the goods from the vendor, the financial institution assumes risks relating to the specified asset until the point of purchase by the buyer. An amanah, or trusteeship, is required of the seller/financier to disclose the actual cost of the goods purchased from the vendor before selling it to the customer at cost plus mark-up.	金融机构从供应商购买商品后，就开始承担与此项资产相关的风险。在 AMANAH（信托/托管）下要求卖方/金融机构在以成本加上利润将上述资产转卖给顾客时，须将购买该资产的实际成本披露给顾客。
	Another example of amanah being introduced into an Islamic financial arrangement would be wadiah yad-amanah, which is where a bank, as the custodian, undertakes the task of safekeeping the assets or funds deposited by a customer in a safe custody contract, based on trusteeship. It is executed between two parties, namely the depositor (owner) and the bank (custodian).	另一个有关 AMANAH（信托/托管）例子，就是伊斯兰金融机构安排 wadiah Yad 信托协议。该协议有两方当事人：即银行（作为托管人），负责保管客户（所有人）存入的资产或资金。

续表

Islamic finance Glossary of terms and contacts	English Illustration	中文解释
	The liability of the custodian triggers only in cases of negligence and misconduct. This is to distinguish between safe custody contracts, which are based on liability, and this safe custody contract, which relies on trusteeship.	对保管人而言,只有在其有疏忽和不当行为时才负保管责任。这是区别AMANAH(信托/托管)协议与保管合同的主要区别,保管合同基于合同,AMANAH(信托/托管)协议基于托管。
	It establishes the liability of one of the parties, whereby a contract that is featured as Amanah will not inflict any legal liability on the part of the custodian, except in the case of negligence and misconduct.	它确立了一方当事人(托管人)的责任,即在信托协议下托管人除了其自身有疏忽和不当行为外,无需负任何法律责任。
	Key principles of amanah: requires a true and honest disclosure of the cost price in all Amanah-based sales.	Amanah的核心原则:要求在所有以Amanah为基础的销售活动中必须把真实诚信的价格信息披露出来;受托人只有自己存在任何疏忽时才可以被要求负责。
AOA	Articles of Association	公司章程
'Aqd['aqad]	Contract	合同
Aqilah	Blood Money	血酬,血汗钱
'Ariyah	Provision of the right to use at no consideration (loan).	提供无需付费/预定金而使用的权利;无需付费/预定金的使用权的规定。
Ashum	Shares	股份

续表

Islamic finance Glossary of terms and contacts	English Illustration	中文解释
BAFIA	Banking and Financial Institutions Act 1989, issued by the central bank of Malaysia-Bank Negara Malaysia (BNM), which came ino force on 01 October 1989, licenses and regulates institutions, which include banks, finance companies, merchant banks, discount houses and money-broking institutions.	银行与金融机构法 1989，由马来西亚中央银行颁布，1989 年 10 月 1 日起正式执行，内容涵盖银行与金融机构(含银行、金融公司、商人银行、票据贴现发放与管理等)经营执照现金融与货币经纪机构)经营执照现金发放与管理等相关规定
Bai al'—Inah	An arrangement to sell and buy back or buy and sell back an asset between the financer and the customer to facilitate cash financing.	典当/或类似典当的，通过买卖资产的筹资活动
Bai'al-sarf	money exchange	货币兑换
Bancassurance	Insurance offered or marketed through banks instead of through insurance branches or agents	银行保险业
Bay'[bai']	Sale	销售
Bay'al-dayn	The sale of debt	债务销售
Bay'al-Inah	Sell and buy-back to obtain cash	先卖后买回以筹措资金
Bay'al-murabahah	Sale of a commodity at cost price plus a known profit	以成本价加上双方认可的利润销售某商品
Bay'al-tawliyah	Sale at cost without profit or loss	以成本价平价销售某商品

续表

Islamic finance Glossary of terms and contacts	English Illustration	中文解释
Bay'al-wadiah	Sale below the cost price or at a discounted price	以低于成本价/折扣价销售某商品
Bay'mu'ajjal	Deferred payment sale	赊销；延期付款销售
Bayt al-mal	Government treasury	国库；财政部
BBA	BBA（Bai'Bithaman Ajil），Bay'Bithaman Ajil, deferred payment sales for Islamic bond	赊销伊斯兰债券；延期付款销售
BIMB	Bank Islam Malaysia Berhad, the first Islamic bank in Malaysia, founded in 1983.	马来西亚伊斯兰银行，马来西亚第一家伊斯兰银行，于1983年成立。
BIS	Bank for International Settlement	国际清算银行
BLME	Bank of London and The Middle East, launched a stand-alone, wholesale Shari'ah compliant bank based in the city of London in 2007.	伦敦中东银行，伦敦城内第一家完全遵循伊斯兰教义的从事批发业务的银行，于2007年成立。
BNM	Bank Negara Malaysia (Malaysian Central Bank)	马来西亚中央银行
BNN	Bank Negara Negotiable Notes	马来西亚中央银行发行的可转让票据
BOD	Board of Directors	董事会
BSAS	Bursa Suq Al'Sila, provides the commodities required by Islamic banks in Malaysia to undertake their comodity murabaha financing products, BSAS is the first fintech platform to utilise Islamic smart contract in the world.	马来西亚伊斯兰金融智慧商品合同交易平台

277

续表

Islamic finance Glossary of terms and contacts	English IIlustration	中文解释
CBB	Central Bank of Bahrain, formerly the Bahrain Monetary Agency(BMA), founded in 1973, is the sole financial authority that regulates both conventional and Islamic financial serxaces based on a single legislation.	巴林中央银行,之前称巴林货币管理局,成立于1973年,是巴林于单一管理体系下同时管理世俗传统的和伊斯兰金融服务的唯一监管机构。
CBK	Central Bank of Kuwait	科威特中央银行,成立于1968年,是科威特境内所有银行的监管机构。
CBU	Central Bank of United Arab Emirates, founded on 11 December of 1980, acting as the central bank for banks operating in the UAE and supervises the effectiveness of the banking system in the country.	阿联酋中央银行,成立于1980年12月11日,是阿联酋境内所有银行的监管机构。
CIS	Collective Investment Scheme, where the financial institution acts in trust to administer and manage the fund separately from other fund providers.	集体投资计划,在该计划中金融机构受托管理出资人的资金。
CIU	Collective Investment Undertakings	共同投资基会
CP	Commercial Paper	商业票据
Darurah	A necessity or emergency. This is a condition in which aspects of Shari'ah may be suspended in order to preserve life, or to assure the safety of the Muslim community, or an mdividual.	万一/不时之需,为保护生命,或为保证穆斯林团体/个人的安全,相关的伊斯兰教义可以暂时不予考虑。

续表

Islamic finance Glossary of terms and contacts	English Illustration	中文解释
DFA	DFA-DIFC Authority	迪拜金融中心下设机构，迪拜国际金融中心管理局负责制定迪拜国际金融中心的政策，营销迪拜国际金融中心的战略开发、经营管理。营销以及行政管理。迪拜国际金融中心管理局还负责不受迪拜金融服务局监管的非金融服务活动法律法规的执行。
DFSA	Dubai Financial Services Authority, regulates all financial and ancillary serxaces undertaken in or from DIFC(Dubai International Financial Center).	迪拜金融中心下设机构，迪拜金融服务管理局（DFSA）是一个独立的风险监管机构，负责颁发经营许可证并管理迪拜国际金融中心内部或来自该中心的各类金融服务公司的活动。采用国际公认标准为模型的原则性基本法规，迪拜金融服务管理局制定了一整套适合该中心的监管制度。
DIFC	Dubai International Financial Center	迪拜国际金融中心（DFIC）是一个根据阿联酋首联邦法律和迪拜酋长国法律设立的联邦金融自由区，由迪拜副酋长担任主席，主持迪拜国际金融中心高级董事会（DIFC Higher Board）的工作。该董事会负责监管迪拜国际金融中心旗下的三个监管机构的运转，确保这三个机构通过更高层次的协调，在不影响它们各自独立性的前提下，和谐一致地运行。迪拜国际金融中心的总裁由金融中心高级董事会主席任命，任期4年。总裁与中心监管机构充分协商，提出战略、策略和目标，设立各种委员会和签署备忘录，以便实现这些目标并监管金融中心的运营。
DIFX	Dubai International Financial Exchange	迪拜国际金融交易所

279

续表

Islamic finance Glossary of terms and contacts	English Illustration	中文解释
DJA	Dubai International Financial Center Judicial Authority	迪拜国际金融中心司法管理局,迪拜金融中心下设机构,实行独立的普通法系司法体制,负责金融中心内部所有民事和商业纠纷的司法和执法活动。
DJIM	Dow Joans Islamic Market Index	道琼斯伊斯兰市场指数
DR	Depository Receipts	存托凭证.存款单
ED	Exposure draft	征求意见草案/讨论稿
ELN	Equity Linked Notes	股票挂钩票据
Emas Designation	首选之地	emas是马来西亚语"金子"的意思,意味着普世价值和安全性。马来西亚灵活话的外汇管理完善普的法律体系使其成为其 Sukuk 国际发行地之首选地(Emas Designation)。
ETF	Exchange-traded funds	交易所交易基金
faquih	jurist	裁定官
fatwa	judgement	伊斯兰教义规定,裁决
FNP	Fit-and Proper	合适且合理,是伊斯兰金融机构及伊斯兰监管委员会挑选其主要管理人员的核心原则

续表

Islamic finance Glossary of terms and contacts	English Illustration	中文解释
FIQH	jurisprudence	费格赫(Fiqh)被界定为宗教的实际规则。伊斯兰法学家以此衍生出教法渊源学(Usul al-fiqh,"法学理论","法理准则")。根据伊斯兰的法理,法律根源有四(穆罕默德的言行,以优先次序排列为:古兰经,圣行(穆罕默德的言行)、法学家的共识(伊制马)及类比论证(格雅斯)。对早期的伊斯兰法学家来说,法理不如将法律的实际应用来得重要。在九世纪,法学家沙斐仪将法律原则(包括四个来源)编成法典,为伊斯兰法律提供了理论性的基础。
Faraid	Inheritance	继承
Fiqh	Islamic substantive law	伊斯兰实体法
Fiqh al-muamalah	Islamic commercial law	伊斯兰民商法
Five pillars of Islanmic finance		伊斯兰金融的五大支柱:先知穆罕默德说:"伊斯兰教建立在五项基础上,即作证万物非主,惟有真主;穆罕默德是真主的使者,礼拜,斋戒,交纳天课,朝觐。"这五项功修简称"念礼斋课朝"互功。
GAAPs	General Accepted Accounting Principles	一般公认会计原则
GCC	Gulf Cooperation Council countries, including Bahrain, Kuawait, Oman, Qatar, Saudi Arabia, and the United Arab Emirates	海湾合作委员会,成员国包括巴林,科威特,阿曼,卡塔尔,沙特和阿联酋

续表

Islamic finance Glossary of terms and contacts	English Illustration	中文解释
General Term Investment deposits	one type of deposits in Iran, variable return within a range fixed by central bank where minimum and maximum rates are permissible	一般投资存款,伊朗的一种存款账户,无固定回报,但在投资存续期内的投资回报介于中央银行规定的上限与下限之间
Gharar	Uncertainty	不确定性
Gharar yasir	Minor uncertainty	轻微的不确定性
GIC	Government Investment Certificate, issued by Malaysian Central Bank	由马来西亚中央银行发行的政府投资证书
GII	Government Investment Issue, issued by Malaysian Central Bank	由马来西亚中央银行发行政府投资证书
GIIS	The FTSE Global Islamic Index Series	富时全球伊斯兰指数系列
hadith	saying or tradition of the Prophet Muhammad	先知穆罕默德的言行或传统
Hadiah al-thawaab	A gift with the intention of getting the reward from the recipient in the future.	一个送给收件人礼物,希望借此从收件人未来得到报酬。
Halal	Acceptable and lawful, permitted	可接受的或合法的
Hamish jiddyah	A security deposit paid by a party prior to entering into an exchange contract such as sale and lease, for his commitment for this intended contract. Should the party fail to enter into the contract, the other party can use the deposit to cover any losses incurred.	双方订立合同(如买卖和租赁合同)前,由其中一方交纳保证金,若其无法履行合同,则另一方可用该保证金弥补由此造成的任何损失)。

续表

Islamic finance Glossary of terms and contacts	English Illustration	中文解释
Hanafi	Particular school of law	伊斯兰法律流派之一 Hanafi 派
Hanbali	Particular school of law	伊斯兰法律流派之一 Hanbali 派
Haram [haraam]	Unacceptable or prohibited	不可接受的或被禁止的
Hasuna	Pleasing, appealing or nice	令人欢喜的,吸引人的或好好的
Hiba [hibah]	Gift	礼物
Hiwalah [hawala]	Transfer of debt/right to claim	转让债务,转让索赔权
HML	Home Mortgage Loan	房屋按揭贷款
Hukm	A ruling in the Qur'an or the traditions of the Prophet Muhammad, or derived through the reasoning of jurists.	根据古兰经教义或知知先知穆罕默德留下的传统,或通过法律推理而产生的裁定/判决。
IABS	Islamic asset-backed securitization	伊斯兰资产证券化
IAH	Investment Account Holders	投资账户持有人
IAIS	International Association of Insurnace Supervisors	国际保险监督官协会
IAP	Islamic Account Platform	伊斯兰账户平台,成立于 2016 年,由六家马来西亚伊斯兰银行联合共有,主要为中小企业提供融资。注册资本为 1.5 亿林吉特。

Islamic finance Glossary of terms and contacts	English IIIustration	中文解释
IAS	International Accounting Standards	国际会计准则
IASB	International Accounting Standards Board	国际会计准则委员会
IBB	Islamic Bank of Britain, the first fully-fledged Islamic bank in the UK, founded in August 2004. IBB is regulated by FSA and will meet the UK banking regulations and safeguards for the customers.	不列颠伊斯兰银行
IBS	Islamic Banking Scheme	伊斯兰银行计划
Ibra'	Rebate provision. This can be defined as a discount or rebate. An example of ibra' in practise might be where a bank which is owed a set amount from one of its clients and accepts less for early payment. This practice of discount or rebate avoids unjust enrichment and maintains the competitiveness of the bank.	折扣规定,这可以被定义为一个折扣或回扣。在实践中可能是一家银行的某一客户欠款项,而银行同意因其提前还款,可以给其折扣,接受其少还欠款。这种折扣或退款规定避免了不当得利并维护了银行的竞争力。
	Key principles of ibra':	Ibra' 的核心原则:
	relates to the forfeiting of rights to claim	与放弃求偿权有关
	involves a discount or rebate for early repayment of an amount owed.	涉及因欠债人提前偿还所欠金额而由债权人所给与的一个折扣或回扣。

284

续表

Islamic finance Glossary of terms and contacts	English Illustration	中文解释
ICM	Islamic Capital Market, attracts investment funds and channels them for productive purposes.	伊斯兰资本市场
IDB	Islamic Development Bank, is an international fiancing institution headquartered in Jeddah, Saudi Arabia. It was founded by the first conference of finance ministers of the Organisation of the Islamic Conference (OIC) in 1973 and officially began its activities in 1975. IDB fosters the economic development and social progress of OIC member countries and Muslim communities by participating in equities and grants as well as providing financial assistance in accordance with the principles of Shari'ah.	伊斯兰开发银行(IDB, Islamic Development Bank),总部位于沙特吉达的国际金融机构,由伊斯兰会议组织(Organisation of the Islamic Conference, OIC)第一届财长会议于1973年发起成立,于1975年正式运作。IDB通过为伊斯兰会议组织成员国家和穆斯林社区提供参与股票和基金投资的机会以及提供符合伊斯兰教义的财政援助,促进其经济发展和社会进步。
IELN	Islamic Equity Linked Notes	伊斯兰股票挂钩票据
IETF	Islamic Exchange Traded Fund	伊斯兰的交易所交易基金
I'fa'	Waiver to set aside right	放弃预留权利
IFIS	Islamic Financial Institutions	伊斯兰金融机构
IFS	Islamic Financial System, the purpose of IFS is to mobilise global and regional resources to promote and sustain development while also fulfilling the goal of Shari'ah.	伊斯兰金融体系

285

Islamic finance Glossary of terms and contacts	English Illustration	中文解释
IFSB	Islamic Financial Services Board, founded in 2002, is an intmational body that sets standards for regulatory and supervisory agencies that help ensure the soundness and stability of the IFSI (Islamic Financial Services Industry). Based in Kuala Lumpur, the IFSB complements the functions of the Basel Committee on Banking Supervision (BCBS), the International Organisation of Securities Commissions (IOSCO) and the International Association of Insurance Supervisors (IAIS).	伊斯兰金融服务委员会(IFSB, Islamic Financial Services Board),是一个国际性组织,为伊斯兰金融机构和金融业管理和监管标准,以确保其稳健运行。该机构于2002年成立,总部设于马来西亚首都吉隆坡,是巴塞尔银行监管委员会(BCBS)、国际证券委员会组织(IOSCO),国际保险监督官协会(IAIS)的重要补充。伊斯兰金融服务委员会同时也是各伊斯兰国家中央银行协会。
IFSI	Islamic Financial Services Industry	伊斯兰金融服务业
IIFM	International Islamic Financial Market, is an international institution founded by the IDB (Islamic Development Bank) and central banks and monetary agencies of Bahrain, Brunei, Indonesia, Malaysia and Sudan. It facilitates the development of the global primary Islamic capital and short-term financial markets and subsequently, the creation of a secondary market for Islamic financial instruments.	国际伊斯兰金融市场 (International Islamic Financial Market, IIFM),由IDB(伊斯兰开发银行)以及巴林,文来,印度尼西亚,马来西亚和苏丹中央银行共同发起成立,旨在促进全球初级级伊斯兰资本市场和短期金融市场的发展,从而创建为伊斯兰金融产品服务的伊斯兰金融一级市场。该机构成立于2001年,它的全球伊斯兰教义监管委员会(Global Shari'ah Supervisory, SSC)负责审查和放行由伊斯兰资本市场发行的新的伊斯兰金融产品。这一机构的存在,促进了伊斯兰投资产品的跨境交易和二级市场的活跃度。

续表

Islamic finance Glossary of terms and contacts	English Illustration	中文解释
IFT Alliance	Islamic Fintech Alliance	伊斯兰科技金融联盟,成立于 2016 年 4 月,总部位于马来西亚吉隆坡,主要创始成员包括 8 家伊斯兰众筹金融平台运营商。
IIMM	Islamic Interbank Money Market of Malaysia	马来西亚伊斯兰银行同业拆息市场
IIRA	Islamic International Rating Agencies, headquartered in Manama, Bahrain, and started operations in 2005. IIRA is funded by multilateral finance institutions, several leading banks and other financial institutions and rating agencies from different countries. IIRA provides an assessment of the risk profile and entities or institutions and instruments issued by market participants of IFIs(Islamic Financial Institutions).	伊斯兰国际评级机构（Islamic International Rating Agencles, IIRA）,总部位于巴林的麦纳麦,成立于 2002 年,于 2005 年开始运作。由各主要银行、多边金融机构和各国评级机构发起成立,主要为伊斯兰金融机构和其他市场参与者提供该市场内公司/机构和金融产品的风险评级、上述评级报告会定期向公众公布。
Ijarah	means to transfer the rights or usufruct of a particular property to another person in exchange for a rent claimed from them. An operating lease. A lease contract, A party leases a particular product for a specific sum and a specific time period. In the case of a lease purchase, each payment includes a portion that goes toward the final purchase and transfer of ownership of the product.	租赁（经营性租赁）,将特定的财产使用权转让给另一个人以换取其租金/经营租赁/租赁合同。
Ijarah 'ala al-ashkhas	Hire of people	雇用他人

续表

Islamic finance Glossary of terms and contacts	English Illustration	中文解释
Ijarah al-a'yan	Lease of the asset	资产租赁
Ijarah mawsuufah fi dhimmah	A lease on a specific description of the property to be constructed and delivered in the future, whereby the lease payment may be collected prior to the delivery of the asset.	物业租赁合同的特别描述/约定,即物业的建成与交付将于未来某特定时间,而物业租赁的租金付款则将早于该资产建成与交付。
	Lease with an option to transfer the title to the lesee. The customer is provided for in the lease, and the lease arrangement is Ijarah muntahia bi tamleek. It is also known as ijarah thumma al bay' (lease followed by sale) or ijarah wa al-iqtina' (hire and purchase).	带选择权的租赁合同,物业/资产所有权最终转移给承租人。此类租赁合同称 Ijarah muntahia bi tamleek,亦称 ijarah thumma al bay'(先租后卖 lease followed by sale)or ijarah wa al-iqtina'(hire and purchase 先租后买)。
Ijarah muntahia bi tamleek	The objective of this financing is to transfer the legal title of the leased asset to the lessee at the end of the lease period. At the end of this contract, the bank will surrender its ownership of the asset to the client in consideration of the total accumulated rental claim that is mclusive of the profit.	这种融资的目的是在租赁期结束时转让租赁资产的合法权利给承租人。在该合同到期时,考虑到承租人累计所付租金中已经包含有银行的利润,银行会考虑让渡该资产所有权给承租人。
	The concept of ijarah muntahia bi tamleek is an alternative to finance leasing and in particular hire-purchase financing. There are several forms of Ijarah muntahia bi tamleek financing that reflect the different modes of transferring the ownership of the asset, such as gift, sale and transfer of equity claim, from the lessor to the lessee.	ijarah muntahia bi tamleek 的概念,是提供一种选择,目的是为租赁融资,尤其是为租购业务融资。视转让资产所有权的不同模式,其以多种形式出现,例如,由出租人向承租人赠礼、销售和权益的转让等。

288

续表

Islamic finance Glossary of terms and contacts	English Illustration	中文解释
	Key principles of ijarah muntahia bi tamleek:	ijarah muntahia bi tamleek 核心原则:
	involves a lease with an option to purchase the leased asset	一个租赁合同加一个购买该租赁资产之选择权
	at the end of the lease period title transfers to the lessee	租赁期满转让该资产予承租人
	several forms exist to reflect the mode of transfer of ownership.	在所有权转让过程中存在多种形式
Ijarah mustaqbal	Forward ijarah.	远期租赁
	Refers to an operating lease, where the financial institution transfers the usufruct (right of beneficial use) of a particular property to another person in exchange for a rent claimed from the lessee.	是指经营租赁,即金融机构转让特定物业之使用权,受益权将承租人以换取其应付该物业之租金
Ijarah tasqhilliyyah	The financial institution, such as a bank, will purchase an asset, for example plant and machinery, from a vendor and lease it to the lessee or client at an agreed rate for a defined period. The operating lease will clearly state that the lessee has the right over the usufruct in exchange of a rental claim.	金融机构,如银行,将从一个供应商购买资产,如厂房和机器,并将其以约定的价格和期限出租给承租人或其他客户。经营租赁合同将明确规定,承租人有以租赁债权(付租金)交换用益物权的权利。
	The ownership of the asset will not be transferred to the lessee during the period of the ijarah contract.	在该合同存续期,资产之所有权不会转移给承租人。

Islamic finance Glossary of terms and contacts	English Illustration	中文解释
	At the end of each ijarah period, the bank will negotiate a new lease with the lessee and the lease period will continue until the bank chooses to scrap the asset. No option or right to purchase is granted to the lessee.	在每一租赁期结束时，该银行将与承租人就租赁合同重新谈判，而该租约将持续到银行将选择报废该资产。承租人无选择权或购买权。
	Key principles of Ijarah tasqhilliyyah:	**Ijarah tasqhilliyyah 的核心原则：**
	involves a straightforward operating lease	涉及一个简单的经营租赁
	at the end of the lease period title does not transfer to the lessee	在租赁期结束时标的物不转让给承租人
	at the end of the lease period the owner of the asset will negotiate a new lease or sell/scrap the asset.	在租赁期内银行不将标的的物让转给承租人，而是将重新谈一个新的租赁合同或是将该资产出售或报废。
Ijarah thumma al bay'	See Ijarah muntahia bi tamleek. lease followed by sale	参见 Ijarah muntahia bi tamleek，先出租后卖出
Ijarah wa al-iqtina'	See Ijarah muntahia bi tamleek. Hire-purchase	参见 Ijarah muntahia bi tamleek，(先租后买)
Ijtihad	Interpretation, the process of reasoning by Islamic jurists to obtain legal rulings from the sources of Shari'ah	解释/教法解释，由伊斯兰法学家从伊斯兰监管推理而得
Ijma'	Consensus or agreement of all Muslim scholars over interpretation.	有穆斯林学者对教法解释所达成的共识或一致意见

续表

Islamic finance Glossary of terms and contacts	English Illustration	中文解释
'Illah	Effective cause or ratio legis.	有效的原因或立法
IMF	International Monetary Fund	国际货币基金会组织
IMM	Islamic Money Market, is a financial market of short-term Islamic securities.	伊斯兰货币市场
Inah	is a two-party sale and buy back concept that not facoured by the Shari'ah and is usuall only utilized as a last-resort mechanism.	是一个甲乙双方出售和回购的概念,不为伊斯兰监管所鼓励,通常只作为最后贷款人机制使用。
Infitah	opening, thus the opening of the economy to private and foreign capital	开放式,指经济对个体和外国资本开放
In rem	Action relating to property rather than the person.	关于财产而不是人的行动。
Inter absentes	Not physically present	本人不在现场
Inter praesentes	Physically present i. e. face to face	本人在现场,面对面
IREIT	Islamic Real Estate Investment Trust, listed in the securities exchange, addresses the liquidity requirements of Muslim investors as it is an asset that can be disposed of fairly quickly.	伊斯兰房地产投资信托,在证券交易所上市,因其可以快速交易,从而解决了穆斯林投资者对流动性要求
IRR	Internal Risk Reserve	内部风险准备金

续表

Islamic finance Glossary of terms and contacts	English Illustration	中文解释
IRTI	Islamic Research and Training Institute	伊斯兰研究和训练所
ISCS	Internal Shari'ah Control System	内部控制制度的教法
Istihsan	Equity consideration	权益兑价
Istishab	Presumption of permissibility	推定的容许性
Istisna' (deferred payment, deferred delivery)	Manufacturing or construction contract. A contract to build, manufacture, construct or develop the object of sale at a definite price, over a defined period of time, according to agreed specifications between the parties. An istisna' contract can be established between a bank and contractor, developer or producer that allows the bank to make progress payments as construction progresses. A manufacturer (contractor) agrees to produce (build) and to deliver a certain good (or premise) at a given price on a given date in the future. The price does not have to be paid in advance. It may be paid in installments or part may be paid in advance with the balance to be paid in the future based on the preferences of the parties.	制造或建筑合同。根据双方签订合同的具体约定，在规定的时间，根据双方商定的规格完成制造或建筑合同。根据双方商定的规格与承包商/开发商或生产商订立，同时允许银行根据施工进度/工程进度付款。一个 Istisna 合同以由银行与承包商/开发商或生产商付款。

续表

Islamic finance Glossary of terms and contacts	English Illustration	中文解释
	Istisna' financing is provided in the form of advance progress payment(s) to the customer who builds, manufactures, constructs or develops the object of sale. Upon completion of the project, the asset is delivered to parties who agreed to take delivery of the asset.	Istisna' 融资协议,一般以工程预付款形式出现,同时允许银行根据乙方的施工进度/工程进度付款。项目完成后,资产交付予甲方。
	Parallel istisna' arises when the party that intends to take delivery provides advance progress payment to the bank to engage the builder, manufacturer, contractor and developer.	Parallel istisna' 并行/平行 istisna 是指甲方意在确实/尽早取得物权,委托银行根据乙方(建筑商/制造商/承包商/开发商)的施工进度/工程进度付款。
	Variations of timing and cash flow expectations, between the purchaser and the parties that deliver the object of sale, are bridged by the bank.	采购方与建筑商/制造商/承包商/开发商间的诸如时间/现金流预测间的变化与差距,由银行负责解决。
	Key principles of istisna':	**Istisna' 的核心原则:**
	involves the purchase of an item that has yet to be built, manufactured or constructed	涉及购买的项目尚待建立、制造或建造
	progress payments are normally made by instalments as construction progresses	进度付款通常是根据建设的进展分期进行
	on completion of the project the asset is delivered to those that originally commissioned it	在工程完成后的资产交付给那些委托人

293

Islamic finance Glossary of terms and contacts	English Illustration	中文解释
	parallel istisna' is where those that commission the asset make progress payments to the financier as the asset is constructed by another contractor or developer.	Parallel istisna' 并行/平行 istisna' 指在工程委托人委托银行根据乙方（建筑商/制造商/承包商/开发商的施工进度/工程进度分期付款。
	parallel istisna' allows for any mismatch in the timing or amount of cash flows between those that commission the asset and those that construct it.	Parallel istisna' 并行/平行 istisna' 允许项目委托人与项目建设人之间存在建设时间/现金流等的不匹配
Istisna' muwazi (parallel istisna')	See above.	参见上文
Ju'alah	Commission-based	基于佣金
	Undertaking. A contract of guarantee or surety that provides assurance in terms of performance and value when the object of the transaction is exposed to adverse change due to varying outcomes.	保证：合同的保证或担保，为避免因交易对象由于不同的结果产生的有担保性质的执行和价值。
Kafalah	In trade financing, a bank guarantee is issued when the owner of goods discharges the liability for the goods on behalf of a third party. Such guarantees are often used in cases of goods being imported.	贸易融资，银行担保，货主代表第三方放弃对货物责任。这种银行担保，常被用于进口货物时。银行担保是指银行应委托人的申请而开立的有担保性质的书面承诺文件。一旦委托人未按其与受益人签订的合同的约定偿还债务或履行约定义务时，由银行履行担保责任。它有以下两个特点：1）保函依据商务合同开出，但又不依附于商务合同，具有独立法律效力；当2）银行信用作为保证，易于为合同双方接受。银行保函业务中涉及到的主要当事人有三个：委托人、受益人和担保银行，此外，在任还有反担保人、通知人及保兑行等。

续表

Islamic finance Glossary of terms and contacts	English Illustration	中文解释
	The exporter knows that the goods will be paid for and can feel free to allow the goods to be uplifted by the importer. The importer may be required to offer some form of collateral as surety and will normally pay a fee for the service.	出口方了解相关货款将被支付而同意将货物释放给进口方。进口方可能被要求提供某种形式的抵押品作为担保,并通常为该服务支付相关费用。
	The purpose of a kafalah contract is to facilitate international trade.	kafalah 合同的目的是为了便利国际贸易
	Key principles of kafalah:	**kafalah 的核心原则:**
	involves a guarantee or surety	涉及担保或保证
	used when something being bought or sold could change in value if exposed to adverse conditions	若货物在买卖过程中可能出现贬值,可以使用 kafalah
	often used when importing/exporting goods	在进出口贸易中经常被使用
	facilitates international trade.	便利国际贸易
KLSI	Kuala Lumpur Shari'ah Index	吉隆坡伊斯兰监指数
Litera legis	Literal rule	文字规则
LMC	Liquidity Management Center of Bahrain	巴林流动性管理中心(Liquidity Management Center of Bahrain, LMC)由巴林伊斯兰银行、迪拜伊斯兰银行、科威特中央银行和伊斯兰发展银行于 2002 年联合发起成立。巴林流动性管理中心通过把各国政府、金融机构和企业的资产组成若干个资产池并通过发行伊斯兰债券将其证券化,从而为市场提供流动性。

295

续表

Islamic finance Glossary of terms and contacts	English Illustration	中文解释
Madhhab	schools of Islamic law	伊斯兰法律流派
Madhahib	plural of Madhhab	伊斯兰法律流派(总称)
Mafsadah	evil and harm	邪恶和有害的
Maisir [Maysir]	game of chance	靠碰运气取胜的游戏
Majallah al-ahkam al-adliyyah	the Islamic Civil Code of the Ottoman Empire	奥斯曼帝国的伊斯兰法典
Makhatir	risk which is integral in any business or commercial dealings	风险存在于任何生意或商业交易活动中
mal	wealth	财富
maslahah	welfare	福利
Maliki	particular school of law	法律的特殊流派
Maqasid	the objectives and ultimate purposes of Islamic law	伊斯兰监管的目标和终极目的
MF	Margin Financing	融资融券
MAS	Monetary Authority of Singapore	新加坡金融管理局
Maslahah	what is good or beneficial	什么是好的或有益的
Maslahah mursalah Interest	benefit or interest/unrestricted public interest	好处或利益/无限制的公共利益

Islamic finance Glossary of terms and contacts	English Illustration	中文解释
MCP	Murabahah Commercial Paper	Murabahah 商业票据
Mejelle	English translation of Majallah al-ahkam al-adliyyah	奥斯曼帝国的伊斯兰法典的英文译本
MER	Management Expenses Ratio, is the ongoing fee that the fund manager earns from managing a fund and is calculated on a daily basis.	管理费用比率,是基金经理管理费占所管理基金的比例,按日计算。
MIFC	Malaysia International Islamic Financial Center	马来西亚国际伊斯兰金融中心
MII	Mudarabah Interbank Investment of Malaysia	马来西亚伊斯兰银行间拆借工具(mudarabah 盈利分享模式)
Milk	Property	地产
Modarabas	Flotation and Control	浮动和控制
MTN	Medium Term Notes	中期票据
Mu'ajjal	deferred (see Bay' mu'ajjal)	延期的(参见 Bay' mu'ajjal)
Mudarabah 〔 Mudaraba, Mudharabah, Modaraba 〕(trustee finance contract)	(capitalprovider-Rabb al-mal, entrepreneur-Mudarib) An investment which represents the ownership of units of equal value in the equity of the Mudarabah. The provider of capital supplies the funds needed to finance a project while the entrepreneur offers labour and expertise. Profits are shared between them at a certain fixed ratio, whereas financial losses are exclusively borne by the capital's owner. The liability of the entrepreneur in limited only to his time and effort.	Rabb al-mal,资本提供方,Mudarib 企业家

297

续表

Islamic finance Glossary of terms and contacts	English Illustration	中文解释
	Mudarabah contract, the capital provider agrees to share the profits between themselves and the entrepreneur at an agreed ratio or percentage. (1) As a source of capital for a business venture, a businessman might consider undertaking a commercial project financed by funds from a bank under a Mudarabah contract. If agreeable, the bank supplies the finance to the businessman on the understanding that both parties will share the profits of the venture. (2) As a deposit taking activity, money deposited in a bank by an individual or institution under a Mudarabah contract is treated as an investment in the bank by the individual or institution. The bank will use this investment to help make profits from its trading activities, i. e. financing of individuals and businessmen. Under the Mudarabah contract, the bank will have agreed to give the depositor a share of its profits in return for the investment, based on a preagreed ratio. Investment financing through Mudarabah is a commitment to participate in the risk associated with business ventures, with the aim of sharing the profit generated from a give	Mudarabah 合同是一种合伙制利益分享合同。出资方同意按事先约定的比例与经营方分享利润。（1）如果把 Mudarabah 合同视为一种资本来源，作为经营企业，商人会考虑使用银行的 Mudarabah 合同模式融资。（2）作为一种存款来源，使用银行的 Mudarabah 合同模式，视同储户将资金投资于银行，用于其日常经营活动，主要是为有需要的公司或个人提供借款与储户分享利润。在该模式下，银行同意按事先约定的比例与储户分享利润。Mudarabah 合同模式的基本原则是风险共担，利益分享。若企业经营成功，则参与的各方按事先约定的比例利益分享；若企业经营失败，则金钱损失由出资方承担，经营方损失的时间和精力。该模式并未赋予出资方经营决断的权利。
	Key principles of Mudarabah	**Mudarabah 的核心原则：**

Islamic finance Glossary of terms and contacts	English Illustration	中文解释
	● Profit sharing contract.	利益由各参与方分享； 投资回报取决于企业具体的盈利情况； 如果企业盈利，投资者、职业经理人和企业可以按事先约定的比例进行分红； 投资者可以为投资领域设置条件； 参与各方承诺风险共担； 若企业经营失败，则金钱方面的损失由出资方承担；而经营方损失的是其参与企业经营所投入的时间和精力； 该模式并未赋予出资方（资本提供方）为企业经营作决断的权利。SPV 的角色更像是一个信托公司（Trust），主要功能是为了保护投资者的利益，代表投资者托管 Sukuk 项下的设定资产，并将其他资产的其他发行人的负债隔断，即该资产不为发行人的债务承担偿付责任。
	● Returns depend on a profit being earned.	投资回报取决于企业具体的盈利情况
	● Conditions could apply to what the investment can be used for.	投资者可以为投资领域设置条件
	● Requires a commitment to participate in the risk associated with business venture.	参与各方承诺风险共担。
	● The businessman only loses the time and effort expended on the project, where the financier assumes the financial loss.	若企业经营失败，则金钱方面的损失由出资方承担；而经营方损失的是其参与企业经营所投入的时间和精力。

299

续表

Islamic finance Glossary of terms and contacts	English Illustration	中文解释
	● Does not entitle the financier to any say in the running of the venture.	该模式并未赋予出资方（资本提供方）为企业经营作决断的权利。
Mudarabah muqayyadah	This type of contract is used in specific bank accounts known as restricted investment accounts（RIAs）, where the bank acts as an agent for the investor（s）simply by acting upon their instructions. Here, the funds deposited based on the Mudarabah contract are never really under the control of the bank because the depositor（s）determine the manner as to where, how and for what purpose the funds are to be invested. Commingling of the funds raised under this type of contract with the bank's shareholder and other deposit funds is usually restricted or prohibited. The returns distributed to restricted investment account holders（RIAHs）is based on an agreed profit sharing ratio confined to the returns earned on a designated specific investment portfolio involving the funds agreed upon by the RIAHs. Any distribution between the bank and the depositor will be in accordance with an agreed profit sharing ratio. Mudarabah profits or income distributable to RIAHs are derived from the performance of designated financing assets or investments managed by the bank.	这种合同用于特定银行的限定性投资账户。银行仅作为投资方的代理，按其指示操作账户。银行对该合同下的存款并无实际控制权，因为该资金的具体使用均须视账户所有人的具体指示。该类账户的资金也不能与银行自有资金/其他账户资金混合使用。限定性投资账户的回报仅能来源于指定投资账户（通常该资产由银行负责经营），其回报分享比例须经双方事先约定。而银行与储户的回报分享比例也须经双方事先约定。

伊斯兰金融术语中英文参考(A-Z)

续表

Islamic finance Glossary of terms and contacts	English Illustration	中文解释
	Key principles of Mudarabah muqayyadah	**Mudarabah muqayyadah 的核心原则:**
	● Financial institutions act as entrepreneurs or agents for investors.	金融机构充当投资方的经营者或代理
	● Investors decide where funds will be invested.	投资方决定投资方向
	● Commingling of funds is either restricted or prohibited.	投资款专款专用,不能与银行其他账户及资金混用
	● Returns paid to investors come only from returns earned on the specified investments.	投资回报来源于投资方指定的投资项目
Mudarabah mutlaqah	unlike Mudarabah muqayyadah, this contract relates to investment accounts where the account holder fully authorises the bank to invest the funds without restrictions imposed by the account holder and is in accordance with Shari'ah principles and rules. The funds are pooled with the bank's shareholder funds and other deposits to facilitate financing and investments by the bank. The returns depend on the level of profits earned, and are shared and distributed across the varying classes of investment account holders based on different investment horizons from one to 60 months or more. Usually, returns to investment account holders are computed and accrued on a month-to-month	与Mudarabah muqayyadah 不同,Mudrabah mutlaqah 合同赋予银行完全的账户操作权利,只要其从事的活动符合伊斯兰监管的规定与精神。该账户项下资金可以与银行其他存款或投资投资人分享,投资期为0—60个月或更长。在撤回投资前,投资人要给银行一个书面提前通知。该账户的投资回报取决于银行的资产及投资水平。

301

伊斯兰金融与伊斯兰银行业概述

续表

Islamic finance Glossary of terms and contacts	English Illustration	中文解释
	basis. The investment account holder must submit written notice to Islamic banks prior to the withdrawal of funds and a minimum notification period is required. Mudarabah profits or income distributable to unrestricted investment account holders are derived from the performance of the bank's financing assets and investments.	
	Key principles Mudarabah mutlaqah	**Mudarabah mutlaqah 的核心原则：**
	● Financial institutions are fully authorised to invest deposited funds without restrictions.	金融机构被赋予完全的账户操作权。
	● Commingling of funds can take place.	该账户资金可以与银行其他资金混合使用。
	● Returns paid to investors come only from returns earned across all investments of the financial institution.	投资人的投资回报取决于银行总体的资产及投资水平。
	● Returns paid to investors depend on class and time horizon of investment.	投资人的投资回报取决于其投资期限及投资类别。
Mudarabah Tawarruq	is a transaction between three or more parties to facilitate the fixed rate of return based instruments, which allows the depositor/investor to earn a fixed return from their "deposit"/investment.	在三方或更多方之间进行的基于固定回报率为基础的投资工具,这使得储户/投资者可以从其"存款"/投资获得固定回报。
Mudarib	Entrepreneur	企业家；主办人；承包人

续表

Islamic finance Glossary of terms and contacts	English Illustration	中文解释
Muhammad	the Last Prophet of Islam	伊斯兰教最后的先知
Mujtahid	the person who performs Ijtihad	由伊斯兰法学家进行教法解释
Mumalah [mumalat]	financial transaction	金融交易
Muqasah	set-off	抵消
	a Murabahah contract refers to a cost plus mark-up transaction between parties.	Murabahah contract 指成本加利润交易模式
	Murabahah financing is the prevalent mode of asset financing undertaken by a large number of Islamic banks. It represents a significant portion of Islamic bank financing of either short term.	Murabahah 融资是伊斯兰银行普遍采用的资产融资模式。它在伊斯兰银行短期和长期融资中占有重要部分。
Murabahah (mark-up financing)	or long term asset financing. Under this contract, a three party arrangement is made where the customer places an order with the financial institution to purchase goods from a supplier. The customer can pay a security deposit with the financial institution and the amount of financing outstanding can be secured either in the form of collateral or a guarantee. The financial institution,	该模式的运作如下：首先由参与签署三方协议，客户依据该协议委托金融机构从供应商处购买。客户合在金融机构处存放定金，该定金可被视为整个交易总额的担保品或保证。

续表

Islamic finance Glossary of terms and contacts	English Illustration	中文解释
	a widely used sale transaction between customers and banks. The buyer approaches the bank to acquire goods. In return, the bank purchases them from a third party (a supplier) and then resells them to the borrower at an agreed mark-up for immediate or deferred payment. The seller informs the buyer of the cost of acquiring the specified products and the profits margin in negotiated between them. The total cost is usually paid in installments.	金融机构按买家要求从供应商处购买商品,以成本加利润的价格将其售卖与客户,并给其一个固定的还款账期。即卖买双方的关系是要建立在信托(Amanah)原则上的,即卖家在出售商品给买家前,须如实报告其真实成本。而买家对卖家的以成本加利润的价格始终了解,并以分期付款或最终一次性付款的方式完成该合同。在合同存续期,该利润加成比例保持不变,所以Murabahah融资的成本有一个上限。如该合同未约定退款条款,提前还款可能可以享受退款优惠。另一方面,合同里也会约定如供应商拖欠货款,银行有权将对其收罚款以作为补偿的罚则,但该罚则仅作为预防不良行为之用,所收罚款将用于弥补金融机构损失,余下部分将捐给慈善机构。另对机会损失的赔偿和对资金成本的赔偿之条款将不被该类合同接受。
	Key principles of Murabahah	**Murabahah 的核心原则:**
	● Cost plus mark-up arrangement	成本加利润协议
	● Usually involves a financial institution, the customer and a third party vendor.	通常有三方参与,即金融机构、客户和供应商。
	● Based on a relationship of trust between the parties.	交易各方的关系是建立在信任/信托(Amanah)原则上的。
	● Can be secured by collateral or guarantee.	客户方可能提供担保品或抵押物。

Islamic finance Glossary of terms and contacts	English Illustration	中文解释
	● Sets a fixed priced between the financier and customer.	金融机构及客户之间的交易价格是固定的。
	● The price is paid over an agreed period of time.	付款期限由交易各方协商决定。
	● Early payments are allowed and can result in a reduction of the overall price charged.	允许提前付款,并可抵扣总价款。
	● Penalties can be applied for late payment as a deterrent.	客户如拖延或推迟付款将付罚款。
Murabahah-tawarruq	contract to realise cash	该类合同的主要目的是为了变现
Murabahah li al-amir bi al-shira	Murabahah to the purchase orderer	遵照采购指令人指令的 Murabahah 合同
Musaqat	a type of financing in Iran, profit sharing in plantation irrigation.	农林灌溉贷款,伊朗伊斯兰银行的一种融资模式,银行出资参与农林灌溉并分享由此产生的利润。
Musawamah	negotiated sale, a general kind of sale in which the price of the commodity to be traded is bargained between the seller and the purchaser without any reference to the price paid or cost incurred by the seller.	议价,买卖双方通过讨价还价形式确定价格,买方无须了解卖方的成本或议价购买协议购买。
Musawamah, Tawliyah	negotiated sale at agreed price	以协议价格议价销售

Islamic finance Glossary of terms and contacts	English IIIustration	中文解释
	An investment that represents ownership of partnership equity. The bank enters into an equity partnership agreement (joint venture) with one or more partners to jointly finance an investment project. Profits are distributed according to predetemined ratios, and losses are shared strictly in relation to the respective capital contributions. a Musharakah contract is a form of equity partnership investment, It is similar to equity investment in a conventional capital market but the investments made must be confined to stocks and financial securities or other assets that are consistent with the principles of Shari'i ah. Note, partnership contracts come in three forms, namely Shirkah al-Amal (work partnership), Shirkah al-Wujoh (partnership by reputation) and Shirkah al-Amwal (partnership by capital). Musharakah financing is based on Shirkah al-Amwal (partnership by capital). As a form of equity based financing, like Mudarabah investment financing, Musharakah financing is a commitment by the financier to participate in risks associated with business ventures. Musharakah also means a joint enterprise in which all partners share the prc	Musharakah contract 是一种合伙契约,是建立在以股权投资的合伙契约基础上的。它与传统/世俗资本市场的股权投资类似,惟其投资品须是被伊斯兰监管所允许的股票、证券或其他资产。该类股权合伙契约有三种类型:一是工作伙伴合伙约;二是信誉伙伴合伙关系;三是资本或出资伙伴合伙契约关系。该类股权伙伴关系合同的参与各方亦遵循利润共享,风险共担原则。虽然盈利分享比例由当事各方事先约定,若发生亏损,则损失按出资各方的实际出资额比例各自承担,亏损最大额为投资人所投资的全部资金。Musharakah 只对普通股适用,而不适用于优先股。投资者可以将其股份以市场价仲转卖与其他投资者。它同时允许金融机构实际参与和控制联合体的日常管理和运营事务并享有表决权,以规避可能出现的或潜在的项目或其投资的已有的或既定的募资比例风险。该类合同将募集资本投入于既定的项目或决定日或资产中。视项目在资本募集期需求量的变化,募集资本的余额即是当初决定资本的余额可能随之增加或减少。该余额即是当初决定项目利润分担分配比例的基数。因其灵活的股权形式和事先约定的利润共享亏损分担比例,Musharakah 被广泛运用于包括服务、生产和流通行业。
Musharakah [Musyarakah] (equity participation)		

306

Islamic finance Glossary of terms and contacts	English Illustration	中文解释
	ratio may be negotiatea, the ross snaring ratio must always be proportionate to capital contribution. It also allows the institution to be involved in the executive decision on administration, operations and management of the business activity. The financial institution would be able to mitigate any form of operational risks by assuming an element of control in the conduct of business. The Musharakah financing mechanism operates on a capital contribution basis for a defined existing or potential project or assets. The outstanding financing amount could increase or decrease depending on the demands for funding during the financing period. At any point in time, the outstanding capital contribution provides the basis for determining the profit or loss sharing ratio. As a profit and loss sharing arrangement, Musharakah takes various forms, depending on the parties' capital contribution and their effort in managing the venture. Musharakah is considered as the most flexible form of equity financial claim that can be adopted for various economic sectors, including services, nroduction and distrihution	虽然盈利分享比例由当事各方事先约定,若发生亏损,则损失按出资各方的实际出资额比例各自承担。它同时允许金融机构实际参与和控制联合体的日常管理和运营事务并享有表决权,以规避可能出现的操作风险。该类合同将募集资本投入于既定的项目或资产中。视项目在资本投入于既有或潜在的项目或资产中。视项目在资本募集期需求总量的变化,募集资本的余额可能随之增加或减少。该余额即是当时决定项目股权形式和利润分成或亏损分担比例的基数。因其灵活分担利润共享/亏损分担比例,Musharakah 被广泛运用于包括服务、生产和流通行业。
Key principles of Musharakah		**Musharakah 的核心原则**

续表

Islamic finance Glossary of terms and contacts	English Illustration	中文解释
	● Profit and loss sharing contract.	利润共享/亏损分担。
	● The financier invests in the venture.	出资人投资于该企业。
	● Requires the participants to work in partnership.	参与各方是工作伙伴关系。
	● The financial institution or lender has a say in the running of the project.	金融机构或贷款人对项目运营有话语权。
	● Relates to a specific project or asset.	与某一特定项目或资产相关。
	● Returns depend on a profit being earned.	回报取决于项目之盈利。
	● Allows for the level of finance outstanding to fluctuate up or down.	允许募集资金余额随项目变化而变动。
	● Requires a commitment to participate in the risk and loss associated with a business venture.	要求参与各方同时同承担该项目的风险与损失
Musharakah mutanaqisah	Diminishing musharaka. The transaction typically has three steps. First, the bank and the customer enter intoa partnership contract. Second, they enter into an ijara contract, where the customer agrees to rent the banks undivided share in the property. In addition, throughout the contract, the customer agrees to buy the share of the bank through a sale, so that every time the customer makes a payment, some of the payments is allocated to buying bank's share in the property.	Musharakah mutanaqisah 是 Musharakah 合同的一个变种,Mutanaqisah 的意思是逐渐减少。该类合同为出资人在完成其首期/初期投资后逐步降低或退出其合资股权创立了一个退出通道。

Islamic finance Glossary of terms and contacts	English Illustration	中文解释
	The diminishing musharaka contract is commonly used for asset finance, property venture and working capital. Musharakah mutanaqisah — is a variety of Musharakah contract, where the term Mutanaqisah means 'to diminish'. Thus, Musharakah mutanaqisah, also referred to as Diminishing Musharakah, means a form of partnership which creates an avenue for the capital provider to reduce or be free of the joint ownership after the initial investment period has been satisfied. As mentioned above, a normal Musharaka contract allows for fluctuating levels of investment, but a Musharakah mutanaqisah contract specifically relates to a reducing investment. Diminishing Musharakah provides an avenue for the financial institution to systematically reduce its exposure over the financing period, with planned and scheduled redemption of the contribution amount. This form of finance is often used in the purchase of a house in the form of a joint venture. The financier contributes the bulk of the house price with the individual customer contributing the remaining balance. The joint venture accepts rental repayments from the individual who is now living in the	在 Diminishing Musharakah 合同下,金融机构通过另一合资方有计划、有步骤地逐步购买其出资股份,从而借此通道逐步实现退出该合资项目。

309

Islamic finance Glossary of terms and contacts	English Illustration	中文解释
	house. The rental is split between the financial institution and the homebuyer with the homebuyer's share going toward the redemption or dilution of the financier's shareholding	
	Key principles of Musharakah mutanaqisah	**Musharakah mutanaqisah 的核心原则**
	● As with Musharakah above.	基本与上述 Musharakah 一致。
	● Allows for planned diminution in investment to the point where the financier exits the venture.	允许合资方按计划逐步降低其股份直至完全退出该合资企业为止。
	● Effectively finances the customer to acquire an asset through a joint venture scheme.	能有效地帮助客户通过合资方式获取资产。
Musharakat Haqooqi	Legal partnership	法律合伙，伊朗的一种贷款模式
Musharakat Madani	Civil partnership	民事合伙，伊朗的一种贷款模式
Mutanaqisah	Diminish	减少
Muhtasib	inspector of markets and public morals	市场及公共道德的检察官
Muzara'ah	A type of financing in Iran to agriculture production on a profit sharing basis	农业贷款，伊朗伊斯兰银行的一种贷款模式，银行出资参与农业生产投入并分享由此产生的利润
NAIT	North American Islamic Trust	北美伊斯兰信托
Nass	text	内容

续表

Islamic finance Glossary of terms and contacts	English IIlustration	中文解释
NAV	Net Asset Value	资产净值
OIC	Organisation of Islamic Cooperation	伊斯兰合作组织,OIC 成立于 1970 年 5 月,总部设立于沙特阿拉伯西部商业港口城市吉达。共有 57 个会员国家,人口约 18 亿。OIC 主要通过其下属机构伊斯兰开发银行(IDB, Islamic Development Bank)通过为伊斯兰会议组织成员国家和穆斯林社区提供参与投资符合伊斯兰监管要求的股票和基金的机会以及提供符合伊斯兰监管的财政援助,促进其经济发展和社会进步。
PA	Participant Account	参与方/用户账号
Parallel istisna'	Two istisna' contracts operated in parallel.	两个 istisna' 合同同时并行。
Parallel salam	Two salam contracts operated in parallel.	两个 salam 合同同时并行行,倒卖赚差价。
PER	Profit Equalisation Reserve	利润平衡储备
PSA	Participant Special Account	参与者特别账户
PSR	Profit Sharing Ratio	利润分享比率
PIRI	The Prudential Information and Regulations for Islamic Banks. The CBB (Central Bank of Bahrain) is the first bank in the world to develop and issue PIRI specifically for Islamic banks. The CBB is unique in that it has publicly proclaimed that its regulations are intended to follow the guidelines laid down by the	伊斯兰银行审慎监管信息和法规,CBB(巴林中央银行)是世界上首个专门为伊斯兰银行发展而制定《伊斯兰银行信息和法规审慎监管条例》的银行。CBB 的独特之处在于其公开宣布其规章制度旨在遵循 AAOIFI(伊斯兰金融机构会计和审计组织)制定的指导方针。

311

续表

Islamic finance Glossary of terms and contacts	English Illustration	中文解释
	AAOIFI (Accounting and Auditing Organisation for Islamic Financial Institutions)	
PIN	Prudential Insurance Business Model, issued by DFSA (Dubai Financial Services Authorities) and is applied to every insurer in that it applies to both convential and Takaful insurers running business in Dubai.	审慎的保险经营模式，由DFSA（迪拜金融服务局）制订，适用于在迪拜经营业务的世俗/常规保险公司和伊斯兰教保险公司。
PN	Practice Note-a specific guideline issued by Securities Commission (SC) of Malaysia	业务指导/具体指导意见。由马来西亚证监会（SC）负责制定
Praesentes	Where the parties to the contract are present at time of agreement.	协议达成时当事方/当事人在场。
Project-specific investment deposits	A type of deposit in Iran, project based deposit without fixed return, and subject to project profitability.	特别项目投资存款，存款投资于某特定项目，无固定回报，投资回报取决于该项目。的具体运作情况。
PSIAs	Profit Sharing Investment Accounts	回报分享投资账户
PIU	PIU-Private Investment Undertakings	私人投资基金
PTC	Principle terms and conditions	原则性条款和条件

Islamic finance Glossary of terms and contacts	English Illustration	中文解释
Qard	principle of loan	贷款本金
Qard al-Hasanah	interest-free loan	无息贷款，伊朗的一种贷款模式
Qard al-Hasanah Depos t	A type of deposit account in Iran, Islamic loan-based-deposits for current and savings accounts that allow for gifts and other incentives	伊斯兰现金账户与储蓄账户存款，伊朗的一种存款账户，该账户把储户存款视同对银行提供的贷款，银行根据其实际经营情况不定期对储户发放现金回报
Qiyas	Analogy	类似，相似；类推
Qiyas al-tard	Extension of a legal rule from one case to another due to a material similarity.	基于实际情况类似产生的由此及彼的法律规则扩展。
Qur'an	The Holy Book revealed to the Prophet Muhammad.	古兰经
Qard/Hassan (Benevolent loan)	Interest-free loan. These are zero-return loans the Qur'a encourages Muslims to make to the needy. Banks are allowed to charge borrowers a service fee to cover the administrative expenses of handling the loan. The fee should not be related to the loan amount or maturity.	无息贷款
Rabbul/Mal)	Capital	资本
Rahn	Pledge	质押
Ratio decidendi	Legal basis	法律基础/法律根据

Islamic finance Glossary of terms and contacts	English Illustration	中文解释
Ra'y	Personal opinion	个人意见
REITs	Real Estate Investment Trusts	房地产投资信托
Rem	See in rem.	关于财产而不是人的行动。
Retakaful	Takaful reinsurance, which is a means by which a Takaful company, on behalf of the participants of the scheme, will participate with other Takaful companies to provide mutural protection among Takaful operators. Retakaful gives an opportunity to the participants of other Takaful schemes to join a bigger pool of funds to offset higher loss risks.	伊斯兰保险再保险,也称分保,是伊斯兰保险人在原保险合同的基础上,通过签订分保合同,将其所承保的部分风险和责任向其他保险人进行保险的行为。转让业务的是原保险人,接受分保业务的是再保险人。伊斯兰保险再保险为其他保险人提供了一个可以抵御更高风险的资金池。
RF	Retakaful Fund	伊斯兰保险再保险基金
RIAs	Ristricted Investment Accounts	限制性投资账户
Riba	any form of Interest or usury or effortless earnings	任何不劳而获的收益
Riba al-fadl	The concept of Riba al-fadl refers to exchange or sale transactions in trade which effectively result in the charging of 'interest' through the exchange of the same commodity, but of a different quality or quantity.	通过以不同的数量与质量交易同种商品,实际产生了类似利息的收入。

续表

Islamic finance Glossary of terms and contacts	English Illustration	中文解释
	'A' may give 'B' ten tons of hay now in exchange for 'B' giving 'A' eleven tons when the harvest has been completed. In order to avoid Riba-al-fadl goods should be exchanged in equal quantities at the same time.	例如,甲乙两方交易,甲现在给乙十吨干草,但要求乙在丰收结束后给甲十一吨干草。为了避免类似 Riba-al-fadl 的交易行为,甲乙应该同时交换等量货物。
Riba al-nasiah	Interest-based lending that results from the exchange not being immediate. A previously acceptable practice similar to conventional lending today where the borrower pays the lender more than the original amount lent to reflect the delay in repayment. The practice is now specifically prohibited.	因未及时还贷而产生的利息。该项收费以前曾被允许,但因其与世俗/常规的贷息类似,现在被特别禁止。
Ribawi	Usurious or interest-based	高利贷或以利息为基础的
Rushd	Prudence	审慎
SAC	Shari'ah Advisory Council, was established under the Central Bank of Malaysia Act 1958 as the sole authority to decide on Shari'ah matters on Islamic banking and financial business that fall under the remit of BNM. Malaysia incorporates three categories of Shari'ah supervisory/advisory board at different levels, which are the Shari'ah advisory councils for central bank and the SC as well as Shari'ah supervisory boards or committees for the industry.	伊斯兰监管咨询委员会

315

续表

Islamic finance Glossary of terms and contacts	English IIlustration	中文解释
Sadaqah	Voluntary charitable contribution by a Muslim seeking to please Allah.	为了安拉·穆斯林的自愿性慈善捐款。
Sadd al-dharai'	blocking the means	阻塞的方法
Sahm	A share.	股份/股票
Salaf	Forward sales	远期交易
Salam（prepayment, deferred delivery）	Refers to the purchase of a commodity for deferred delivery in exchange for immediate payment. Thus, in a Salam contract, the price is paid in full and in advance while the commodity is deferred to an agreed date in the future. The buyer pays the seller the full negotiated price of a product that the seller promises to deliver at a future date. This type of contract might be used where the commodity price is subject to change. The buyer is locked with the purchase price at contract date and thus hedged against price increase. Stringent conditions are applied to ensure a binding and legally enforceable contract, such as reasonableness of delivery and specifications of quality type and quantity of commodities. Any variations of quality and quantity of goods as well as timeliness of delivery would not affect the agreed price.	根据伊斯兰商法,Salam是一个套期保值合同,合同双方藉此锁定未来某商品的价格,Salam的阿拉伯语意思是即时付款、延期交货。据 Salam 合同,买家是提前全额付款,即卖家提前收到全额货款。而买卖双方所购商品的交付是在其共同约定的未来某日。此类合同项下的商品价格往往比较为波动,例如可可粉、大豆、小麦等。

续表

Islamic finance Glossary of terms and contacts	English Illustration	中文解释
	The object of a salam contract must be specified clearly, due to the non existence of the object of sale at the time when the contract is concluded. The detailed features and specifications of the product of sale must be agreed upon to avoid ambiguity that would render the contract unknown to the parties.	买家在签约日付款从而锁定价格,以规避商品价格上涨的风险。该类合同设有严格的条件以确保合同的约束性和法律上的可强制执行性,例如约定商品的数量、质量和合理的交货条件等。任何约定商品的变化不会影响商品的既定价格。由于其销售对象的变化不会影响商品的既定价格,Salam合同项下的商品须在合同签订时不存在或尚未有现货。所销售的产品的具体体现格和详细功能必须明确定义,经买卖双方同意以避免歧义。
	When a disparity or mismatch arises in terms of types, quality and timing of delivery, the buyer has either the choice to take delivery without discount or premium on price, or to revoke the contract.	当所交付的商品在品种、质量和交货时间等与所签合同不符时,买方可以选择无折扣或溢价的价格支付(即按合同原价交付),或在买卖双方同意的基础上选择撤销合同。Salam合同与世俗金融中的近期合约的最大不同有两点:第一,Salam合同支持的标的物资产必须是符合伊斯兰教义的资产、商品;第二,Salam合同要求买方在签约日即全额付款。
	Advance payment made by the bank to the seller or exporter to deliver or produce the goods constitutes salam financing.	由银行向商品的卖方发生产商或出口商提供预付款即构成salam融资。在此类银行融资安排中,有时会出现并行salam融资安排。即一个融资主合同项下由两个独立的salam从合同组成,资金提供方/出资人在其中既充当买家也同时充当卖家。其中,在第一个Salam合同中,伊斯兰金融机构是买家,并为未来交付的资产的卖方提供全额付款。同时,伊斯兰金融机构作为卖方与第三方签订第二个Salam合同,卖出上述资产,但交货期较第一个合同为短。伊斯兰金融机构通过第一个Salam和第二个Salam合约之间的价差赚取利润。

317

续表

Islamic finance Glossary of terms and contacts	English Illustration	中文解释
	Parallel salam is based on two independent salam contracts whereby the financier will be both the seller and the buyer in this arrangement.	
	In the first salam contract, the IFI (Islamic financial institution) will be the buyer of the salam asset by providing a full payment to the seller against a future delivery of an asset. Then, this IFI may enter into a salam contract as a seller with another party for a shorter period of delivery of the asset.	
	The spread between the first and second salam contracts is the profit earned by the IFI through this parallel salam arrangement.	
	Key principles of salam:	**salam 的核心原则：**
	involves a forward purchase of a commodity	涉及一个商品远期购买合同
	full payment is made at the beginning of the contract period	签署合同时即全额付款
	goods are received at the end of the contract period the goods must be clearly identifiable	合同中清晰定义货品内容；合同到期时货品须支付买方
	remedies are available for failure to complete the contract as specified	对违约罚则/补救有清晰定义

Islamic finance Glossary of terms and contacts	English Illustration	中文解释
	parallel salam is useful to finance the ultimate producer as the IFIis neither the ultimate producer nor the user.	并行 salam 融资安排可以帮助最终生产商融资,因为居于其中的 IFI(伊斯兰金融机构)既非最终生产商,亦非最终使用人。
Salam Contract	Forward sales or contact of sales with advance payment	远期销售或预付款销售
Samadat al-dayn	Certificates of debt.	债务凭证
SC	Securities Commission, established on 01 March 1993 under the Securities Comnussion Act 1993 of Malaysia, is a self-funding statutory body with investigative and enforcement powers to regulate the Malaysian capital market.	马来西亚证券委员会,1993 年 3 月 1 日成立,是一个有自我融资金来源的监管主体,负责监管马来西亚资本市场。
SCA	Securities and Commodities Authority of UAE	阿联酋证券和商品管理局
SDLT	Stamp duty land tax, a regulatory guideline in the UK	土地印花税,受英国的监管指引
Shafi'i [shafi'e]	Particular school of law.	伊斯兰教的一个特别流派
Shari'ah [Shariah, SI·aria, Shari'a, Sharia'a,, Syariah]	Sacred law revealed by God Almighty. All economic activities must comply with religious injunctions. The law and guiding principles in Islamic finance are derived from two primary sources, namely the Qur'an and the Traditions of the Prophet Muhammad.	全能的主召示的神圣法律。所有的经济活动都必须遵守宗教的禁令。伊斯兰金融的法律和指导原则是来自两个主要来源,即古兰经和先知穆罕默德的传统。

续表

Islamic finance Glossary of terms and contacts	English Illustration	中文解释
Shirkah	Partnership	伙伴关系；合伙人身份；合作关系；合营公司
Shirkah al-Amal	Work Partnership	工作伙伴关系
Shirkah al-Amwal	Partnership by capital	资本合伙关系
Shirkah al-Mufawadah	Equal partnership	平等的伙伴关系
Shirkah al-'Aqd	partnership	伙伴关系
Shirkah al-Milk	co-ownership	共同所有人关系
Shirkah al-Wujoh	Partnership by reputation	合作伙伴的声誉/以良好声誉入伙
SPC	Special Purpose Company	特殊目的公司
SPDRs	Standard & Poor's Depository Receipts	标准普尔存托凭证
SPV	Special Purpose Vehicle, which is created as a bankruptcy remote company to hold the assets in favour of the investors.	特殊目的公司，在证券行业，SPV 指特殊目的的载体也称为特殊目的机构/公司，其职能是在离岸资产证券化过程中，购买、包装证券化资产和以此为基础发行资产化证券，向国外投资者融资。是指接受发起人的资产组合，并发行以此为支持的证券的特殊实体。SPV 的原始概念来自于中国墙（China Wall）的风险隔离设计，它的设计主要为了达到"破产隔离"的目的。SPV 的业务范围被严格地限定，所以它是一般不会破产的高信用等级的特殊实体。

Islamic finance Glossary of terms and contacts	English Illustration	中文解释
		SPV 在资产证券化中具有特殊的地位,它是整个资产证券化过程的核心,各个参与者都将围绕着它来展开工作。SPV 有特殊目的公司(Special Purpose Company, SPC)和特殊目的信托(Special Purpose Trust, SPT)两种主要表现形式。SPV 的所有职能都预先安排外派给其他专业机构。SPV 必须保证独立和破产隔离。SPV 设立时,通常由慈善机构或无关联的机构拥有,这样 SPV 会按照既定的法律条文来操作,不至于产生利益冲突而偏袒一方。SPV 的资产和负债基本完全相等,其剩余价值基本可以不计。
SSB	Shari'ah Advisory Board, is an independent body of specialised jurists in Islamic commercial jurisprudence. SSB directs, reviews and supervises the activities of IFIs to ensure that they are Shari'ah compliant.	伊斯兰监管咨询委员会,成员由伊斯兰商法专家独立组成。SSB 负责指导,检查和监督伊斯兰金融机构的活动,以确保它们符合伊斯兰监管。
SSC	Shari'ah Supervisory Committee	伊斯兰教监事会
Sukuk	is a monetary-denominated participation certificate of equal unit value issued to investors. Certificates of equal unit value issued to investors, representing proportionate undivided investment, representing proportionate undivided ownership of the asset, which is expected to give a return to the Sukuk investors. Sukuks are mone tory denominated participation certificates of equal unit	伊斯兰资产抵押债券(Sukuk),是一种向投资者发布的以货币计价的等额价值的出资证明书,代表了与其出资成比例的不可分割的资产所有权,该资产预计将给伊斯兰债券投资人带来投资回报。它是一种以权利而非负债。Sukuk 在伊斯兰金融中具有独特特点,其代表对所有券化了的有形资产或使用权或享受服务的权益或权益所有

续表

Islamic finance Glossary of terms and contacts	English Illustration	中文解释
	value issued to investors. it is a right and no an indebtness. Sukuks are unique to Islamic finance. They reflect the securitization of rights to or ownership of a tangible asset, a usufruct or services, and not the right to collect debt as a result of a transaction on the asset.	权，但该权利并不代表其有因资产交易而产生的收债权。从根本上说，Sukuk既不是一个债权(Bond)，也不是一个股权(Share)；它代表的是对指定资产的所有权。
Sukuk al-Ijarah	Certificates of investment in leased assets.	资产租赁投资证书
Sukuk al-Intifa a	Sukuk for use or services.	伊斯兰债券：证券化了的使用权或服务
Sukuk al-Salam	an Islamic short-term liquidity paper	伊斯兰的短期流动性凭证
Sukuk Istithmar	Certificates m investment, under which it may be possible to package and sell a pool of ijara contracts (and underlying assets), Murabahah receivables, istina receivables, as well as equity shares or other Sukuk certificates. Although not unversally accepted, SUKUK AL ISTITHMAR can be issued wehn it is not possible to identify a tangibel asset or originator. Holders share returns according to stated ratios and bear losses in proportion to their investment.	伊斯兰债券投资证书
Sunnah	The traditions of the Prophet Mohammad.	先知穆罕默德的传统
Surah	Chapter of the Qur'an	《古兰经》中的章节

Islamic finance Glossary of terms and contacts	English Illustration	中文解释
Ta'awun	Cooperation or mutual help and mutual assistance	互助协作
Tabarru'	Donation contractued in a Takaful scheme to reflect mutual contribution by each of the participants	献金，伊斯兰保险合同中所含捐赠条款，反映了每个参保方对该保险的共同贡献者的相互作用
Tadawul	Saudi stock exchange.	沙特证券交易所
	An Arabic term derived from the root word 'kafala', meaning to guarantee. It is derived from the verb 'takafala', meaning to mutually guarantee and protect one another, and literally means mutual help and assistance.	由阿拉伯语词根 Kafala 衍生而来，名词意思是保证，动词意思是互相保护、互相保证、互相协助、互相帮助。
	It should be noted that the contract of takaful is based on the concept of helping one another, whereby each and every participant contributes to the common fund in order to provide financial assistance to any member who needs help, as defined in the mutual protection scheme.	伊斯兰保险就是建立在互相帮助概念基础上的，每位参保人所提供的金钱捐赠都被放入一共同互助基金中，该基金将为需要资金援助的参保人提供援助。
Takaful	In principle, takaful is very similar to conventional mutual insurance in terms of its philosophy and structure. However, it differs significantly from conventional mutual insurance as all its operations should be based on Islamic principles, including investment activities, the establishment of the Shari'ah board, and causes for legitimate claim, which exclude causes such as suicide and death under the influence of alcohol.	原则上讲，伊斯兰保险与传统世俗的互助保险在理念和结构上非常相似。而它们之间最显著的不同在于伊斯兰保险的运作须遵循伊斯兰监管，包括投资活动，成立伊斯兰教监事会，索赔的合法原因，不承保有违教规的行为，如自杀、酗酒而亡等。

续表

Islamic finance Glossary of terms and contacts	English Illustration	中文解释
	Key principles of takaful:	**伊斯兰保险的核心原则：**
	relates to the idea of a mutual guarantee	与互相保证、互相帮助概念密切相关
	used in the context of mutual help and assistance	保险合同含互相协助、互相帮助的内容
	similar to conventional mutual insurance, but differs in terms of investment portfolio and legitimate causes for claims.	与传统世俗的互助保险在理念和结构上非常相似，但在投资组合、索赔的合法原因等方面有显著不同。
	claims restricted under Shari'ah principles.	索赔的合法原因仅限于符合伊斯兰教规的行为。
Takaful Ijtima'i	Solidarity and mutual responsibility in Muslim society	穆斯林社会的团结和共同责任
Takaful funds	Risk funds	风险基金
Takharuj	Exit from a partnership by selling the shares to another party.	卖出股份，退出合伙
Tanazul	is a scheme that provides mutual contribution and mutual assistance to cover both life and general policies. An act to waive certain rights of claim in favour of another party in a contract. In Islamic finance, applied where the right to share some portion of the profits is given to another party.	是为参保人提供人身保险和一般财产保险方面的互助计划。在该计划中合同一方为合同另一方放弃合同中索赔的某些权利。在伊斯兰金融中，为一方将其在合同中的受益权让渡给另一方。

Islamic finance Glossary of terms and contacts	English Illustration	中文解释
	For example, in a mudarabah contract, the capital providers may agree to limit the rate of return to a defined percentage whereby the excess can be given to the manager as an incentive or performance fee.	例如，在 mudarabah 合同中，资金提供方可能同意限制其自身的资金回报率，而将超过该回报率部分的收益作为奖金或绩效费用发给职业经理人。
	The decision of the investors to waive their right to the profit is based on the principle of tanazul, which is specified as a condition of the contract to waive such a right.	该合同投资方做出放弃上述权利的决定也是基于 tanazul 合同的核心原则。
	Key principles of tanazul:	**tanazul 合同的核心原则：**
	involves the waiving of rights in favour of someone else	涉及一方为另一方放弃某些权力
	often seen where the capital providers agree to waive their right to a portion of the profits in a venture in favour of, say, a manager on the project.	资金提供方通常可能同意放弃其一部分收益作为奖金或绩效费用发给经营某一项目的职业经理人。
Taskeek/Tawriq	Securitisation	证券化
Taskik/Taskeek	a process of dividing the ownership of tangible assets, usufructs or both into units of equal value and the issuing of securities as per their value	指的是将资产的所有权或使用权进行证券化，或者同时将二者合并进行证券化

续表

Islamic finance Glossary of terms and contacts	English Illustration	中文解释
Tawriq	is defined as transforming a deferred debt, for the period between the establishment of the debt and the maturity period, into papers that can be traded in the secondary market	指的是将应收账款债权证券化
Tawarruq	Buy spot and sell deferred payment or vice versa with mark up involving three or more parties to facilitate cash liquidity. A multi-step transaction heavily used for interbank financing and liquidity management, often based on commodities traded on the London Metal Exchnage(LME). tHE aaoifi (2006,525) defines Tawarruq as "the process of purchasing of a commodity for a deferred price determined through Musawama (bargaining) or Murabahah (make-up sale), and selling it to a third party for a spot price so as to obtain cash. Tawarruq is most disliked by Shari'ah scholars when the borrower sells the comodity back to the original seller. These practices have yet to gain AAOIFI's Shari'ah Board consensus.	涉及三个或更多的缔约方的买卖现货和延期付款或反之亦然的交易活动，目的是获取流动性
Tawliyah	Sale at cost price	以成本价销售
Tijarah	Private commercial transactions	私人商业交易

续表

Islamic finance Glossary of terms and contacts	English Illustration	中文解释
UIAs	Unrestricted Investment Accounts, designated for specific financing or investment identified by the investor. Investments are off balance in a separate statement. There is no comminglging of funds.	不受限制的投资账户
Ujr	Fees paid in lieu of service to be provided by the service provider (not the same as ujrah, which is rent).	由服务提供商付费代替提供服务(不同于 ujrah,其是租金)。
Ummah	(Muslim) Community	穆斯林社会
Umum balwa	Common plight and difficult to avoid, i. e. a widespread unlawful practice that cannot be easily avoided.	难以避免的常见的困境,即不易避免的普遍的违规行为。
'Urf	Customary practice	惯例
'Urbun	A down payment made by a buyer to a seller after both parties have entered into a valid contract. The down payment represents the commitment to purchase the goods.	在双方签订有效合同后,由买方支付给卖方的首付款,其代表了买方购买货物的承诺。
	If the buyer is able or decides to pay the remaining outstanding payment during a prescribed period, the amount paid as down payment will be counted as part of the purchase price. Otherwise, the down payment will be forfeited by the seller.	如果买方能够或决定在规定的期间内支付剩余的末付款,首期付款金额将被计入购买总价的一部分。否则,首付款将被卖方没收。

续表

Islamic finance Glossary of terms and contacts	English Illustration	中文解释
	This is the original version of 'urbun in Islamic commercial law. It is often used to mirror the behaviour of conventional options by providing an opportunity to the buyer (the person making the down payment) to benefit from the market up-side (call option) of the underlying asset and by limiting the potential loss to the amount paid under the down-payment scheme.	这是在伊斯兰民商法中有关 Urbun 的原本定义。它与世俗金融的期权相近,为看涨买家提供一个看涨期权,并将其损失控制在低于首付款的水平。
	Key principles of 'urbun:	**urbun 的核心原则:**
	involves the payment of a down payment to secure an option or right to purchase something in the future mimics the economic benefits of purchasing conventional options	首期付款类似世俗金融的看涨期权,买家藉此可以在未来某日买入某种商品
	if the option to complete the purchase is not taken up the down payment is forfeited.	若购买未完全实现,则该首付款被没收
Usufruct	The right to use	使用权
Usul al-fiqh	Islamic legal theory providing principles and guidelines on interpretation.	伊斯兰法律理论提供的原则和准则的解释。
Usury	the practice of lending money to people at unfairly high rates of interest	放高利贷、高利盘剥

续表

Islamic finance Glossary of terms and contacts	English Illustration	中文解释
	Promise or undertaking. A feature attached to a contract and a unilateral promise made by one party to another, binding on the party that makes the promise. In financing transactions this feature provides assurance that the transaction will be executed as per the specifications of the contract.	单方面的许诺或承诺。由合同一方对另一方做出的单方面承诺。在融资交易中,这一特征为合同的顺利执行提供了保证。
Wa'd	For example, an importer who has foreign exchange transaction exposure in terms of payment of imports in foreign currency upon delivery of goods might hedge the risk of appreciation of foreign currency by undertaking a promise to buy the foreign currency in the future that matches the real exposure to currency risk of import transaction upon delivery.	例如,进口商以外币计价支付货款时,为规避外币升值的风险的需要,其可以使用 Wa'd 承诺在货物交收时购买外币进行支付。
	Key principles of wa'd:	**wa'd 的核心原则:**
	involves a unilateral promise made by one party to another	合同一方对另一方做出的单方面承诺
	binds the promisor to fulfil some obligation in the future	对承诺方于将来履行义务有约束性
	ensures that the contract is fulfilled as set out in the terms.	确保交易将按照合同规定执行。

续表

Islamic finance Glossary of terms and contacts	English Illustration	中文解释
Wadhi'ah sale	Sale of goods at a discounted price.	折价销售
Wadiah［wadi'ah］(demand deposit)	Safe custody/safe custody deposit. Deposits held at the bank as trustee for safekeeping purposes. They are guaranteed in capital value, and earn no return	安全保管/保管押金
Wadiah yad dhamanah	Guaranteed safe-custody deposit contracts.	保证安全保管存款合同
	A contract between an agent and principal. This contract enables the agent to render services and be paid a fee (ujrah). One party (either the bank or client) acts as an agent to the other party to undertake transactions on his behalf. For example, the banks invests funds on behalf of a client or the bank appoints the client as an agent to buy the needed merchandise in a Murabahah transaction.	代理人和委托人之间签订的合同。该合同使代理人提供服务和收取相关费用(ujrah)。
Wakalah(agency)	For example, in a case where the importer applies for a letter of credit based on Wakalah, the importer will authorise the bank to issue the letter of credit on their behalf to the exporter's bank. The issuing bank will act as the agent to process the issuance of the letter of credit and for this will impose a fee on the importer for the services rendered.	例如,进口商以 Wakalah 合同方式向银行申请开立信用证,开证行将以进口商代理人的身份向出口商的银行开出信用证并因此向进口商收取服务费用。

Islamic finance Glossary of terms and contacts	English Illustration	中文解释
	Key principles of wakalah:	**wakalah 的核心原则:**
	involves an agency contract between an agent and principal	合同涉及代理人和委托人
	used as a facility to enable transactions to take place	为交易发生提供便利
	the agent earns a fee (ujrah) for his services.	代理人因其提供服务而收取费用
Wakalah fi al-istithmar	A wakalah investment.	一种 wakalah 的投资方式。
Wakil	Agent	代理,代理人
Waqf	Permanent endowment.	永久基金
Wasiyyah	Will contract	遗嘱协议
Zahiris	Literalists, i. e. those adhering to the literal meaning of the Qur'an.	解释《古兰经》的学者,通常坚持以《古兰经》的字面意义进行解释。
Zakat	Zakat is a religious obligation for Muslims, payable on all wealth able to give a financial return. It originates from the Third Pillar of Islam and is currently set at 2.5% for monetary assets or their equivalent. A different rate of Zakat applies fto agricultural products and animals. Methods of zakat calculation are prescribed to facilitate determination of what constitutes zakatable wealth	天课,扎卡特(伊斯兰教徒每每年一次的慈善捐款,天课(Zakat)是伊斯兰信仰要求的第四基柱。这是安拉(Allah)对那些丰衣足食的穆斯林的主命(fard),指令他(她)们把其每年盈余财富的一部分用作帮助贫民和有需要的人。天课是在每年年底之前抽收的。有关其评估、分配和征收办法是根据穆罕默德的训令而制定,天课是征自身现金,牲口和五谷的。

Islamic finance Glossary of terms and contacts	English Illustration	中文解释
	as well as the prescribed rate. In the case of investment or deposit funds, there is no specific date set for the payment of zakat, but it should be paid on all accumulated wealth for the period 12 lunar months.	现金的最低征收率是百分之二点五，即除了合理开支外剩下来的金钱。
	Zakat is not payable on the value of the individual's home, furniture, transport, nor is it paid on personal jewellery.	天课不针对个人的住家、家具、交通工具和个人珠宝。
	Key principles of zakat:	天课的核心原则：
	religious levy on the wealth of Muslims who possess above a certain level of specific assets.	对富有（财产达到一定水准）的穆斯林征收的宗教税。
	payable on all accumulated wealth held for the period of 12 lunar months.	对过往十二个月累计的财富收税。
	not payable on specified items that are personal in character.	不对专属个人的财富收税。

参考文献

［1］ BNM. （2017）. FINANCIAL STABILITY REPORT. Retrieved from http：//www. bnm. gov. my/

［2］ BNM. （2017）. INSURANCE AND TAKAFUL SECTOR. Retrieved from http：// www. bnm. gov. my/

［3］ CIBAFI BRIEFING ISSUE 3. （2016）. Tier 1 and Tier 2 Capital Sukuk. Retrieved from http：//cibafi. org/

［4］ COMCEC. （2018）. THE ROLE OF SUKUK IN ISLAMIC CAPITAL MARKETS. Retrieved from http：//ebook. comcec. org/

［5］ EY. （2016）. WORLD ISLAMIC BANKING COMPETITIVENESS REPORT 2016. Retrieved from https：//www. ey. com/

［6］ GIFR. （2015）. OVERVIEW OF THE GLOBAL ISLAMIC FINANCE INDUSTRY. Retrieved from http：//www. gifr. net/

［7］ GIFR. （2016）. OVERVIEW OF THE GLOBAL ISLAMIC FINANCE INDUSTRY. Retrieved from http：//www. gifr. net/

［8］ GIFR. （2017）. OVERVIEW OF THE GLOBAL ISLAMIC FINANCE INDUSTRY. Retrieved from http：//www. gifr. net/

［9］ IDB. （2017）. ANNUAL REPORT. Retrieved from https：//www. isdb. org/

［10］ IFSB. （2017）. ISLAMIC FINANCIAL SERVICES INDUSTRY STABILITY REPORT 2017. Retrieved from https：//www. ifsb. org/

［11］ IFSB. （2018）. ISLAMIC FINANCIAL SERVICES INDUSTRY STABILITY REPORT 2018. Retrieved from https：//www. ifsb. org/

［12］ IIFM. （2016）. IIFM Annual Sukuk Report 2016（5th Edition）. Retrieved from http：// www. iifm. net/

［13］ IIFM. （2017）. IIFM Annual Sukuk Report 2017（6th Edition）. Retrieved from http：// www. iifm. net/

［14］ IIFM. （2018）. IIFM Annual Sukuk Report 2018（7th Edition）. Retrieved from http：// www. iifm. net/

［15］ ISRA，THOMSON REUTERS & IRTI. （2018）ISLAMIC COMMERCIAL LAW REPORT 2018. Retrieved from http：//www. irti. org/

［16］ M. Murat COBANOGLU. （2015）. BASEL III and TIER 1 SUKUK. The World Bank Global Islamic Finance Development Center：Istanbul，Turkey.

［17］ MILLIMAN RESEARCH REPORT. （2017）. GLOBAL TAKAFUL REPORT 2017：

MARKET TRENDS IN FAMILY AND GENERAL TAKAFUL. Retrieved from http://www.milliman.com/

[18] SWISS RE INSTITUTE. (2017). GLOBAL INSURANCE REVIEW AND OUTLOOK 2018/19. Retrieved from https://www.swissre.com/institute/

[19] WORLD ECONOMIC FORUM. (2018). The Arab World Competitiveness Report 2018. Retrieved from https://www.weforum.org/

参考网站

www. aaoifi. com

www. bb. org. bd

www. bbc. com

www. bi. go. id

www. bloomberg. com

www. bnm. gov. my

www. cbb. gov. bh

www. cbk. gov. kw

www. cbrc. gov. cn

www. centralbank. ae

www. cibafi. org

www. cnbc. com

www. comcec. org

www. difc. ae

www. economist. com

www. ey. com

www. ft. com

www. gifr. net

www. gov. uk

www. ifsb. com

www. iicra. com

www. iifm. net

www. imf. com

www. irti. org

www. isdb. org

www. islamicbanker. com

www. kfh. com

www. lmcbahrain. com

www. londonstockexchange. com

www. meinsurancereview. com

www. mifc. com

www. milliman. com

www. mofcom. gov. cn

www. pbc. gov. cn

www. qcb. gov. qa

www. sama. gov. sa

www. sbp. org. pk

www. sinosure. com

www. sukuk. com

www. swissre. com

www. tcmb. gov. tr

www. thebanker. com

www. thomsonreuters. com

www. weforum. org

www. wsj. com

www. yidaiyilu. gov. cn

www. zawya. com

图书在版编目(CIP)数据

伊斯兰金融与伊斯兰银行业概述/黄平著.—上海:上海三联
书店,2022.1
ISBN 978 - 7 - 5426 - 6878 - 3

Ⅰ.①伊… Ⅱ.①黄… Ⅲ.①伊斯兰国家-金融市场-研究
②伊斯兰国家-银行业-研究 Ⅳ.①F831

中国版本图书馆 CIP 数据核字(2020)第 264410 号

伊斯兰金融与伊斯兰银行业概述

著　　者／黄　平

责任编辑／冯　征
装帧设计／徐　徐
监　制／姚　军
责任校对／张大伟

出版发行／上海三联书店
　　　　　(200030)中国上海市漕溪北路 331 号 A 座 6 楼
邮购电话／021 - 22895540
印　刷／上海惠敦印务科技有限公司

版　次／2022 年 1 月第 1 版
印　次／2022 年 1 月第 1 次印刷
开　本／710 mm×1000 mm 1/16
字　数／400 千字
印　张／22.5
书　号／ISBN 978 - 7 - 5426 - 6878 - 3/F・828
定　价／88.00 元

敬启读者,如发现本书有印装质量问题,请与印刷厂联系 021 - 63779028